DON JUAN CONTRA FRANCO

JUAN FERNÁNDEZ-MIRANDA
JESÚS GARCÍA CALERO

Don Juan contra Franco

PLAZA JANÉS

Papel certificado por el Forest Stewardship Council®

Penguin
Random House
Grupo Editorial

Primera edición con esta encuadernación: marzo de 2024
Primera reimpresión: enero de 2025

Printed in Spain — Impreso en España

ISBN: 978-84-01-03084-0
Depósito legal: B-4.442-2024

Compuesto en Pleca Digital, S. L. U.
Impreso en QP Print

L 0 3 0 8 4 A

Índice

INTERMEDIO

SEGUNDA PARTE

PRÓLOGO

Mi buen amigo Juan Fernández-Miranda, redactor jefe de la sección de España de *ABC*, me propuso prologar un libro que ha preparado con Jesús García Calero, a la sazón redactor jefe de Cultura y Espectáculos en el mismo periódico. El título del libro, *Don Juan contra Franco*, me pareció de entrada un tanto sugerente. Y antes de tomar una decisión, me propuse leerlo y releerlo con suma atención.

Estamos, querido lector o lectora, ante un documentado libro de historia. Eso despejó mis primeras dudas sobre la conveniencia de prologarlo. Como duque de Alba mantengo una prudente distancia del acontecer político diario y una profunda cercanía con la Institución Monárquica.

En efecto, desde el siglo xv y sin interrupción alguna, la Casa de Alba ha tenido como propósito fundamental servir a la Corona en la forma que, al entender de sus titulares, era la mejor y más acertada para su engrandecimiento de España. Por eso, y como refleja bien el libro, cosa que agradezco profundamente a los autores, mi abuelo el duque Jacobo sirvió sin reservas a su Rey. Y cuando en el ejercicio de ese honroso menester le fue retirado el pasaporte, le dijo con firmeza al ministro de Asuntos Exteriores Alberto Martín Artajo lo siguiente:

—Es la primera vez en quinientos años que un duque de Alba no puede acudir a la llamada de su Rey.

En esa frase queda resumido el espíritu de la Casa de Alba: firme lealtad a la Corona por encima de cualquier consideración o circunstancia.

Por todo ello, y porque el libro me ha parecido acertado e iluminador, he accedido muy gustoso a prologarlo.

Procede, y no es un gesto de manida cortesía, felicitar calurosamente a los dos autores por el rigor y la distancia científica que todo buen historiador debe tomar en relación con los hechos que analiza. Y ese análisis aborda unos acontecimientos históricos acaecidos en la España de los años cuarenta del siglo xx, absolutamente fundamentales para los sucesos que vendrían después.

El libro gira en torno a dos grandes protagonistas. Por un lado, Don Juan de Borbón, hijo y legítimo sucesor del Rey Don Alfonso XIII y, por tanto, Rey de derecho tras la abdicación y fallecimiento de su padre. Don Juan adoptó con acierto y prudencia el título regio de conde de Barcelona. Por el otro, el general Francisco Franco, proclamado jefe del Estado y vencedor en una sangrienta guerra civil tras el fracaso del régimen republicano como sistema capaz de organizar una pacífica y armónica convivencia entre todos los españoles.

Hay que decir que el dramatismo de la obra cobra especial relevancia al explicar los autores, con todo lujo de detalles, la acción desarrollada durante un período de tiempo corto, menos de una década, que sin embargo fue pródiga en acontecimientos de enorme importancia para el futuro de Europa y del mundo. Y ello porque justamente tras cinco meses del fin de la Guerra Civil dio comienzo la Segunda Guerra Mundial, cuyo resultado sería el diseño de un nuevo mundo. Ello vendría a incidir en los procesos políticos que tendrían lugar en España durante casi cuarenta años.

Pero volvamos a los dos protagonistas de esta obra. Don Juan siempre persiguió la Restauración de la Monarquía tratando de conseguir la reconciliación nacional. Frente a esta idea, la política del general Franco, que únicamente pretendía su propia supervivencia y la de un sistema político jurídicamente muy débil, pero que contaba, en buena parte, con el apoyo de un ejército vencedor, la totalidad de unas fuerzas de seguridad muy poderosas y con la estructura del nuevo Estado soportada mayoritariamente por la Falange.

Comenzada la Segunda Guerra Mundial, el régimen, pues no había otra forma de llamarlo, quiso primero alinearse con la Alemania nazi y la Italia fascista cuando estas potencias parecían vencedoras, si bien siempre con una prudente reserva y dilaciones varias. En ese contexto se produjo la declaración de «no beligerancia». Más tarde, a la vista del transcurso del conflicto bélico, el régimen trató de mantener una rigurosa neutralidad y, finalmente, aproximarse a los Aliados, acomodando su actuación al desarrollo de los acontecimientos.

En efecto, porque si algo caracterizó la actuación de Franco en política, por encima de cualquier otra consideración, fue un profundo pragmatismo.

Para Don Juan fueron al principio tiempos llenos de esperanzas y frustraciones, en los que al terminar la Segunda Guerra Mundial estuvo cerca de conseguir sus objetivos, pactando con los tradicionalistas y representantes de partidos de izquierdas, las llamadas Bases de Estoril. En éstas se proclamaba la voluntad de restablecer un régimen democrático en el que tuvieran cabida las distintas opciones políticas.

Pero como tantas veces ocurre, los acontecimientos de la política internacional tuvieron un eco inesperado en España, sobre todo a raíz de la condena internacional del régimen. Ello produjo un movimiento de adhesión que significó su reforzamiento y su victoria. Finalmente, vino la aceptación por Gran Bretaña y Estados Unidos de un sistema político que no les gustaba, pero que era considerado como mal menor y necesario frente al enorme peligro que significaba la Unión Soviética de Stalin, en un nuevo escenario que se denominó con acierto Guerra Fría. Este reconocimiento

se veía consolidado tras los llamados Pactos de Madrid de 1953, tres
«acuerdos ejecutivos» firmados el 23 de septiembre entre Estados
Unidos y España, reforzados políticamente con el Concordato establecido con la Santa Sede, tan sólo un mes antes. Ello conllevó la
participación activa y oficial de los católicos organizados en el sistema. Todos estos acontecimientos suponían la integración definitiva de España en el bloque occidental y, por tanto, la consolidación del régimen.

Como muy bien se describe en el libro, previamente a estos
acontecimientos hubo entre Franco y Don Juan un acuerdo de última hora tras una entrevista ocurrida en el yate *Azor*. De ella resul-
tó un acuerdo que a la larga resultaría fundamental: el Príncipe
Don Juan Carlos estudiaría en España. Ello vino a significar una
especie de prórroga, dejando que sólo el futuro, en la persona del
joven Don Juan Carlos, resolviera los conflictos pendientes como
al final así sucedió.

Esta pequeña síntesis no hace honor a la riqueza del contenido
de la obra, pues la narración, muy fiel a la historia, tiene un ritmo
trepidante, como una crónica periodística, en la que los distintos
personajes van apareciendo sucesivamente en escena para representar su papel en el drama que supuso, situado en el contexto
histórico, una fundamental, sigilosa, larga y difícil marcha hasta la
Restauración y posterior legitimación de la Monarquía española,
como recoge acertadamente nuestra Constitución de 1978.

CARLOS STUART Y MARTÍNEZ DE IRUJO
Duque de Alba

PRIMERA PARTE

1

La forja de un heredero (1931-1941)

Madrid, 14 de abril de 1931

—Yo no quiero resistir. Por mí no se verterá una gota de sangre.

Alfonso XIII preside el Consejo de Ministros en el Palacio Real de Madrid. Son las cinco de la tarde. La noche ha sido larga y el Rey ha meditado con serenidad el alcance del resultado electoral de los partidos monárquicos en las elecciones municipales recién celebradas: las grandes ciudades españolas han votado mayoritariamente a opciones republicanas.

Aunque en la víspera de los comicios ésta era una opción verosímil, el monarca nunca había barajado previamente la opción de abandonar España por un mal resultado en unas elecciones municipales. Sin embargo, finalizado el recuento el entusiasmo republicano ha conseguido doblegar el ánimo del Gobierno y de los monárquicos. «Es la crisis total», confesó un ministro la víspera al conocer los resultados. Otro miembro del Ejecutivo, el conde de Romanones, fue claro ante los periodistas: «Nada, señores. El resultado de la elección no puede ser más deplorable para nosotros los monárquicos. Ésta es la verdad y hay que decirla».

Durante toda la noche, Alfonso XIII no había pegado ojo. En

esas horas de vigilia, con su Gobierno moralmente derrotado y la amenaza de la revolución cada vez más presente, el Rey adquirió un compromiso consigo mismo: si para defender el Trono de España había de recurrir a la violencia, abandonaría el país con todo el dolor de su corazón. A las cinco de la tarde, su rostro impertérrito preside la que será la última reunión de su Gobierno.

—Si el bien de España exige que me vaya, lo haré sin vacilaciones —confiesa a sus ministros, incapaces de ofrecer una alternativa que no pase por el uso de la violencia.

La decisión pues está tomada y el único punto en el orden del día versa sobre cómo debe expatriarse Su Majestad. Los ministros se enzarzan en una viva discusión en la que sólo uno defiende la necesidad de plantar cara a los republicanos. Mientras el Gabinete permanece reunido, el Comité Revolucionario llama dos veces a palacio para advertir de su prisa por hacerse con el poder. Ajenos a la decisión que el Rey ha meditado en la soledad de su alcoba, temen que no renuncie al Trono. Nada más lejos de la realidad, Alfonso XIII ordena silencio y procede a leer una solemne despedida:

—Las elecciones celebradas el domingo revelan claramente que no tengo el amor de mi pueblo —afirma—. Mi conciencia me dice que ese desvío no será definitivo, porque procuré siempre servir a España.

El Rey admite que ha cometido errores, resalta que no renuncia a ninguno de sus derechos y reconoce a España como «única señora de sus destinos». Pero su discurso está atravesado por un único anhelo para su patria:

—Quiero apartarme de cuanto sea lanzar a un compatriota contra otro en fratricida guerra civil.

Alfonso XIII es consciente de que será la historia quien juzgue si su decisión es un acto de valentía para evitar el derramamiento de sangre de su pueblo o un acto de cobardía para burlar el exilio forzoso o, quién sabe, regatear a la muerte. Al rubricar el documento de despedida y ponerse en pie, los miembros del Gobierno le imitan compungidos. La firmeza del monarca contrasta con las lágrimas de algunos de sus ministros. A la mañana siguiente, el Rey embarcará en Cartagena con destino a Francia, con la única compañía de su ministro de Marina.

—Señores, en el momento de abandonar el Palacio de mis mayores, en que nací y en que nacieron mis hijos, y donde siempre pensé en el bien de mi Patria, no puedo decir más que estas palabras: ¡Viva España!

A la mañana siguiente, la Familia Real abandonará el palacio que durante décadas ha sido su hogar. Durante toda la noche, el sentimiento de orfandad del palacio sólo será interrumpido por el cantar de los canarios, despistados por las luces encendidas hasta el alba.

Una familia incompleta

Madrid-San Fernando (Cádiz)

El anochecer de la Monarquía lo simboliza la caída del sol de ese 14 de abril. Las proclamas republicanas y banderas tricolor pueblan poco a poco las calles de Madrid mientras el Gobierno de la República se instala en la Puerta del Sol. Los gritos del gentío que trata de acceder a la plaza de Oriente se cuelan en el interior de palacio. El barullo exterior contrasta con el silencio de los aposentos del primogénito y heredero, el primer lugar al que acude el Rey para despedirse.

Hemofílico por herencia materna, Don Alfonso tiene una salud peligrosamente delicada y a menudo no puede caminar. Cualquier golpe le produce unos dolores terribles que le obligan a permanecer en la cama. Cuando el padre besa al hijo, en el ambiente sobrevuela la inquietud por el futuro de la Monarquía. En ese momento ninguno de los dos sabe que el primero nunca recuperará el Trono de España y que el segundo jamás lo heredará. También ignoran que, sin embargo, un miembro de su familia volverá a reinar algún día en España.

El Rey toma una cena fría mientras va asumiendo las consecuencias de la decisión que acaba de tomar y que condena a su familia a vivir en el exilio. Cuando el soberano acude a despedirse, la Reina Victoria Eugenia llora desconsolada en presencia de cuatro de sus seis hijos vivos: Beatriz, Cristina, Jaime y Gonzalo. Aunque de cara a la galería la relación entre el Rey y la Reina es correcta, entre Alfonso y Victoria Eugenia empiezan a existir importantes diferencias que se han ido acrecentando con los años. No obstante, en esta ocasión la despedida está llena de ternura y de temor por el futuro.

—Nadie se meterá con nosotros, pues ¿qué van a hacer con una familia sola y desgraciada? —exclama la Reina.

El monarca lo tiene todo previsto. Su familia también saldrá de España a la mañana siguiente, pero lo hará por tierra, en el tren de Irún. Sin embargo, en palacio no están todos; hay un miembro de la familia que vive a quinientos kilómetros de Madrid totalmente ajeno a la política. Es el quinto hijo, tercero varón, de Alfonso XIII, el Infante Don Juan, que a sus diecisiete años se forma como marino de guerra en la Escuela Naval de San Fernando, en Cádiz. Su ambición no es la política, sino el mar. Sus sueños no persiguen el Trono, sino el horizonte. Ser el tercero en la línea de sucesión le permite vivir con una sensación de libertad impropia de un miembro de la Familia Real. No en vano, jamás ha recibido formación en las cuestiones propias de un posible heredero al Trono. Pero su padre está atento y ordena su inmediata salida del país.

La noticia llega a San Fernando al atardecer. Don Juan está en clase de gimnasia cuando su ayudante le hace señas para que salga de filas y le informa de que debe abandonar España inmediatamente.

—¿Qué quieres? —pregunta el Infante.

—Que nos vamos, Señor... que nos vamos.

—¿Cómo que nos vamos?

—Sí, Señor, ha terminado todo. Que el Rey se va y que tengo órdenes de que se vaya Su Alteza también.

—¿Que me vaya? ¿Adónde y cómo?

La forma más rápida de abandonar España es sin duda Gibraltar, suelo británico que a Don Juan no le es del todo ajeno, pues por sus venas corre la sangre inglesa de su madre. Esa misma tarde el Infante abandona su país aún vestido de marino, con lágrimas en los ojos y con una profunda pena en el corazón. En el Peñón se aloja en el hotel Bristol, donde unas horas después recibe la visita de un ayudante del gobernador:

—Hombre, por Dios, ¿por qué no viene usted a palacio?

Durante la mañana del 15 de abril, y una vez informado de que su familia viaja ya sin sobresaltos hacia la frontera francesa, Don Juan envía un mensaje por radio al crucero *Don Alfonso*, en el que su padre se dirige desde Cartagena hasta Marsella. El Rey le ordena que embarque hacia Italia y le informa de que el punto de encuentro será París. A las tres de la tarde Don Juan embarca en un trasatlántico italiano llamado *Roma*, que le lleva hasta Nápoles y allí se sube a un tren con destino a la capital de Francia, adonde llega el 24 de abril.

Diez días después de la proclamación de la Segunda República española, la Familia Real vuelve a estar unida, esta vez en el exilio. Pero un rey carece de sentido sin trono en el que sentarse, por lo que la prioridad es recuperar el poder. Alfonso XIII ha decidido abandonar su país para evitar una guerra civil, pero no ha renunciado a ninguno de sus derechos. Se lo había confesado a su ayudante su última noche en el Palacio Real:

—¡Quién sabe si algún día reconocerán el inmenso sacrificio que realizo alejándome de España!

No obstante, a miles de kilómetros de Madrid la vuelta de la Monarquía se intuye más lejana, quizá demasiado para un rey de cuarenta y cinco años con un heredero que padece una grave enfermedad. Consciente de que pueden pasar años, incluso décadas, hasta que las circunstancias propicien la Restauración monárquica, el Rey empieza a dudar sobre la conveniencia de que su primogénito sea su sucesor ideal. Pese a que siendo sólo un bebé el Infante dio muestras de su mala salud, el Rey insistió en proclamarle Príncipe de Asturias y durante casi toda su vida se obcecó en que debía ser el heredero. Pese a las evidencias de que su primogénito padecía hemofilia y de que esta dolencia le impedía llevar una vida normal, el Rey miró para otro lado. Ahora, cuando la realidad de su familia es el exilio, es el momento de replantearse esa decisión.

El rompecabezas de la sucesión

Fontainebleau-Lausana-Bombay, 1933

Ser un rey exiliado no es fácil. Tras una primera estancia en el lujoso hotel Maurice de París, Alfonso XIII no se encuentra cómodo y cambia su residencia al hotel Savoy de Fontainebleau, al sur de la capital, más modesto y asequible. Pero aunque los primeros años en suelo francés son difíciles, deparan inesperados acontecimientos que pueden beneficiar los planes del Rey, no en lo relativo a la posibilidad de volver a pisar suelo español, igual de lejano que el día que se exilió, sino en relación a los derechos dinásticos.

El primogénito, Don Alfonso, va poco a poco alejándose de la vida propia de un heredero a la Corona. Afectado por una enfermedad tan grave, encuentra consuelo en un noviazgo incompatible con su función. Durante el tratamiento de su dolencia en una clínica de Lausana (Suiza), en el balneario de Europa, se enamora de la hija de un rico terrateniente cubano, de nombre Edelmira Sampedro y Robato.

Obviamente, Don Alfonso sabe que casarse con ella supone asumir un matrimonio morganático incompatible con los derechos dinásticos. También sabe que renunciar a ellos supone trasladar la responsabilidad al segundo en la línea de sucesión, su hermano Don Jaime, que es sordomudo desde niño y está incapacitado para asumir las funciones de un rey, más aún en el exilio.

Cuatro meses antes, el Rey había decidido viajar a la India inglesa para visitar a su tercer hijo varón, que se encontraba en Bombay enrolado en el crucero británico *Enterprise*. Aunque Don Juan había abandonado España como toda su familia, en ningún momento descuidó su formación militar. Ya había pasado más de un año desde que Alfonso XIII, que entonces ya intuía lo que podía suceder con sus hijos mayores, no le veía.

Al tratar de nuevo con él en tierras de la India inglesa, el Rey encuentra a «un magnífico atleta preparándose con disciplina, rectitud y el duro conocimiento de la vida militar para servir a España, si España le necesitara alguna vez». Así se lo confesó a un asesor nada más volver. Aunque Don Juan no lo sabía, su padre ya estaba pensando en términos de sucesión y era consciente de que ese aprendizaje le iba a ser muy útil: «Juan se ha hecho un hombre fuerte y además tiene un espíritu admirable y una inteligencia muy reflexiva».

El rompecabezas de la sucesión se resuelve en junio de 1933. Don Alfonso da un paso adelante y contrae matrimonio con Edelmira en Lausana siguiendo los impulsos de su corazón y con la única presencia de su madre y sus dos hermanas. Previamente, ha renunciado por escrito a sus derechos dinásticos y a los de sus herederos, para satisfacción de su padre:

> Vuestra Majestad conoce que mi elección de esposa se ha fijado en persona dotada de todas las cualidades para hacerme dichoso, pero no perteneciente a aquella condición que las antiguas leyes españolas y la conveniencia de la causa monárqui-

ca, que tanto importa para el bien de España, requerirían en quien estaría llamado a compartir la sucesión en el trono, si se restableciese la voluntad popular.

Apartado Don Alfonso de la carrera sucesoria, Alfonso XIII recurre a sectores monárquicos para presionar a su segundo hijo y dejar el camino expedito a quien reúne las mejores cualidades para asumir la responsabilidad de la sucesión. Don Jaime no se lo piensa un momento y renuncia a sus derechos dinásticos el mismo día de la boda de su hermano. Escribe a su padre:

> He decidido, como hago por el presente documento, formal y explícita renuncia, por mí y por cuantos descendientes que pudiera llegar a tener, a cuantos derechos me asistieran a la sucesión en el Trono de nuestra Patria.

Despejado el camino, el monarca envía un telegrama a su hijo Don Juan, que se encuentra en el otro lado del mundo:

> Por renuncia de tus dos hermanos mayores, quedas tú como mi heredero. Cuento contigo para que cumplas con tu deber.

Anclado en Bombay, el quinto hijo del Rey de España, que siempre ha tenido claro que su futuro estaba en el mar, debe decidir si asume la inesperada responsabilidad de ser heredero al Trono. Si sus hermanos han renunciado a sus derechos, él debe renunciar a su ambición y prepararse para, quizá algún día, ser proclamado Rey de España.

Él, que ha dedicado su vida a su formación en la Marina, debe decidir si acepta los derechos dinásticos como heredero de su padre, un monarca sin trono. Él, que nunca ha ambicionado el poder político, es inesperadamente llamado a jugar un papel esencial para el futuro de su familia.

La enfermedad y la desgracia de sus hermanos mayores, que no ha hecho más que comenzar, provocan un giro radical en la vida de Don Juan de Borbón y Battenberg. Su padre le ha hecho una propuesta para la que no está preparado. Tiene veinte años.

LA FORJA DE UN HEREDERO

Convertirse en el primero en la línea de sucesión de Alfonso XIII no es una noticia fácil de asumir. A siete mil kilómetros de distancia de su familia, su día a día consiste en formarse como militar y conocer el mundo bajo pabellón inglés. Pero el honor y la responsabilidad de la buena nueva no sepultan el miedo a lo desconocido. Tras unos días de vacilaciones, Don Juan responde al telegrama enviado por su padre:

Me comprometo a cumplir.

En sus veinte años de vida Don Juan nunca ha recibido una formación específica para ser rey. Aunque a esas alturas domina ya el francés —se lo enseñó su preceptor—, el inglés —su madre— y el alemán —su abuela—, sus estudios han estado siempre marcados por su temprana vocación marinera. Urge diseñar un plan para formar a quien aspira, quién sabe cuándo y quién sabe cómo, a ser el Rey de España. Pero ¿qué hacer primero? ¿Abandonar inmediatamente la Royal Navy? ¿Iniciar nuevos estudios en las materias que debe dominar alguien que aspira a dirigir los designios de un Estado? ¿Formalizar un matrimonio *adecuado* para tan altas responsabilidades?

Es junio de 1933 y Alfonso de Borbón, que un día reinara como Alfonso XIII, no cuenta con mucho margen de maniobra. Después de muchos errores, se encuentra en el exilio, en una situación económica acomodada, pero de horizonte incierto y con una crisis

familiar de primer orden. Hace ya muchos años que la relación con
Victoria Eugenia de Battenberg está rota, pero si en sus tiempos en
palacio habían sido capaces de mantener las formas, en el exilio la
distancia es cada vez mayor.

—No quiero ver tu fea cara nunca más —le espetó la Reina a su
marido antes de salir de su vida para siempre.

Perdida la Corona, roto su matrimonio y con el primogénito
dando un paso atrás, las expectativas de la Familia Real para recuperar el poder pasan por Don Juan, que acepta asumir el reto, pero
no está dispuesto a abandonar su incipiente carrera militar a mitad
de curso. No va a permitir que, una vez más, la política ponga su
vida patas arriba sin previo aviso: en abril de 1931 hubo de abandonar la Academia Militar de San Fernando a toda prisa. Por fortuna para él, el Rey de Inglaterra, Jorge V —su tío—, permitió que
continuara su formación en la Escuela Naval de Darmouth, la más
exigente del mundo. Un año después, finalizados los estudios y
promocionado a guardiamarina, Don Juan estuvo condicionado a
la hora de elegir destino: la mayoría de las flotas inglesas tocaban,
de una manera u otra, aguas españolas, una suerte vedada al hijo
del Rey exiliado: así la Home Fleet, así la Mediterranean Fleet... El
futuro inmediato para el Infante pasaba por enrolarse en el crucero
Enterprise, muy lejos de su país. Y es así, haciendo de necesidad
virtud, como Don Juan se encuentra en Bombay cuando su padre
le envía el telegrama que cambiará su vida, aunque en esta ocasión
los tiempos los manejará el hijo, no el padre.

Comprometido a cumplir, y tras recorrer 89.000 millas náuticas durante dos años entre el golfo Pérsico y Singapur, en mayo
de 1934 es ascendido a alférez de navío y en septiembre se incorpora al acorazado británico *Iron Duke*. En marzo de 1935 aprueba
los exámenes de artillería naval y navegación, lo que le permite
ascender a teniente y aspirar a capitán de fragata, pero esto impli-
caría aceptar la nacionalidad inglesa y renunciar a la española. Su
tío le concede el rango de teniente honorario de la Royal Navy.

Es en ese año de 1935 cuando Don Juan abandona consciente y decididamente su carrera de marino e inicia su preparación como hombre de Estado. La mar es sustituida por las aulas, y las Indias Orientales por Florencia, Lausana y Ginebra. Los mejores profesores le imparten cursos de Historia de España y Universal, de Derecho Político, Administrativo e Internacional, de Arte y de Ciencias Morales y Políticas.

El matrimonio de Don Juan también preocupa mucho a su familia. Las costumbres tradicionales exigen que, aun en el destierro, los príncipes deben contraer matrimonio con un igual, es decir, con una princesa. Alfonso XIII le anima a conocer a media docena de candidatas alemanas, pero a Don Juan no le convencen. Hasta que en enero de 1935 los Reyes de Italia celebran un baile en la víspera de la boda de la Infanta Beatriz, hermana de Don Juan, con Alejandro Torlonia. Durante el baile el Príncipe de Asturias se fija en los ojos azules de una esbelta asistente que se apellida como él. Diez meses después, la Familia Real española celebra en el Gran Hotel de Roma el matrimonio de Don Juan de Borbón y Battenberg con María de las Mercedes Borbón y Orleans. Es octubre de 1935.

El matrimonio se instala en Villa Saint Blaise de Cannes, al sur de Francia. Allí Don Juan entra pronto en contacto con los principales políticos monárquicos implicados en conspiraciones antirrepublicanas. Es entonces cuando Don Juan empieza a pensar como un político. Es entonces cuando Don Juan empieza a actuar como el heredero de los derechos dinásticos de la Familia Real española. Es entonces cuando Don Juan de Borbón empieza a trabajar activamente para recuperar el Trono. Resulta una obviedad, pero la Restauración de la Monarquía pasa inexorablemente por la caída de la República.

A la guerra, por la Corona

Cannes, 1936

Transcurridos mil novecientos veinte días, con sus noches, desde que Alfonso XIII abandonara el Palacio Real de Madrid con el exilio como incierto destino, por primera vez la Familia Real española halla un hilo de esperanza. Lejos de la península Ibérica, pero en territorio español, varias unidades del Ejército se sublevan en Marruecos contra la República. Es 18 de julio de 1936. El general Franco lidera un golpe de Estado que pronto divide España en dos bandos: nacionales y republicanos. Desde Cannes, donde ha instalado su residencia habitual, el Príncipe de Asturias sigue los acontecimientos con total atención. La Guerra Civil acaba de comenzar y, dependiendo del curso de los acontecimientos, la Monarquía podría encontrar la posibilidad de convertirse en una solución viable para una España profundamente dividida.

Dos semanas después, y animado por algunos de sus más estrechos colaboradores, el hijo de Alfonso XIII decide que la guerra es una excelente oportunidad para presentar sus credenciales a los españoles. El ímpetu juvenil de Don Juan es tal que sólo su padre, el Rey, puede impedir que se enrole en el bando nacional.

—Me alegro de todo corazón. ¡Ve, hijo mío, y que Dios te ayude! —le responde sin embargo Alfonso XIII por teléfono desde Checoslovaquia, donde se encuentra de vacaciones.

Vía libre, pues. No han transcurrido dos semanas del golpe de Estado cuando Don Juan cruza la frontera francesa y pisa tierra española por primera vez en cinco años. Llega en un Bentley conducido por un chófer y seguido por una pequeña escolta de coches con sus seguidores. Las lágrimas que irrumpieron al abandonar Cádiz cinco años atrás camino de Gibraltar vuelven a humedecer sus ojos al pisar de nuevo la tierra donde nació.

El futuro de su familia está en juego y Don Juan, militar de formación, no quiere dejar pasar la oportunidad, aunque eso supone poner en riesgo su vida. Lejos de hacerle dudar, el nacimiento unos días antes de su primera hija robustece su ánimo por conquistar el futuro. Mientras se adentra en territorio español haciéndose pasar por Juan López, en su memoria permanece la frase pronunciada la víspera por su madre, citando un proverbio inglés: «Las mujeres a rezar y los hombres a luchar».

La estrategia de Juan López es pasar inadvertido hasta llegar al Puerto de Somosierra, donde se incorporará como un soldado más. Pero el entusiasmo juvenil de Don Juan choca de bruces con la realidad. En Burgos acude al domicilio del general Dávila.

—¡Es el Rey! —exclaman su hija y su mujer al abrir la puerta.

El encuentro se produce en la Capitanía General, donde el general es firme:

—Su lugar no está en el frente, sino en el futuro de España —afirma Dávila.

La decisión es compartida por la Junta de Defensa, de manera que a la misma velocidad que llegó el hijo de Alfonso XIII sale de España camino de Francia. Un aspirante a monarca no debe mancharse las manos de sangre. O ése es, al menos, el argumento que esgrimen los mandos del Ejército franquista. A Don Juan no le queda más remedio que obedecer, pues todo anhelo de la Familia Real por recuperar el poder pasa porque Franco gane la guerra y propicie la Restauración monárquica. El convencimiento es tal que pocas semanas después es el propio Alfonso XIII quien telegrafía a Franco para felicitarle por sus éxitos. En su suite del Gran Hotel de Roma, el Rey exiliado coloca un mapa de España en el que sigue obsesivamente el avance de las tropas rebeldes.

PRIMER DESENGAÑO

En diciembre de 1936, Don Juan toma la decisión de dirigirse por primera vez personalmente a Francisco Franco por carta. Es la primera de una relación epistolar cortés y cínica al mismo tiempo. El Príncipe no se quita de la cabeza el deseo de combatir en la guerra. De militar a militar, Don Juan solicita respetuosamente permiso para unirse a la tripulación del acorazado *Baleares*:

> Ya que he realizado mis estudios en la Escuela Naval Británica, he navegado dos años en el crucero *Enterprise* de la cuarta escuadra, he seguido luego un curso especial de artillería en el acorazado *Iron Duke* y, por último, antes de abandonar la Marina inglesa, con la graduación de teniente de navío estuve tres meses en el destructor *Winchester*.

El Príncipe de Asturias promete todo lo que está en su mano: pasar inadvertido, no bajar a tierra en ningún puerto español, no buscar contactos políticos. Pero si el que escribe es un militar, el que lee la carta ya ejerce como político. Francisco Franco se percata inmediatamente del riesgo que supone convertir al heredero en un héroe del bando nacional. Al igual que Don Juan, Franco quiere el poder y, por segunda vez, va a impedir cualquier posibilidad de que el Príncipe de Asturias le robe protagonismo a su causa. Si en agosto el argumento fue que un monarca no podía mancharse las manos de sangre, ahora el general recurre a un gentil cinismo. Consciente de que en política el control de los tiempos es un valor a veces decisivo, la respuesta de Franco se hace esperar varias semanas:

> Hubiera sido para mí muy grato el haber podido acceder a vuestro deseo, tan español como legítimo, de combatir en nuestra Marina por la causa de España; pero la seguridad de vuestra

persona no permitiría el que pudierais vivir bajo el sencillo título de oficial, pues los entusiasmos de unos y las oficiosidades de otros habían de dificultar tan noble propósito.

La oferta de Don Juan, bañada de ingenuidad y voluntarismo, se encuentra con un muro levantado por quien no quiere promocionar al heredero de la Corona y, a la vez, trata de no afrentarle. Al menos de momento:

> Sin contar con que el lugar que ocupáis en el orden dinástico y las obligaciones que de él derivan imponen a todos, y exigen de vuestra parte, sacrificar anhelos tan patrióticos como nobles y sentidos, al propio interés de la Patria. [...] no me es posible seguir los dictados de mi corazón de soldado aceptando vuestro ofrecimiento.

Casualidades del destino, el acorazado en el que quiso embarcar Don Juan es hundido en marzo de 1938, provocando la ironía de un general Franco mucho más cerca de ganar la Guerra Civil:
—Y Don Juan de Borbón quiso servir en el *Baleares*...

TRAICIÓN, ABDICACIÓN Y MUERTE

A medida que avanza la guerra, Franco va poco a poco despejando incógnitas y se va consolidando como un político hábil en el manejo de los tiempos. Del mismo modo que para sus intereses es prioritario no contribuir a generar expectativa alguna sobre Don Juan, a finales de 1937 empieza a interesarle ir aplazando la eventualidad de cualquier Restauración monárquica, mucho más si de lo que se trata es de entregar el Trono a Alfonso XIII. Abusando de la buena voluntad del Rey y de su hijo, Franco va dando pequeños pasos hacia su consolidación en el poder. Un doble discurso al que se presta inconscientemente la Familia Real.

Así, en verano de 1937, cuando se cumple un año del golpe y la guerra aún no ha llegado a su ecuador, Franco desvela sus cartas públicamente por primera vez. En una entrevista en el diario monárquico *ABC* anuncia la formación de su primer Gobierno, al que no pone fecha alguna de caducidad.

> Ahora no cabe pensar más que en terminar la Guerra; luego habrá que liquidarla; después construir un estado sobre bases firmes... Entretanto yo no puedo ser un poder interino.

Alfonso XIII no es en absoluto consciente de la opinión que Franco tiene de él y de su reinado. Al contrario, considera que Franco está en deuda con él porque fue el Rey quien le promocionó en el Ejército. Pero la Corona no ocupa lugar alguno en la lista de prioridades que el general explicita en *ABC*:

> Si el momento de la Restauración llegara, la nueva Monarquía tendría que ser, desde luego, muy distinta a la que cayó el 14 de abril de 1931: distinta o diferente en el contenido y, aunque nos duela a muchos, pero hay que atenerse a la realidad, hasta en la persona que la encarne.

Las afirmaciones de Franco van despertando a Alfonso XIII de su entusiasmo por la causa franquista como vía para derrocar la República y dar paso a la Monarquía. Él, que en sus tiempos en palacio había promocionado a Franco en el Ejército; él, que durante la guerra había donado un millón de pesetas al bando nacional; él, que siguió con entusiasmo los avances militares de Franco desde un destierro que se inició por propia voluntad; él empieza a sentirse humillado a finales de 1937 y así se lo hace saber en una carta en la que le reprocha su escaso interés por la Restauración. Pero la respuesta del general es, de nuevo, audaz. Trabas al Rey y trabas a la Monarquía:

La nueva España que hoy forjamos tiene [...] poco en común con la liberal y constitucional en que reinasteis...

El doble juego de Franco se intensifica. A la vez que le espeta a
Alfonso XIII que vaya pensando en la preparación de su heredero,
revoca el edicto republicano que privaba al Rey de la ciudadanía
española y a la Familia Real de sus propiedades. Una estrategia de
cal y de arena que le permite ganar tiempo, aplacar a los Borbones
y, entretanto, ir poco a poco consolidando su poder y creando un
Estado a su imagen y semejanza.

Alfonso XIII muere en Roma en febrero de 1941 cuando está
a punto de cumplirse una década desde que decidió abandonar
España para evitar que en su nombre se derramase una sola gota de
sangre. El Rey muere en el exilio enfrentado a Franco, que gobierna con mano de hierro tras sublevarse a la República y ganar una
guerra civil que ha dejado 600.000 muertos. España es un país
arrasado y dividido. Franco ostenta el poder absoluto y sólo una
persona puede hacerle frente. Es Don Juan de Borbón, en quien el
Rey había abdicado cuando asumió la traición de Franco y cuando
comprendió que la Restauración monárquica nunca pasaría por su
persona.

Cuando han pasado dos años desde el final de la Guerra Civil,
Don Juan de Borbón se marca como objetivo recuperar el Trono de
España. No será fácil, pues el general Franco es ya *de facto* el jefe
del Estado y en su ejecutoria nada hace sospechar que tenga intención de renunciar al poder en favor de la Monarquía. Si el hijo de
Alfonso XIII quiere reinar, deberá convencer a Franco o derrotarle.
Ninguna de las dos opciones parece fácil, pero cuando Don Juan
de Borbón asumió los derechos dinásticos lo hizo con la única intención de ejercerlos. Tiene veintisiete años.

2

Franco y la Restauración (1941-1943)

UNA CAJITA SELLADA

—No soy el jefe de ninguna conspiración.

Don Juan encabeza con esa frase, el 11 de noviembre de 1942, unas declaraciones al *Journal de Genève*, que constituye el primer atisbo público de la idea de Monarquía que quiere representar, netamente alejada de la idea que maneja Franco. El joven jefe de la Casa Real deja clara su disposición a ser «el Rey de todos los españoles, definitivamente reconciliados» y su preocupación social como hombre de su tiempo. Además, se ofrece como alternativa política en España «no antes, pero tampoco una hora después del momento oportuno». ¿Y si ese momento ya ha llegado? Muchos de sus partidarios lo creen así.

Tres años después del estallido de la Segunda Guerra Mundial la conflagración atraviesa su ecuador. La Alemania de Hitler, la Italia de Mussolini y el Japón de Hirohito forman las potencias del Eje; los Estados Unidos de Roosevelt, el Reino Unido de Churchill y la Unión Soviética de Stalin lideran a los Aliados. España nunca entra formalmente en la contienda, pero su futuro político también se disputa en las trincheras.

Sólo tres días antes de las declaraciones de Don Juan a la prensa suiza, en la madrugada del 8 de noviembre de 1942, los Aliados han desembarcado en Argel, abriendo un nuevo frente contra Alemania. Mientras eso sucede en las costas de África, el cónsul británico en Barcelona manda una nota informativa confidencial al capitán general de Cataluña, Alfredo Kindelán, un militar prestigioso, monárquico, el general más importante en ese momento, y casi el único hombre en España capaz de decirle algunas verdades desagradables a Francisco Franco.

Kindelán siempre ha sido leal, pero es también una china en el zapato del dictador. Fue él quien organizó en Salamanca, en septiembre de 1936, la reunión del generalato de la insurrección del 18 de julio que entregó a Franco el mando unipersonal como mejor forma de ganar la guerra; pero también fue el primero en pedirle que resignase, una vez acabada la contienda civil, y en recordarle que le habían ofrecido la Jefatura del Estado de manera temporal.

Fue Kindelán quien redactó el informe que revelaba la precaria realidad del Ejército español en los inicios de 1940, incapaz de asegurar las fronteras, y encontró el modo de hacérselo llegar a Franco sobre las cabezas falangistas y las voces de toda una cohorte de insensatos aduladores que le animaban en su empeño de meter a España en la guerra mundial asociada al Eje italo-alemán, porque el Generalísimo quería entrar en la guerra y hasta se había entrevistado con el Führer en Hendaya en octubre de 1940 para discutirlo. Tras el encuentro, Hitler comentó con Mussolini:

—Antes de volver a pasar por esto prefiero que me saquen tres o cuatro muelas.

En aquella época Franco tenía ensueños imperiales: pretendía respaldo, armas y pertrechos alemanes para recuperar Gibraltar y Marruecos, y quedarse con Argelia, Camerún... Una España victoriosa convertida en potencia mundial por una eventual victoria nazi. Pero en 1942 esa idea ya no se sostiene fácilmente. Los rumores se disparan: que si Franco dejará que las fuerzas armadas nazis, la Wehrmacht, atraviesen España si hay un ataque aliado en África, que si Roosevelt ha prometido implementar la ayuda económica si media una declaración inequívoca de neutralidad...

Ante tales noticias, de nuevo aparece el general Kindelán: igual que ayudó a Franco a despertar del ensueño, le empujará hasta que vea la raíz del problema, y otra vez sin que nadie se lo haya solicitado. Pagará muy cara esa *franqueza* más temprano que tarde. Nada más recibir la nota del cónsul británico en la que se plantean las dudas sobre la reacción de España ante el comienzo de la invasión del norte de África con el despliegue de cien mil soldados, solicita una entrevista con el dictador: si el curso de la guerra va a cambiar, hay cuestiones graves que tratar, y con urgencia; en eso Franco y él están de acuerdo. Hitler domina Europa, desde los Pirineos hasta Stalingrado, ciudad en la que en ese mismo instante está congelándose su ambición desmesurada y en la que el 24 de noviembre quedará aislado el VI Ejército de la Wehrmacht. Los Aliados ya están preparados para una nueva fase en la confrontación.

Tres días después del desembarco en Argel, el 11 de noviembre, justo el mismo día de las declaraciones de Don Juan al *Journal de Genève*, Franco recibe a Kindelán en El Pardo. Hablan de la enorme preocupación que existe por la posible respuesta española a la invasión aliada del norte de África, bautizada como operación *Torch*. Hay que tener en cuenta que ciento veinte mil soldados españoles permanecen acuartelados en el Protectorado del Rif. Y aunque el presidente de Estados Unidos, Franklin Delano Roosevelt, ha escrito una carta al dictador en la que, en términos cordiales, le asegura que «España no tiene nada que temer de Estados Unidos», las noticias que le trae el capitán general de Barcelona son irritantes, porque revelan cuánto ha trascendido la disensión en el Gobierno, con ministros que ven en la invasión de Marruecos la excusa perfecta para que España entre en la guerra mundial.

La reunión comienza a las 17 horas y dura hasta las 19. Kindelán expresa su convicción militar, acertada a la postre, de que los

Aliados van a ganar la guerra e informa con claridad a Franco de que si se ha comprometido a apoyar al Eje de manera formal, rompiendo en esta ocasión la neutralidad, tendrá que ser sustituido como jefe del Estado.

—No hay problemas hoy, gracias a Dios, pero los ha habido —responde Franco evasivo, manteniendo el control y apretando los dientes.

El dictador le asegura que no hay compromiso formal y le recuerda, retóricamente sin duda, que no desea permanecer en su cargo, cuyo ejercicio le resulta «desagradable», más de lo necesario. ¿Cuál es el problema entonces? Kindelán lo formula con claridad y sin paños calientes, a las 18.30 horas de aquella tarde del 11 de noviembre de 1942. La última media hora de la entrevista es intensa:

—España carece hoy de Estado, pues no lo hay si no está asegurada la continuidad. La tranquilidad de nuestro país pende de la vida de usted, un mortal.

—No se olvide... —interrumpe Franco seco, señalando una pequeña cajita que guarda en su despacho con el nombre de su sucesor en caso de fatalidad—. No se olvide de la cajita sellada.

Kindelán refuta con convicción. Franco ha tratado de esquivar una crítica implícita al régimen. Además, no cabe ahí, en la cajita, la grandeza de la idea constitucional que le acaba de expresar desde una lealtad inspirada por su patriotismo monárquico. Franco insiste y para zanjar el asunto le confiesa, y es la primera vez que se lo dice a alguien, cuál es el nombre que figura en la cajita sellada: por el momento, el del hijo y heredero de Alfonso XIII, Don Juan de Borbón. Pero tampoco eso parece convencer al capitán general de Barcelona:

—Generalísimo, es urgente la Restauración. Si también usted lo cree así, debe quemar etapas: proclamar la Monarquía y asumir una breve Regencia.

—Lo pensaré —es toda su respuesta.

A pesar de que la tensión del encuentro no rompe la cordialidad formal, la suerte de Kindelán está echada desde entonces. Le ha importunado en privado y en público con tanto respeto como tenacidad y ha señalado los fallos más graves del régimen y la necesidad de entregar el poder a Don Juan. Franco no permitirá, nunca más, que un general tan importante le ponga en esta situación de examen. A él. Y, por eso, tres meses después le destituye de la Capitanía General de Barcelona y le nombra director de la Escuela Superior del Ejército, un destino que carece de mando directo sobre tropas y desde el que Kindelán seguirá defendiendo la necesidad de una vuelta de la Monarquía a partir de marzo de 1943. Allí, el defenestrado capitán general sustituye a Antonio Aranda, otro general monárquico y crítico con el régimen a quien Franco apartó del mando en tropa tras unas declaraciones que consideró inoportunas sobre la necesidad de tener buenas relaciones con Gran Bretaña y, por tanto, contrarias a su admiración por Hitler.

Los generales saben bien cómo las gasta Franco. De hecho, ahí no acabará la cosa para ninguno de los dos, porque Aranda llegará a sufrir una detención y la Escuela Superior será sólo el primer capítulo de la verdadera persecución contra Kindelán, quien representa la sensibilidad de los monárquicos en España y siempre había opinado abiertamente, diciéndole a Franco las cosas que creía sin dobleces y sin el filtro de la adulación tras el que el dictador se ha amurallado. Para recordarlo hay que retroceder un par de años, hasta 1940.

Un palacio sobre aguas turbulentas

La Restauración de la Monarquía es el tema político más comentado en España en los primeros años de la posguerra. Pero esa ambición choca frontalmente con las vacilaciones de Franco, que a veces transitan por rutas imperiales y sueños de grandeza personal. La cuestión ha tomado cuerpo en la política nacional, es una vibración de fondo que alimenta las tensiones entre los antiguos compañeros de armas. Los prebostes de la Falange, esa suerte de partido único del franquismo, se apartan de los tradicionalistas y del Ejército, en el que domina un generalato mayoritaria y claramente monárquico que esperaba que la vuelta del Rey impulsara la reconciliación tras consolidar la victoria en la Guerra Civil.

Las potencias en guerra tienen también su propia política respecto a España. Alemania busca alimentar la vanidad de Franco a través del lujo, como el Mercedes de seis ruedas que Adolf Hitler le regaló en el Año Nuevo de 1940, y posteriormente intensifica su ya enorme capacidad de presión en el entorno falangista. Lo hace a través de Ramón Serrano Súñer, en ese momento el segundo hombre más fuerte del franquismo: dos veces ministro y cuñado del dictador. Es el *cuñadísimo*.

Mientras tanto, Gran Bretaña juega todas sus bazas y retiene cuando lo cree conveniente sus ayudas o enmaraña los permisos para el transporte hasta España de los suministros de Estados Unidos; también emprende acciones más directas, como cuando antes de la entrevista Franco-Hitler en Hendaya soborna a un buen número de generales con sumas variables —incluido Kindelán— para animarles a mostrar más activamente su resistencia frente al abandono de la neutralidad.

Pero el final de la Guerra Civil aún está reciente. En los discursos de Franco y en algunos de sus proyectos se percibe una retórica voluntad de grandeza que contrasta con la dramática realidad social de la posguerra. Por ejemplo, en la dedicatoria que escribió Franco en el Libro de Oro del Archivo de Indias, durante una visita en marzo de 1940, que dice así:

Ante las reliquias de un imperio, con la promesa de otro.

Cuando el Generalísimo traslada su residencia ese año de Burgos a Madrid, lo que tiene pensado es nada menos que residir en el Palacio de Oriente. Es Serrano Súñer quien le indica que esa decisión pone en peligro las relaciones con sus numerosos e influyentes partidarios monárquicos. Incluso el mariscal Pétain, presidente de la Francia de Vichy durante la invasión alemana, afirma que Franco va «adoptando cada vez más el estatus de Rey». Sin embargo, el jefe del Estado acepta la sugerencia del *cuñadísimo* y se instala finalmente en el Palacio de El Pardo, que contaba también con arraigo en la historia de la Corona: pabellón de caza de Carlos I, adaptado como residencia en el reinado de Carlos III, y ampliado en tiempos de Fernando VII.

Los Franco entran a vivir en El Pardo en marzo de 1940 y, de inmediato, el *Caudillo* ordena algunos cambios en el protocolo. Primero, que se le dé a su esposa trato de «Señora». Pero si hay un hecho que provoca el primer roce serio con los monárquicos es el decreto que obliga a que suene la Marcha Real cuando su mujer llegue a una ceremonia oficial, como siempre había ocurrido con la Reina. Paralelamente, también hay cierta tensión con el Ejército tras la represión que el general Antonio Aranda lleva a cabo contra los falangistas por las *sacas* de Valencia y el asalto a la prisión de Alicante, ordenando la ejecución sumaria de los responsables. Las espadas están en alto.

El año 1941 se abre con la cesión de los derechos dinásticos de Alfonso XIII, que siente cercana su muerte, en la persona de Don Juan, en un documento que el Rey firma en Roma el 15 de enero.

> Con este espíritu y este propósito ofrezco a mi Patria la renuncia de mis derechos, para que, por ley histórica de sucesión a la Corona, quede automáticamente designado, sin discusión posible en cuanto a la legitimidad, mi hijo el Príncipe Don Juan, que encarnará en su persona la institución monárquica, y que será el día de mañana, cuando España lo juzgue oportuno, el Rey de todos los españoles.

Apenas un mes después, el 28 de febrero, fallece el Rey en Roma. Y Franco publica un decreto con esa fecha que establece el luto nacional de tres días, los funerales que deben celebrarse el 3 de marzo en toda España por el eterno descanso del monarca fallecido y, en el preámbulo, una vaga referencia a que «en su día el Gobierno acordará las medidas necesarias para el traslado de los restos al panteón del Real Monasterio de El Escorial». Buenas palabras que quedarán en nada: «en su día» tardará en llegar, Franco morirá sin cumplirlo.

En el seno del franquismo, 1941 trae muchos movimientos políticos. Un personaje del entorno de Franco está a punto de caer en desgracia y otro va a adquirir gran protagonismo. El dictador toma conciencia del peligro que supone la creciente sombra de Serrano Súñer, que mantiene gran influencia en el Ministerio de Gobernación a través de una tupida red de fieles, a pesar de haber pasado a la cartera de Exteriores en octubre de 1940. Franco impulsa en mayo siguiente el ascenso de un antifalangista a ministro de Gobernación para cortarla de raíz, con dos consecuencias: la purga de los colaboradores del *cuñadísimo* y una cadena de dimisiones falangistas en protesta.

El nuevo actor que irrumpe en escena al ser nombrado subsecretario de la Presidencia del Gobierno es Luis Carrero Blanco, capitán de navío de tan sólo treinta y seis años a quien el destino tiene reservado un gran protagonismo. Sus consejos y su insistencia harán mella en los planes de Franco: la necesidad de elaborar una arquitectura jurídica que permita institucionalizar el régimen para dotarlo de continuidad. Será la llamada Ley de Sucesión.

El dictador ha aprendido en estos meses a manejar las ambiciones de unos y otros, y desde entonces también utilizará las profundas disensiones que apelan a su poder supremo en provecho propio. Aun así, su poder se asienta sobre un mar de fondo; es un extraño equilibrio sobre un pulso de fuerzas.

Contra la idea de una posguerra monolítica de represión y poder, la realidad es que el dictador navega por aguas turbulentas. En las calles hay choques entre falangistas y policías en 1941. La hostilidad del partido contra los militares —sobre todo contra los monárquicos— crece como nunca antes. Hay incluso un muerto tras una reyerta en León.

Así las cosas, al llegar el verano Franco se deja arrastrar por el entusiasmo ante la invasión alemana de Rusia y comete un gran error: el discurso de conmemoración del *alzamiento* del 18 de julio es tan hiperbólicamente proalemán que los Aliados cortan en represalia la entrada de suministros a España y planean un ataque a las islas Canarias. Durante aquel discurso, viendo a la enardecida audiencia vitorear las cada vez más ardorosas proclamas antialiadas del Generalísimo, Serrano Súñer comenta, con gran disgusto del dictador, que lo escucha:

—¿Qué es esto, una corrida?

La frase refleja toda la tensión acumulada, ese mar de fondo. Y, como es lógico, la situación produce también inmediatos movimientos en el bando monárquico.

KINDELÁN ENMIENDA A FRANCO

Los monárquicos deben meditar bien sus pasos. La incertidumbre sobre cómo puede afectar a España el final de la guerra mundial obliga a una revisión de estrategias: a la vista de las simpatías proalemanas del régimen, parece conveniente que quien aspire a la Jefatura del Estado se acerque a los Aliados.

Don Juan recibe en mayo de 1941 una sugerencia incisiva para que cambie su lugar de residencia. Existe una paradoja que debe resolverse cuanto antes. Quien primero la percibe es Pedro Sainz Rodríguez, exministro de Educación con Franco durante la Guerra Civil alineado ahora con el jefe de la Casa Real, y se la envía en una carta, fechada el 17 de abril. Le exhorta sin ambages:

Vuestra Majestad debe pensar en dejar Roma. No puede vivir en el país aliado de Hitler. Le ruego que me perdone la rudeza: nadie creerá en sus sentimientos británicos mientras esté al lado de Mussolini. Debe vivir en Suiza, Señor, o en Portugal. No tiene elección.

Sainz Rodríguez, que le insistirá en otras misivas sobre lo mismo, va ganando influencia en el entorno de Don Juan, a quien empieza a marcar su itinerario: se trasladará a Lausana en 1942 y tratará de hacerlo a Estoril en cuanto sea posible. Además, este político libérrimo se expresa con un lenguaje deliciosamente irreverente en lo que concierne al dictador:

Franquito no le hará Rey nunca, pero si Vuestra Majestad se convierte en el primer anglófilo e Inglaterra gana la guerra, Franquito será como una sardina asturiana, no dejarán de él ni las raspas.

Pasado el verano, siguen los contactos, cartas y reuniones, y todo se acelera. Muchos planes van dibujándose sobre el papel. Pero hay un hecho de especial relevancia, porque supone un acto de rebeldía en el interior del Ejército que a Franco se le atraganta.

A finales de 1941, Kindelán protagoniza en El Pardo un Consejo Superior del Ejército que Franco no olvidará fácilmente. Asisten aquel 15 de diciembre el ministro del Ejército, José Enrique Varela, y los generales Orgaz, Saliquet, Dávila y Ponte. La cúpula militar está presente. El ministro le dice al dictador que tiene la oportunidad de escuchar directamente de los generales los motivos de preocupación que han comentado durante el Consejo. Franco guarda silencio durante unos segundos que se hacen eternos, tal vez con la intención de evitar el trance. Pero Kindelán toma entonces la palabra y le dice al *Caudillo* todo lo que no quiere oír, como siempre, envuelto en franqueza y respeto.

Puede que hasta El Pardo no llegue el rumor de un país atenazado por la represión y en el que uno de los negocios más extendidos es el estraperlo. Pero si a palacio no llega el rumor, sí lo hace la voz del general Kindelán, que inicia su alocución señalando las miserias de la actual situación política:

—Las influencias extranjeras, la incompetencia gubernamental, el ambiente inmoral, y el haber caído las riendas del poder en manos de una burocracia exuberante como nunca, inepta, y, en muchos casos, venal.

Las críticas son fuertes, pero, paradójicamente, Franco escucha todavía con semblante abierto. Hasta que Kindelán arremete directamente contra él:

—Todo eso no me preocupa tanto como dos síntomas que creo notar desde hace poco tiempo, y que acentúan, a mi juicio, la gravedad del momento. Me refiero a la pérdida de prestigio, por desgaste, de la figura del jefe del Estado, de su persona, mi general; y, menos avanzada, la del Ejército. Ello constituye para todos los patriotas españoles honda preocupación, ya que el jefe del Estado y el Ejército constituyen las únicas reservas vitales del régimen, descartado ya de serlo, por su excesivo desgaste, el Partido Único.

Un gesto de desagrado y estupor se dibuja en la cara de Franco. Frente a él, Kindelán explica con detalle las causas de ambos desgastes. El personal de Franco debido al ejercicio directo del poder y al haber asumido las funciones del jefe de Gobierno además de jefe del Estado, dos poderes que deben separarse. Y la erosión del Ejército lleva una enmienda de profundidad a las políticas del régimen. Dice Kindelán que se ha descarriado la Justicia militar, «sacándola de su misión específica y cargándola con la aplicación de una ley dura en exceso y poco elástica»; es decir, empleándola como el principal elemento de la represión. Una crítica directa —que el dictador no comparte— a la política de revancha. Y también le dice que se ha abusado de poner a militares en cargos y puestos civiles, desde fiscalías hasta comisarías de recursos y abastos, para los que no eran idóneos.

—En ellos, unos demostrarán su incompetencia; otros, quizá prevariquen; y los más, sin hacerlo, procediendo con honradez, serán mordidos por la maledicencia.

Basta. Franco ha escuchado con cierta parsimonia y ahora responde, sin perder el control y en aparente tono cordial, con su voz atiplada, pero con semblante seco, bastante serio. Lamenta que haya cosas que van mal y acepta el debate sólo sobre algunos casos concretos. Pone ejemplos específicos como una débil defensa que intenta rebatir las críticas generales de Kindelán. Reconoce que se ha movilizado a personal del Ejército porque existe «una crisis de hombres» tras la guerra. Poco a poco, hilando ejemplos quiere eliminar del dibujo la globalidad de la enmienda a las políticas del régimen, capeando el temporal y dejando que la reunión termine en una aparente cordialidad. Pero a la salida todos saben que han vivido una pugna sorda, algo parecido a un duelo sigiloso que tendrá consecuencias.

Vuelan las noticias sobre ese encontronazo en El Pardo. A Don Juan se lo relatan en sendas cartas el propio Kindelán y otro de los grandes opositores a la dictadura: Eugenio Vegas Latapié, líder de Acción Española. La figura de este intelectual, hijo de militar, cobró su dimensión durante la República, cuando fundó la revista del mismo nombre para conformar una corriente de carácter monárquico y católico muy conservadora dentro de la oposición al régimen anterior a la Guerra Civil. Su protagonismo crece con la posguerra al verse obligado a pasar, por sus convicciones monárquicas, a la oposición y convertirse en uno de los principales consejeros de Don Juan.

Algunas embajadas informan a sus gobiernos del encontronazo del dictador con los militares. La legación británica distribuye entre los militantes monárquicos copias del discurso crítico del general, lo que causa una enorme irritación en la embajada alemana.

A comienzos de 1942, el jefe de la Casa Real en el exilio empieza a rodearse de destacados asesores. Entre todos ellos, Sainz Rodríguez y Vegas Latapié, pero en ese momento el más destacado es Kindelán, quien, consciente de las circunstancias, decide proponer a Don Juan un auténtico plan de Restauración. Es la primera vez que alguien presenta al conde de Barcelona un proyecto serio para derrocar a Franco y devolver la Monarquía a España.

«RESTAURAR LA FORMA MONÁRQUICA»

Kindelán tiene claro que Don Juan debe salir de la penumbra y darse a conocer. Debe tomar la alternativa. El *modus operandi* que el general cree más conveniente pasa por un «martilleo constante» que garantice mayor visibilidad y que haga aflorar las simpatías, así como una «coacción moral engendradora» para contrarrestar el ambiente antimonárquico que se cultiva entre los falangistas. También piensa en algunas acciones coordinadas para cohesionar a los simpatizantes con la causa, promover declaraciones y manifiestos en las diferentes provincias y acciones personales de figuras con influencia. Una movilización total de los recursos.

En la carta remitida a Don Juan también le informa de algunos de los problemas que detecta entre los partidarios:

> En Madrid no ha habido grandes luchas políticas entre monárquicos como en Cataluña; pero en cambio el individualismo celtíbero ha hecho presa en las filas monárquicas y allí cada tres personas constituyen un grupito...

Para Kindelán, todos sus propósitos estarán orientados por su convicción de que «es urgente restaurar la forma monárquica»:

> Un gobierno fuerte no puede ya salir de este régimen desgastado: sólo la Monarquía puede dárnoslo.

Han pasado apenas dos años desde el final de la guerra y la instauración del régimen quiere cimentarse sobre este terreno de apoyos tan poco firmes. Entre los planes que Kindelán va desgranando destaca también la puesta en marcha de acciones inmediatas, que el general ve plausibles. Primero, lanzar una oferta de colaboración a los elementos monárquicos de Cataluña. Segundo, que treinta o cuarenta consejeros nacionales suscriban una indicación de «lo urgente que es ya organizar el Estado español». Tercero, un «manifiesto de las fuerzas vivas de las cincuenta provincias españolas en igual sentido, cuidando más del prestigio de las firmas que de su número». Y cuarto, acciones individuales de personas «que tengan sobre Franco influencia y prestigio». «Todo ello simultaneado con la organización y el ejercicio de la propaganda.» Ese plan integral, con más o menos cambios, dibuja algunos de los caminos que los partidarios del conde de Barcelona recorrerán en los años siguientes.

En la misiva a Don Juan también trata de concretar la misión del Rey, que no debe quedar en actitud pasiva. Mientras el proceso dure debe permanecer activo. No obstante, le dice:

> No creo llegado el momento del manifiesto, pero en él hay que pensar ya.

Entre las ideas que le propone para este documento hay algunas que se encuentran a mucha distancia del criterio de Don Juan, pero el hijo de Alfonso XIII sí le da la razón en que aún no ha llegado el momento de un manifiesto público. Por último, Kindelán acierta a detectar algunas fuerzas que pueden favorecer la causa, como el antifalangismo, que «constituye el gran aglutinante nacional». Asimismo, deja definido lo que conoce más de cerca:

> La misión del Ejército es bien clara: estar unido, disciplinado, y al margen de las luchas políticas.

El discurso que el general pronunció en El Pardo ante Franco tiene poco después una especial reverberación en Cataluña, región en la que aún es capitán general. Primero, en una reunión en su domicilio en torno a los oficiales vuelve a incidir en que la nave del Estado va a la deriva y en la corrupción generada por una burocracia «excesiva y venal», y añade:

> La organización desacertada y la codicia desenfrenada de muchos españoles ha creado una extensa e intensa zona de inmoralidad.

Por tanto, «el remedio no puede salir del mismo régimen», y se hace necesario «un cambio radical de personas, de modos de gobierno y de régimen». Solicita el establecimiento de una breve Regencia y pide a los oficiales fortaleza y ayuda para estructurar una organización que soporte unida los primeros momentos del cambio. A nadie se le escapa que esto raya en la conjura.

El desafío a Franco adquiere la máxima relevancia pública el 26 de enero de 1942, en un discurso público en la Capitanía General de Barcelona. Se cumplen tres años de la toma de la capital catalana. Kindelán denuncia la falta de órganos constitucionales y anuncia el grave peligro que supone que a Franco le ocurra algo:

> Si, lo que Dios no quiera, desapareciese la persona del jefe del Estado, aquí no quedaría absolutamente nada.

Defiende en esa ocasión públicamente «la Monarquía como la base de toda solución definitiva, por ser la única que reúne las necesarias condiciones de solidez y de permanencia», además de la «flexibilidad necesaria para no vincular su responsabilidad a los errores circunstanciales de los gobernantes». En definitiva, concluye, «hoy la Monarquía puede ser, en España, un instrumento de suprema conciliación, que restaure la unidad moral del país y restañe las heridas de la guerra». Eso sí, pide a Franco que tome la iniciativa en unos términos con los que, sin duda, el dictador no sólo debía estar en profundo desacuerdo, sino que debieron de irritarle sumamente, toda vez que Kindelán considera este cambio «inaplazable»:

> Nos damos cuenta de que la Restauración no puede efectuarse súbitamente. Es necesario prepararla con la instauración de una Regencia que al mismo tiempo que proclame su alcance y su finalidad, aleje al Generalísimo de una intervención cotidiana, desgarradora de su prestigio, en los menesteres de gobierno.

Que el general que urdió el nombramiento de Franco como Generalísimo en 1936, dándole el mando absoluto sobre los sublevados, decida enfrentarse de manera frontal al dictador cuando no se han cumplido ni tres años del final de la guerra da idea de la inestabilidad política del sustrato de apoyo al *Caudillo* en esos momentos. Lleva meses desoyendo las llamadas a la Restauración monárquica, cada vez más lejos de sus propios planes. Tiene toda la información sobre lo que planean unos y otros y está dispuesto a utilizarla. Pero la situación política en España va a empeorar.

FRANCO TIENE PROBLEMAS: LA BOMBA DE BEGOÑA

En un mundo en guerra, Franco empieza a pagar sus evidentes simpatías por Alemania, que van mucho más allá de la oficial «no beligerancia». España es uno de los centros del espionaje mundial. Entre los espías presentes en nuestro país no puede faltar el más famoso doble agente de aquella época: Kim Philby. Desde septiembre de 1941 trabaja para la sección ibérica del SIS (antecedente del MI6, responsable de la inteligencia exterior británica) y cubre España, Portugal, y por supuesto, Gibraltar, mientras sigue informando a Moscú. Pero Rusia y Gran Bretaña son, por el momento, aliados. Las piezas se mueven rápidamente sobre el tablero.

Londres tiene el ojo puesto en Canarias. La Royal Navy organiza un bloqueo naval que obliga a cerrar la refinería de Tenerife. Franco tiene que aceptar humillantes inspecciones aliadas sobre el uso que da al petróleo que le otorgan, porque se sabe que los submarinos alemanes han estado repostando con él últimamente. Pero hay otro error más grave, que destapa el propio Kim Philby: él es quien alerta al mando británico de que hay técnicos alemanes instalando una red de detección de sonar e infrarrojos para controlar el tráfico en el estrecho de Gibraltar. El momento es extremadamente peligroso, porque ya se está preparando la invasión del norte de África, la operación *Torch*. Franco es interpelado y lo niega todo para ganar tiempo, pero la severa amenaza de perder pie y entrar en guerra a contrapelo, en unos términos que no eran ni de lejos los que él había soñado como pórtico a su «promesa de un nuevo imperio», le obliga a dar la instrucción de que esa red se desmonte a toda prisa.

Para colmo de males, en el orden interno la cúpula militar está muy agitada. Tiene que enfrentarse con insistentes rumores de golpe de Estado a cargo de los generales Espinosa (a quien por ello cesa nada más tomar posesión como capitán general en Burgos), Kindelán y Orgaz, y sabe por sus redes de información que algunos generales monárquicos están sondeando a Alemania para asegurarse un eventual respaldo para la Restauración de la Monarquía en caso, cada vez más improbable, de victoria del Eje.

La situación política empeora también por momentos. En mayo estallan en Pamplona, Burgos y Sevilla reyertas callejeras entre oficiales y estudiantes monárquicos y falangistas. Pronto se extienden a las universidades de Santiago y Madrid. La acción alimenta la moral de los seguidores de Don Juan y Franco no reacciona ante la escalada, lo cual envalentona a los falangistas. Muy poco tiempo después, el 16 de agosto, se produce un incidente mucho más grave: el atentado con bomba del Santuario de Begoña, del que la prensa no habla gracias al control de la censura.

Los hechos son terribles: varios elementos falangistas se desplazan a Bilbao, donde los oficiales del Ejército salen de la misa de homenaje a los requetés caídos en la Guerra Civil y andan con los ánimos enardecidos, lanzando gritos contra Franco y la Falange. Uno de los falangistas lanza una granada contra la multitud. La deflagración produce setenta y un heridos y por poco no se lleva por delante al ministro del Ejército, general José Enrique Varela. Varela decide aprovechar políticamente la indignación creada por el atentado para lanzar ataques contra la Falange y contra Serrano Súñer. De hecho, llama a Franco, que está veraneando en Galicia, para relatarle lo sucedido. Lo que no esperaba era la fría respuesta del dictador:

—No presumas, que no vas a conseguir la tercera Laureada —le espeta el Generalísimo con su vocecilla.

Varela es de los pocos militares que ha logrado en España dos veces la condecoración al valor más importante del Ejército: la Laureada de San Fernando. En la conversación, Franco le rebate con el argumento de que el atentado no ha tenido nada que ver con su presencia en Begoña, sino que ha sido en el fondo un acto en defensa de la Falange. Ante esa interpretación que resulta favorable a los atacantes, Varela protesta enérgicamente y Franco le manda callar y acaba colgándole el teléfono. Pero Varela no se arredra y sigue empeñado durante las siguientes semanas en exprimir las posibilidades que le otorga el incidente. De hecho, al acusado de haber lanzado la granada le encuentran, tras su detención, una agenda con varios números de teléfono de diplomáticos alemanes y por ello el ministro también le acusa de actuar como «agente de una potencia extranjera».

Franco se mantiene impasible durante nueve largos días después del atentado, hasta el 24 de agosto, cuando pronuncia un

discurso de tono conciliador en La Coruña, junto al ministro secretario general del Movimiento, José Luis Arrese. Habla tal día de
«los valores militares de Falange y las virtudes falangistas del Ejército», tratando de mezclar agua y aceite. Sabe que Varela intenta
sacar partido inteligentemente de aquella situación para los monárquicos. El ministro del Ejército llega a presentarle una carta con
su dimisión, pero Franco no se atreve a aceptarla porque Varela
cuenta en ese momento con el apoyo explícito de varios miembros
del Gobierno y del generalato: Galarza, ministro de Gobernación,
y también de Vigón y otros como el almirante Salvador Moreno y
Esteban Bilbao. No quiere agravar más la crisis.

Así que Franco deja deliberadamente que el proceso avance. Se
detiene a los culpables. El autor material del ataque es un inspector
nacional del sindicato de estudiantes falangista (SEU) llamado
Juan Domínguez, que acaba siendo condenado a muerte y ejecu-
tado. Por cierto que, tras su ejecución, Hitler le condecora con la
Cruz del Águila alemana, así que algo de cierto había en las sospechas de Varela. El compañero de atentado de Domínguez vio con-
mutada la pena y a los conductores que los llevaron hasta allí les
cayeron veinte años de cárcel.

Poco a poco, la indignación va dando paso a la calma, pero
Franco no se distrae. Aprovecha ese desenlace natural, marca los
tiempos y espera un mes hasta que puede hacer otra crisis de Gobierno en septiembre, con el objetivo primordial de eliminar al
ministro del Ejército que le ha plantado cara, pero sin la incomodi-
dad de provocar una rebelión entre los monárquicos. Ha estudia-
do meticulosamente el alcance de los cambios que vendrán. Para
compensar la caída de Varela —y de Galarza, por no haber previsto
el atentado desde Gobernación—, cesa también al *cuñadísimo*.

El equilibrio y la oportunidad de este doble golpe a ambas facciones parece ser uno de los primeros valiosos consejos de Carrero
Blanco, que Franco ejecuta con eficacia sumaria. Supondrá un
cambio de época. Por primera vez desde la guerra, Serrano Súñer

ya no está en el Gobierno: con su ausencia muchas cosas se transforman. Le sustituye al frente del Ministerio de Exteriores Francisco Gómez Jordana, un militar trabajador, disciplinado y sin ganas de dar lecciones de diplomacia al dictador.

Para elegir al sustituto de Varela tiene más dificultades. No en vano se ve obligado a buscar entre militares de menor graduación porque todos los tenientes generales se solidarizan con el exministro debido a la existencia de la carta previa de dimisión. Al final, el dictador elige a un general de brigada, Carlos Asensio Cabanillas, un fiel que intenta rechazar el cargo para evitar problemas con sus superiores, pero al que Franco ordena aceptarlo, sin más, añadiendo una frase que muestra a las claras su determinación de hacer frente a cualquier resistencia ante su autoridad:

—Ya sé que algún día saldré de aquí con los pies por delante.

Franco resuelve la crisis reduciendo el nivel de sus más directos colaboradores y contribuyendo a un aislamiento cada vez mayor entre sus fieles. Carrero Blanco se mantiene a su lado, ganando influencia desde la más absoluta lealtad a su mando.

Franco ha superado el envite, pero el desgaste nacional e internacional es mayúsculo. A pesar de que en Berlín se acepta la resolución de la crisis provocada por la bomba de Begoña, Hitler muestra ya entonces su intensa y creciente decepción con su socio español:

—La verdadera tragedia para España fue la muerte de Mola —dice en referencia al general Emilio Mola, verdadero director del golpe del 18 de julio de 1936, muerto en 1937 en accidente de aviación—. Él era el auténtico cerebro, el auténtico jefe. Franco llegó a la cima como Poncio Pilatos al Credo.

Transcurre agosto de 1942. Han pasado tres años desde el final de la Guerra Civil y el comienzo de la guerra mundial. Quedan otros tres para que el mundo encuentre la paz.

EL PLAN BRITÁNICO: UN REY Y UN PRESIDENTE

Los países aliados ven un gesto amigable en el cese de Serrano Súñer y el nombramiento de Jordana como ministro de Exteriores. En este momento se ultiman los preparativos para la invasión de África y no las tienen todas consigo: por lo que informan las embajadas, la entrada de España en el conflicto para socorrer a las fuerzas del Eje en el Magreb es perfectamente posible.

En la legación británica, mientras tanto, uno de los más conspicuos monárquicos del entorno de Don Juan, Pedro Sainz Rodríguez, comienza a interesarse por la respuesta aliada a esa eventual entrada de España en la guerra. El embajador, Samuel Hoare, le confiesa que hay un plan militar para tomar Canarias y desmantelar esa base encubierta que se usa en el repostaje de los U-Boot de la Kriegsmarine, la Marina de guerra alemana. Pero el plan es más ambicioso e incluye una derivada política a la mera invasión aliada: se hacen planes para establecer un Gobierno paralelo, copiando el modelo de De Gaulle en Francia, con Don Juan como Rey y Sainz Rodríguez como presidente.

Esta conspiración, como todas las que vendrán, llega a oídos de Franco después de que el lenguaraz Sainz Rodríguez la contara en una cena supuestamente secreta. El *Caudillo* monta en cólera. Ayudar a Gran Bretaña a tomar Canarias es, a sus ojos, alta traición.

Durante los últimos años la embajada ha sido objeto de vigilancia debido a su papel fundamental para instigar a la oposición a Franco y al reparto de cantidades millonarias para alentar al generalato en su oposición al dictador. Incluso en el caso del general Aranda, con el fin de que promueva intentonas golpistas. Por ello, la legación ha sufrido el acoso de multitudes incitadas desde el régimen.

El embajador Hoare, inteligente diplomático que sabe navegar con enorme pericia los últimos años en un país en el que los alemanes hacen y deshacen impunemente, es también un perfecto *gentleman* inglés. En una de esas ocasiones en las que tenía la legación acosada, rodeada de una multitud ruidosa y amenazante, recibió la llamada del gobernador civil, que le ofrecía enviar más policía si eso le hacía sentir más seguro. La respuesta de Hoare fue antológica:

—No me envíe más policías, envíeme menos manifestantes.

Tras conocer lo que trama Sainz Rodríguez, Franco ordena que sea inmediatamente deportado, pero el exministro es un hombre previsor y se esconde en un piso lleno de provisiones y bidones de gasolina —nada fáciles de adquirir en el Madrid de 1942— que ha alquilado en la capital. Allí espera agazapado cuatro semanas y después abandona España discretamente el 23 de junio en automóvil, a través de una finca en la raya de Portugal.

También Eugenio Vegas Latapié, presente en esa cena, decide abandonar España camino de Lausana, adonde llega sin recursos. De hecho, malvivirá dando clases de español, que no cubren sus gastos. Ante la disyuntiva de comer bien o vestir bien, Vegas Latapié, caballero quijotesco con algo de triste figura, dará prioridad a lo segundo, para servir como es debido a Don Juan. De hecho, Sainz Rodríguez y él serán dos de sus fundamentales consejeros en los años siguientes. Al expulsarlos de España, Franco los aleja geográficamente de su país, pero los une intelectual y emocionalmente en su propósito.

LAS CARTAS BOCARRIBA, LA PARTIDA BAJO LA MESA

Cobra fuste la certidumbre de que Franco no tiene entre sus planes, ni inmediatos ni a medio plazo, devolver el poder voluntariamente. Las conspiraciones, paralelamente, ganan complejidad. El desarrollo de los acontecimientos aplaza la Restauración *sine die*. El dictador mueve todos los hilos. Don Juan va tomando nota y en la primavera de 1942 se producen los primeros roces entre el jefe del Estado y el aspirante a sucederle. Es una confrontación epistolar.

La primera carta desde El Pardo está fechada el 12 de mayo de 1942 y tiene entre sus líneas manuscritas la constatación del doble juego político. Por un lado, Franco es muy consciente de la amenaza que supone para sus planes la simpatía aliada hacia la causa de los monárquicos y, por otro, sabe los beneficios que puede extraer del precario equilibrio interno de fuerzas entre Falange, monárquicos y otros agentes, sobre el que basa su poder hegemónico. Como mantiene un férreo control, se permite hablar con claridad al jefe de la Casa Real:

> Yo siento tener que deciros que ese sentimiento monárquico que os quieren hacer ver existente en nuestro pueblo es falso.

La carta de Franco parece un tanto disparatada, pero conociendo el contexto en el que la escribe salta a la vista, sin duda, que es una añagaza. Encierra una visión personalista de la Historia de España, quiere inocular pesimismo en torno a las posibilidades de la causa monárquica en el joven pretendiente al Trono, al tiempo que le ofrece como única salida una «restauración falangista».

Comienza invocando la «lealtad y claridad que fue norma en mis relaciones con Vuestro Padre y que por otra parte me impone la responsabilidad que sobre mí pesa». En esa sola frase trata de redefinir las relaciones entre ambos. Pasa después a valorar a los viejos monarcas, desde la Reconquista hasta Alfonso XIII:

> No podemos igualar a las personas que forjaron el Imperio con las que lo perdieron, pese a las buenas cualidades que hayan podido tener; y cuando hablamos de Monarquía la entroncamos con la de los Reyes Católicos, con la de Carlos y Cisneros o con la del segundo de los Felipes; pero no con los que firmaron las paces que mutilaron nuestro Imperio, suscribieron la separación de Portugal o nos infamaron en Utrecht.

Lo dice desde la España desgarrada definitivamente después de la más cruenta guerra civil en un siglo de luchas fratricidas. Abunda Franco en su lección a Don Juan definiendo el fondo histórico contra el que parece encantado de recortar su propia figura. Es su visión y su misión, tanto monta:

> La Monarquía de los Reyes Católicos, tan admirada como poco comprendida [fue una Monarquía revolucionaria, totalitaria], en el más puro sentido de esta palabra.

A partir de sus Reyes predilectos, de quienes ha querido heredar el yugo y las flechas, vino, según él:

> La Monarquía decadente y sin pulso, que ya no proyecta hacia el exterior el genio de España, sino que recibe, acoge y ensalza lo que la anti-España concibe allende las fronteras; y que culmina en la invasión enciclopédica y masónica que patrocinan Floridablanca y el conde de Aranda, que fatalmente tenía que terminar ennobleciendo a banqueros y especuladores; los mismos que los últimos años suscribieron el socorro internacional y ayudaban a los periódicos marxistas.

La de Franco es una historia dualista y simple, de buenos y malos.

Lógicamente utiliza lo anterior para diferir el fracaso de Alfonso XIII, al explicarle a su hijo que «sus buenos propósitos naufragaron en medio de la desasistencia, el egoísmo o los torpes intereses de grupos y partidos irresponsables, más fuertes y poderosos que la propia Monarquía». Y después viene la puntilla:

> Cuántos de los que hoy se llaman monárquicos viven llenos de prejuicios liberales, de bastardas ambiciones o de turbios propósitos, y añoran aquellos pasados y desdichados tiempos.

La pérdida del arraigo de la Monarquía es, para Franco, consecuencia directa de estos hechos.

> Al dejar de ser la Monarquía para los españoles su amparo y su defensa [...] y verla presidir el nacimiento, la expansión y el dominio del capitalismo, al que llega a honrar y ennoblecer, el pueblo, por éste esclavizado, la encasilló entre sus opresores.

No concluye ahí. Sin ruborizarse, le muestra a Don Juan la miseria secular en la que viven muchos españoles como la inspiración «de nuestra revolución, que yo con la Falange patrocino». Y ya en materia vuelve a repetir:

> Ese sentimiento monárquico que os quieren hacer ver existente en nuestro pueblo es falso; una gran parte de los que hablan de Monarquía añoran la decadente y sin pulso; otros la identifican con la explotación impune de los humildes y el restablecimiento del régimen liberal con sus grupos en lucha; para muchos es la impunidad para sus crímenes, el resurgimiento del separatismo o la vuelta de los expatriados. Esto es: el triunfo a plazo fijo de nuestros enemigos. La Monarquía que a España conviene, como nosotros la sentimos, ésa es la que no quieren.

Borrado el horizonte de una reconciliación, trata entonces de desacreditar a cuantos se acercan a Don Juan con consejos o ideas, los representantes de partidos que son «sólo máscaras que encubrían bastardos intereses». Detrás de esas palabras, Franco instiga un juicio del jefe de la Casa Real contra Sainz Rodríguez, Vegas Latapié y algunos otros españoles del entorno monárquico. También contra los militares que le son leales. Con impostado paternalismo, el dictador le alecciona:

Descubriréis sus ambiciones: unas veces políticas, otras de privilegios, la más de intereses materiales y mucho también de vanidad; sin contar los aspirantes a Condes y Marqueses.

Y acaba con una oferta, de retórica alambicada, con la esperanza de que Don Juan no la pueda rechazar:

Es mi ilusión, que me tarda, el coronarla, para poder ofreceros ese día con la jefatura total del pueblo y sus ejércitos, el entronque con aquella Monarquía totalitaria que, sólo por serlo, vio dilatarse sus tierras y sus mares. Yo me permito rogaros meditéis estas palabras, os identifiquéis con la Falange Española Tradicionalista y de las JONS y prohibáis a cuantos se titulan vuestros amigos el estorbar o retrasar este propósito, convencido de que así serviréis al interés supremo de nuestra Patria y a la continuidad histórica de Vuestra Dinastía.

Ahí está la trampa. Don Juan recibe la carta de Franco ya en Lausana, donde reside desde marzo, tras hacer caso de las sugerencias de Sainz Rodríguez. Allí deja pasar el verano para meditar una respuesta y finalmente decide hacer unas declaraciones públicas al *Journal de Genève*, en las que deja clara su distancia con cuanto la carta del dictador le proponía. Desde Ginebra señala a los españoles, pero también a Franco:

No soy el jefe de ninguna conspiración. Soy el depositario de un tesoro político secular: la Monarquía Española. Estoy seguro de que la Monarquía será restaurada. Lo será, cuando lo exija el interés de España: no antes, ni una hora después del momento oportuno. Cuando el pueblo español estime llegado el momento, no vacilaré un instante en ponerme a su servicio. No entra en mis intenciones imponer a los españoles, por mi propia autoridad, las formas, las instituciones doctrinales a regular la vida nacional. Mi suprema ambición es ser Rey de España en la cual todos los españoles, definitivamente reconciliados, podrán vivir en común.

En el plano internacional, Don Juan añade un punto esencial al certificar la neutralidad que España guardará con respecto a los contendientes en caso de Restauración.

Las cartas están sobre la mesa. Pero Don Juan aún tarda unos meses en responder con una misiva a Franco. Cuando lo hace, el 8 de marzo de 1943, vuelve a distanciarse totalmente de los planes del dictador, a quien espeta que hay que dar paso a la Monarquía para acabar «con el actual régimen precario y transitorio». De hecho, le conmina a hacerlo con urgencia, a «adelantar lo más posible la fecha de la Restauración». Esa hostil sinceridad es un error que revela más de lo que logra.

Le confirma al dictador que no puede identificarse con la Falange pues debe «ser el Rey de todos los españoles» y que la situación internacional exige en España un Gobierno que practique una neutralidad verdadera. También le comunica que va a compartir esa carta con cuantas personas juzgue conveniente. Algunos monárquicos temen, después de leerla, que provoque una reacción demasiado virulenta.

Y así es. La carta tiene consecuencias. Franco reacciona violentamente e inicia persecuciones contra elementos monárquicos: pide la extradición de Juan Antonio Ansaldo, que consigue fugarse poco antes de ser detenido en un avión militar con destino a Portugal (conspirador nato de convicciones monárquicas, era el aviador que pilotaba el avión en el que murió el general Sanjurjo el 20 de julio de 1936 cuando iba a ponerse al frente de la sublevación), y también ordena el destierro del marqués de Quintanar, abre expediente a Sainz Rodríguez para ver si le priva de su cátedra...

Al mismo tiempo que da esos manotazos, el dictador se apresta a responder a Don Juan inmediata e insolentemente. En una nueva carta del 27 de mayo alardea del prestigio que tiene la España bajo su mando, a pesar de que cada día está más aislada y empobrecida, y le da lecciones de nuevo sobre cómo debe ser la Monarquía verdadera, en la cual, en su opinión, el papel del Rey nada tiene que ver con ser árbitro —como ocurre de hecho en la Monarquía democrática liberal—. Franco recuerda en un tono casi colérico que el jefe del Estado es él y respira con un aliento vengativo que va más allá, llegando a lo personal. Descarga sus críticas más acerbas contra la decisión de Alfonso XIII de abandonar el poder, al tiempo que elogia a Primo de Rivera, espejo en el que tal vez prefiere mirarse.

Por alusiones, en un telegrama del 3 de agosto de 1943, Don Juan conmina a Franco a «la inmediata instauración de la Monarquía que, por no haber intervenido en los asuntos de España durante este trágico período, se halla capacitada, de manera providencial, para ejercer una acción conciliadora y constructiva dentro y fuera de las fronteras nacionales». Se atreve a recordarle cuál ha sido el desagradable destino del Duce en Italia y además apela a la conciencia de español del Generalísimo, porque quiere convencerle de que la única manera de evitar la catástrofe para España es la Restauración.

Y el dictador responde con toda astucia el día 8 de agosto con otro telegrama que incluye el deseo de que «Dios os ilumine» y rebate la posibilidad de que en España ocurra lo mismo que en Italia. En lo que más insiste es en convencerle de que no haga ninguna declaración pública que pueda debilitar la posición del régimen.

Al tiempo que esta correspondencia se cruza sobre la mesa, Don Juan recibe consejos sobre la necesidad de abandonar Suiza y acercarse a un país fronterizo con España, preferentemente Portugal. Hay varios intentos de viaje durante ese otoño, de los que Franco tiene conocimiento y que la Gestapo también espía. La situación internacional con la guerra favorece a Don Juan y los Aliados esperan ya entonces un movimiento político de distanciamiento con el régimen. Pero Franco también mueve fichas y anima a viajar a Lausana a cuantos monárquicos puede convencer para que aconsejen al pretendiente estarse quieto y no alzar la voz.

En realidad, la correspondencia entre Don Juan y Franco desde 1942 hasta 1944 es un puro diálogo de sordos, o puede que se parezca más a una partida de cartas en la que uno tras otro van poniendo triunfos sobre la mesa. Por un lado, han decidido jugar así, hablándose con las cartas bocarriba, hasta el ultimátum y la ruptura, cuando lleguen, ya muy pronto, mientras por debajo de la mesa ambos maniobran secretamente, uno contra el otro. Dos partidas paralelas, con dos barajas. Ésa es la situación.

Hay contradicciones que surgen de esta pugna y que forman daños colaterales. Se traducen en la desorientación de muchos seguidores de Don Juan. La mayor parte de los monárquicos del interior se están acomodando al régimen instaurado por el bando con el que a fin de cuentas lucharon y vencieron en la guerra, aunque no cumpla con todas sus expectativas.

Las espadas siguen en alto.

El duque de Alba, un caballero intocable

Hay un monárquico contra el que el *Caudillo* no osará jamás actuar. Una personalidad de enorme influencia nacional e internacional, un perfecto caballero que siempre se ha movido entre bambalinas. Intervino en el alquiler del avión de Havilland Dragon Rapide que llevó a Franco a Marruecos en julio de 1936 y luego, en 1937, fue el emisario en Londres de los sublevados: se trata de Jacobo Fitz-James Stuart, duque de Alba.

Acabada la guerra, y a pesar de que continúa ejerciendo las labores de embajador de la España franquista en la capital inglesa, trabaja junto a diversos líderes de la oposición con la clara intención de apartar a Franco del poder. Trata de unir a todos dentro de los límites aceptables, cosa que a veces parece imposible. No hay quien convenza a los tradicionalistas, que lucharon con denuedo en el bando franquista, de las bondades de un pacto con la oposición izquierdista moderada del socialista Indalecio Prieto. También debe poner coto a determinadas aspiraciones de la izquierda de pasar a la acción. Está en el centro de la conspiración.

El dictador lo sabe casi todo, conoce sus pasos y sigue con atención los informes sobre muchas de sus reuniones, pero no se atreve a tocarle, como sí hace con los generales implicados y con otros nobles activos en la oposición. Sabe que desde 1943, al igual que Kindelán, el duque figura en todas las listas de un futuro Gobierno de Restauración. Pero le necesita porque tiene hilo directo con Churchill y maneja información valiosa que una y otra vez confirman después los embajadores británico y estadounidense sobre la postura de los Aliados hacia Franco.

Por ejemplo, cuando la operación *Torch* se pone en marcha a finales de 1942, es Alba quien primero le da seguridad de que los Aliados no tienen la más remota intención de actuar contra los intereses o territorios de España, ni en la Península ni en Marruecos. Y cuando cae Mussolini en 1943, Churchill hace llegar al dictador nuevas seguridades sobre su posición a través del duque. Aunque Franco, eso sí, sabe administrar esas certidumbres como un certificado que anuncia su permanencia vitalicia en el poder.

Solamente cuando se consume la ruptura con Don Juan, el dictador se atreverá a impedir una vez que Fitz-James Stuart viaje a Estoril para el primer Consejo Privado del Rey, retirándole el pasaporte. La relación del dictador con el jefe de la Casa Real habrá llegado entonces al punto de no retorno, lo cual colocará al duque en la más incómoda posición entre ambas figuras. Y será entonces, en marzo de 1947, cuando el duque dará una muestra muy clara de dónde está su lealtad. Acatará sin remedio la imposibilidad de viajar a Estoril, pero se guardará un golpe de efecto: reuniendo a los corresponsales extranjeros acreditados en España ante las ruinas del Palacio de Liria, destrozado por la guerra, Fitz-James Stuart lamentará *urbi et orbe*:

—Es la primera vez en quinientos años que un duque de Alba no puede acudir a la llamada de su Rey.

Jacobo Fitz-James Stuart es por derecho uno de los españoles más influyentes del siglo. Su participación en algunos momentos clave de la conspiración durante estos años otorga a la oposición monárquica una enorme proyección dentro y fuera de nuestras fronteras. Además de su prestigio, que el entorno de Don Juan calificará de «cañón de grueso calibre», el duque parte de un conocimiento personal del dictador en los inicios de su carrera militar en África. Los conoce bien a él y a su esposa, una mujer de influencia creciente. De hecho, cuando el duque habla con los monárquicos le llama por un apelativo muy poco cariñoso...

—El *generalito*, yo sé de qué pie cojea.

Claro que lo sabe. Por eso los espías le vigilan cuanto pueden. En los informes que Franco recibe siempre subraya las reuniones de la conspiración monárquica en las que participa el duque de Alba. Tolera sus actividades porque necesita su capacidad en la embajada londinense. Pero sus movimientos le resultan sospechosos. A veces, como ocurrirá con varios encuentros que tienen lugar en El Escorial, subraya el nombre de la localidad que acoge a los conjurados y anota en el margen: «¿Dónde?».

VENGANZA EN EL SEUDOPARLAMENTO

Al comenzar la primavera de 1943, el régimen trata de hacer todos los equilibrios posibles en el exterior. Franco duda seriamente si le conviene regresar a la neutralidad. Por eso envía emisarios a Alemania con dos objetivos: solicitar el armamento prometido —que no se le concederá— y comprobar el estado de la maquinaria de guerra nazi tras la derrota de Stalingrado. El argumento que convence a Franco es el anuncio de una inminente aparición de armas secretas que cambiarán la balanza de la conflagración, balas de plata con las que sueña el Reich en su etapa final.

En este momento, el dictador español sigue trabajando en la creación de una arquitectura jurídica que apuntale su poder. En los años cuarenta del siglo xx, una nación que se lo llame a sí misma debe tener un órgano legislativo. Es por ello que Franco trata de adornarse creando un seudoparlamento en el que su designación personal y el control sobre las organizaciones sociales convierte la elección de candidatos en un mero paripé. Franco recuperará para la ocasión el nombre de las viejas Cortes del Reino —las Cortes españolas—, pero, más allá de toda grandilocuencia, el parlamento franquista no tiene poder de control sobre el Gobierno. La separación de poderes no es siquiera un anhelo.

Siguiendo el juego de las apariencias, la sede seleccionada es el mismo palacio de la Carrera de San Jerónimo en la que el parlamentarismo español —al que Franco desprecia abiertamente— había escrito algunas de sus mejores páginas durante el siglo xix y la primera mitad del xx. Y en el discurso inaugural del 17 de marzo, Franco incide en la inspiración imperial, invocando expresamente ese modelo tardomedieval que preside la creación de las Cortes españolas.

Franco no podía imaginar cómo en el seno de esa institución plenamente bajo su control se cocina en aquellos días un manifiesto que firman veintisiete procuradores, una sobrada representación de las élites sociales de la España de entonces, encabezada ni más ni menos que por el duque de Alba, seguido por media docena de exministros, otros tantos generales, el presidente de un gran banco y el gobernador del Banco de España, entre otros. La carta es muy clara en su objetivo: la Restauración inmediata de la Monarquía católica tradicional que consolide una continuidad antes de la cada vez más previsible victoria aliada. Franco se toma todo esto mal, muy mal:

—Es la cenagosa charca de la vida política.

En esos términos, que revelan asco y desprecio por el debate, la discrepancia y la democracia de partidos, el jefe del Estado valora cualquier intriga o resistencia a su voluntad. Por ello considera a los firmantes como responsables de una rebelión. No espera ni un minuto: ordena la detención del marqués de la Eliseda, encargado de reunir las firmas, y en cuanto el manifiesto se hace público, destituye de sus escaños a todos los firmantes, a los que se abre «ficha roja» en la Dirección General de Seguridad.

A los miembros de Falange que han osado participar los expulsa de inmediato del Consejo Nacional del Movimiento. En el Consejo de Ministros varios de los titulares que habían mostrado complacencia con la carta se echan atrás, amedrentados. Todos menos el almirante Moreno. En el Consejo Nacional de la Falange se organiza un altercado entre el ministro de Educación, que habla de traidores, y el del Ejército, que sostiene lo contrario. Tiene que mediar el obispo de Madrid. Así, la reacción de Franco también contribuye a que la crisis provocada por el documento alcance las más altas instituciones del Estado.

El dictador conoce las debilidades de los monárquicos, y trata de amansarlos. Entre éstos hay un observador bien informado que decide entrar en juego:

> Entre la fracción que se llama monárquica por antonomasia no hay más que pequeñeces, rencillas, ambiciones menudas y vanidades grotescas. ¡Con razón decía hace pocas semanas el embajador inglés en Madrid a su gobierno que la Restauración se haría en España a pesar de los monárquicos!

Esta apreciación crítica la escribe en sus diarios José María Gil Robles, un político español exiliado que tendrá enorme importancia en los acontecimientos por venir. Pocos cuentan con un nivel de información más exacto para valorar las circunstancias de la política española. El jefe de la CEDA, exministro de Guerra en 1935 con Lerroux, había salido de España tras el asesinato de Calvo Sotelo. Exiliado primero en Francia y después en Portugal, a su alrededor circula lo más granado de la sociedad española. Por carta, en continuas visitas que van desde el banquero March hasta representantes políticos, y también a través del trato continuo con los diplomáticos aliados en Portugal y funcionarios del Gobierno de Salazar, Gil Robles se convertirá rápidamente en el más valioso consejero de la conspiración. Su apoyo a la Monarquía es tan leal como crítico. A veces se desespera por la falta de acción o el confuso asesoramiento que recibe Don Juan.

Gil Robles escribe un diario. El 17 de mayo de 1943, después de consignar que los procuradores están haciendo circular el famoso manifiesto que pide la Restauración monárquica a Franco (cuando lea por fin el texto lo calificará de «baja adulación al "artífice de la Victoria"»), deja constancia de que Don Juan, mal aconsejado, ha escrito a los tradicionalistas una carta con afirmaciones comprometedoras. Su lucidez es, sin duda, penetrante:

> En el momento actual a la Monarquía no le interesa tener demasiado lastre derechista. Con los elementos de esta significación contará siempre, por la cuenta que les tiene. Comprometerse con ellos, mediante afirmaciones demasiado categóricas, supone privarse de libertad de acción sobre el bando opuesto y poner, además, en manos de un grupo de inadaptados políticos un arma que algún día esgrimirán contra el rey, diciendo que es infiel a sus compromisos, aunque en realidad se limite a no aceptar delirios utópicos. Se advierte en Don Juan mejor intención que madurez política.

Los contactos de Gil Robles con la oposición de izquierda moderada valen su peso en oro para los años que vendrán. El respeto que su figura despierta a uno y otro lado del espectro ideológico, sumado a la ojeriza que Franco le profesa, le convierten en un poderoso aliado. En la soledad de su exilio portugués, va anotando casi cada día sus reflexiones. Su instinto político y su mordaz independencia le permiten acuñar algunas de las mejores frases de la historia política del franquismo.

En esos días, Gil Robles consigna un movimiento más que curioso de Prieto y las izquierdas. El dirigente socialista ordenó apoyar a Franco sin reservas en el asunto de los procuradores. Si está próxima la victoria aliada, Prieto no quiere en España otro régimen que no sea el de Franco. Su jugada es en ese momento la vuelta de la República. El líder conservador escribe en su diario que Prieto, «que es un hombre excepcionalmente inteligente, ha visto claro el problema». Justo entonces, él y Sainz Rodríguez comienzan a abordar la necesidad de hablar con la izquierda moderada. Gil Robles no tiene fe en el éxito de esta aproximación. Tiene la mejor información, demasiada para ser optimista en este punto. El tiempo le proporcionará sorpresas.

A la revuelta de los procuradores y las reacciones frente a la dura represión de los firmantes se suma otra mala noticia en El Pardo: la caída de Benito Mussolini causa honda impresión a Franco. Al llegar el verano, según valiosos testimonios, el dictador parece exhausto. El jefe de la escolta militar del Generalísimo, Caballero, lo comenta al observar a Franco preparar su estancia vacacional en Meirás:

—Franco llevaba media [estocada] en todo lo alto.

LOS MILITARES PLANTAN CARA A FRANCO

Nuevas malas noticias para Franco: las tornas cambian en Europa. En el Vaticano, el papa Pío XII exhorta a la formación de gobiernos moderados, una sugerencia que descompone al dictador. La noticia llega a través del embajador en Roma, quien le cuenta que

Grandi —el conspirador de la caída de Mussolini— se ha entrevistado con el Santo Padre. La expresión exacta es «gobiernos de centro».

La información sobre la reacción del Generalísimo, que enseguida llega hasta la oposición, la filtra un funcionario de Exteriores, conocedor de ese informe del embajador. Con bastante gracia, esa persona constata la mala digestión que Franco hace del mensaje de la cabeza de la Iglesia católica:

—Franco soñó esa noche con Gil Robles —dice con sorna en referencia al político católico español más importante, pronto colaborador de Don Juan desde el exilio portugués.

Entretanto, el mapa de operaciones militares sobre Europa cambia rápidamente. Después de expulsar al Afrika Korps alemán del norte de África, los Aliados desembarcan en Sicilia. Al acabar el verano de 1943 queda claro que el viento de la guerra ya no es favorable para Hitler. Muchos generales monárquicos españoles que preferían esperar a conocer hacia dónde se inclinaba la balanza de la guerra mundial se dan cuenta de que ya no se puede esperar más, ante el temor de que una victoria aliada pase factura al apoyo dado por Franco a Alemania y a Italia, ya que los británicos disponen de una completa relación de las ofensas e incumplimientos de la neutralidad por parte del Gobierno español. Hay miedo a las represalias de los vencedores.

Al mismo tiempo vuelven los rumores de golpe de Estado contra el dictador —una vez más, bajo sospecha de sobornos británicos a los generales— como única solución para que la inestabilidad no haga peligrar el resultado de la Guerra Civil. El general Orgaz llega incluso entonces a pedir apoyo al entorno de Don Juan para un pronunciamiento con «más de cien mil hombres» contra Franco. Gil Robles y Sainz Rodríguez le dan largas: ésa no es la solución para conciliar a los españoles y restaurar al Rey.

El embajador británico Samuel Hoare visita al dictador en el Pazo de Meirás el 19 de agosto para informarle caballerosamente de que se ha terminado la fiesta. Si lo del Papa le ha molestado, lo que Hoare va a decirle le amargará a Franco los próximos meses:

—Churchill y Roosevelt se han reunido en Quebec. Exigen la inmediata retirada de la División Azul y que España se abstenga de vender a Alemania el volframio que Hitler necesita para su industria armamentística.

El dictador toma en consideración la idea, pero se siente aún bajo el paraguas de la carta de Roosevelt en el comienzo de la operación *Torch*, en la que le aseguraba que nada tenía que temer. No obstante, y por si acaso, da pasos sigilosos que toman cuerpo el 26 de septiembre, cuando se ordena la retirada de la División Azul. Pero tras la decisión, que no se anuncia públicamente, hay una trampa que los Aliados toman como una ofensa: los voluntarios que así lo deseen se pueden integrar en otras fuerzas alemanas. Muchos lo hacen y pasan a las SS.

Entretanto, los servicios secretos informan puntualmente a Franco, así que ni siquiera Orgaz, cuyo nombre se rumorea entre confidencias y deseos de golpe, se atreve a encabezar finalmente y por su cuenta una sublevación. Lo que hacen los principales mandos del Ejército es elevar una petición por escrito a Franco reclamando la Restauración con carácter de urgencia; eso sí, en términos de total lealtad. El dictador ya lo sabe antes de que le llegue la carta, por las noticias que tiene de sus reuniones en los boletines de información de inteligencia, sólo para sus ojos.

El documento de los tenientes generales tiene fecha de 8 de septiembre, va dirigida al ministro del Ejército, Carlos Asensio, y reúne las firmas de Kindelán, Varela, Orgaz, Ponte, Dávila, Solchaga, Saliquet y Monasterio. En el texto, que Franco recibe de manos de Varela el día 15 de septiembre, algunos de los más altos militares españoles defienden el papel del Ejército en los «trances duros que el destino» puede reservar a España. Dicen que acuden al medio más discreto a su alcance para no dar «pretextos a enemigos exteriores o interiores» y no se arrogan «la representación de la

colectividad armada, ni requerida, ni otorgada». Después recuerdan a Franco que ellos mismos, «compañeros de armas que vienen
a exponer su inquietud», son los que le habían investido con los
máximos poderes en el mando militar hace siete años en Salamanca. Confirman el acierto que supuso y concluyen:

> Quisiéramos que el acierto que entonces nos acompañó, no
> nos abandonara hoy al preguntar con lealtad, respeto y afecto a
> nuestro Generalísimo, si no estima con nosotros llegado el mo-
> mento de dotar a España de un régimen estatal, que como no-
> sotros añora, que refuerza el Estado con aportaciones unitarias,
> tradicionales, y prestigiosas inherentes a la forma monárquica.
> Parece llegada la ocasión de no demorar más el retorno a aque-
> llos modos de gobierno genuinamente españoles que hicieron
> la grandeza de nuestra Patria, de los que se desvió por imitar
> modas extranjeras.

¿Qué hace Franco ante semejante sugerencia explícita de tan
destacados mandos militares? Lo primero es recibir a Varela con
una reprimenda por acudir a su presencia con un bastón de mando, reprimenda que aturde al exministro. Después acepta la entrega del documento, sin aparente reacción. Al conocer desde el
principio la génesis del texto, conoce también su debilidad, puesto
que sólo incluye una mención velada a que ha permanecido en el
poder más allá del plazo previsto en septiembre de 1936, cuando
le nombraron Generalísimo de los Ejércitos. Además, faltan las
firmas de importantes generales, como Vigón Moscardó, Serrador,
Yagüe, Muñoz Grandes, Jordana o García Valiño, muchos con
mando en tropa. Por si esto fuera poco, hay un punto débil al que
Franco está dispuesto a sacar partido: conoce los negocios corrup-
tos de los que se acusa a Orgaz en su destino africano.

Franco decide no tomar represalias al sentirse bajo la atenta
mirada aliada, pero lo que sí que hace es llamar al Pardo uno por

uno a los firmantes del documento. Quiere comprobar con cuánta determinación le aguantan el pulso y repartir muestras de autoridad o de compañerismo hasta neutralizar la acción de conjunto, disolviéndola como un azucarillo. Sólo Kindelán, Orgaz y Ponte insisten en lo escrito. Saliquet, sin embargo, se descompone. Ya por entonces Franco maneja un argumento que más tarde acabaría en las cartas de la ruptura con Don Juan:

—Nosotros caminamos hacia la Monarquía, vosotros podéis impedir que lleguemos a ella.

Esta aparente calma es pura fachada. La entrevista de Quebec entre los presidentes de Reino Unido y Estados Unidos es un torpedo avanzando en línea recta. Franco vive unos meses que al año siguiente recordará como la peor época de todas las que ha pasado desde que ostenta el poder. Los resultados aliados sobre el terreno tienen consecuencias. Pero ¿cuáles serán en su caso? Hay algo que el dictador aún no sabe, pero sí lo saben Don Juan y el duque de Alba. Por una vez llevan la delantera. Churchill se lo ha dicho confidencialmente al duque en Londres:

—En la cumbre de Quebec, Roosevelt y yo hemos acordado que Don Juan será el sustituto de Franco.

Jacobo Fitz-James Stuart llama a Don Juan a Suiza para darle la noticia. Pero él ya estaba al tanto, alertado del asunto con entusiasmo por su tío, Louis Mountbatten. ¿Qué puede salir mal?

En el interior, Franco está acosado por los militares que un día le entregaron el poder. En el mundo, la guerra cambia de tornas y los Aliados le vigilan de cerca. El régimen pasa por su peor momento.

LA IZQUIERDA MUEVE FICHA

El otoño de 1943 es el momento clave en el que todos mueven ficha; también la izquierda. Transcurridos cuatro años desde el final de la Guerra Civil, la oposición en el exilio celebra dos reuniones paralelas, una en Bolivia y otra en Colombia. Sus objetivos son muy diferentes.

En Bogotá se reúnen los más destacados miembros de la izquierda moderada —Indalecio Prieto, Ángel Ossorio, Felipe Sánchez Román— en una deliberada exclusión de los extremistas. Firman un documento que pide la salida de Franco del poder y que apoya entre líneas la solución monárquica.

En Bolivia se ha constituido un «Gobierno legal de la República» en el exilio liderado por Diego Martínez Barrio. Con objetivos más radicales, servirán inmediatamente a los fines estratégicos de Stalin en las conversaciones de los Aliados para diseñar la posguerra. En Teherán, al final del otoño, el dictador soviético pide a los Aliados el reconocimiento de ese Gobierno en el exilio.

Al parecer, el embajador británico en Madrid, Samuel Hoare, ha tratado de poner esta idea sobre la mesa en una conversación con Franco:

—¿No piensa usted que Rusia va a asistir a la conferencia de paz con una influencia enorme? ¿Quién va entonces a defender a España?

El *Caudillo* se lo toma como una impertinencia. Sin embargo, el embajador tiene razón. Es un momento de especial volatilidad para el régimen porque igual que la guerra se decanta hacia unos aliados favorables a la Restauración, las izquierdas también se reorganizan ante los posibles acontecimientos.

Las corrientes del antifranquismo se observan entre sí. En el lado monárquico es una vez más Gil Robles quien centraliza la mejor información, en este caso nutrido por los detalles que le ofrece uno de los grandes generales que protagonizarán la conspiración de los años venideros contra Franco:

Recibo una carta del general Aranda en que me asegura que son absolutamente ciertos los siguientes hechos: Primero.

En Bolivia los rojos españoles han formado un Gobierno legal de España presidido por Martínez Barrio. Segundo. En la conferencia de Teherán, Stalin pidió el reconocimiento de ese Gobierno. Ante la oposición irreductible de Churchill, se acordó que el problema quedara en estudio de la comisión europea. Tercero. El embajador de Estados Unidos en Madrid ha visitado a Franco para pedirle que entable relaciones diplomáticas con Rusia. Cuarto. Los aliados están absolutamente decididos a acabar con Franco.

El general Aranda es el monárquico con mejores contactos en la izquierda moderada y en los próximos años se esforzará en atraer sus simpatías hacia la idea de la Restauración.

En Lausana, Don Juan recibe numerosas visitas que le presionan para que viaje a Portugal de acuerdo con el dictador. Parece una broma, porque el régimen no quiere a Don Juan tan cerca de la frontera española y menos con capacidad de agitar a los eminentes desterrados en el país vecino, como Sainz Rodríguez y Gil Robles.

Poco a poco, Don Juan se ha terminado de convencer de que hay que posicionarse, que debe mostrar públicamente una posición contraria a Franco. Se lo pidió en su momento Sainz Rodríguez y ahora se lo reclama también Gil Robles, que se desespera por la falta de decisión. El político conservador no tiene reparos en criticar la pasividad de Don Juan en los meses anteriores, quejándose incluso de la ausencia de conciencia del momento histórico. Echa en falta determinación, «estar a la altura».

En gran medida las prisas responden a un nuevo giro en la coyuntura internacional. En cuanto los Aliados logran estabilizar el Mediterráneo —ha pasado un año desde la operación *Torch*— empieza a interesar menos desestabilizar políticamente la península Ibérica: si antes había entusiasmo por la Restauración en España, a estas alturas lo pierde hasta el mismo Churchill:

—¡Qué lástima de mozo! —dice en referencia a Don Juan—. Era el pretendiente al Trono que tenía mayor seguridad de reinar de todos los de Europa y todo se ha perdido.

Ante este repentino cambio, los monárquicos con más lúcida perspectiva se dan cuenta de que lo único que puede salvar las simpatías aliadas será ampliar la base de apoyo de Don Juan, con la necesaria integración de las izquierdas moderadas como un elemento que, ahora que se atisba el final de la guerra mundial, pueda servir al nuevo orden en las conversaciones de paz y mantenga bajo control la ambición de Stalin. Pero cualquier acercamiento causa pánico en muchos elementos conservadores dentro de España.

En el lado del régimen también asisten con preocupación a los avances aliados y tratan de sacar de la chistera una nueva posición. A quien primero se la explican es al Infante Don Alfonso de Orleans y Borbón, tío abuelo de Don Juan, destacado militar, jefe del arma aérea en el sur. Ha sido nombrado delegado del Rey en España, motivo por el cual Franco le mantiene confinado en Sanlúcar de Barrameda para reducir la operatividad de los monárquicos.

En una larga conversación con el dictador trata de hacerle ver el cambio que una victoria aliada supondrá para la supervivencia del régimen. Intenta que Franco dé pasos encaminados a permitir la Restauración. Pero el Generalísimo está convencido «de que se ha metido en el bolsillo a los Aliados y de que será un elemento con el que necesariamente tendrán que contar los vencedores, cuando lo sean». La posición que adopta Franco conjuga tanta habilidad como suerte. A finales de 1943 pensar que Stalin acabará siendo un enemigo es sólo una posibilidad remotísima.

Cuando llega diciembre, el general Aranda vuelve a escribir a Gil Robles para decirle que las «izquierdas templadas», con exclusión de los comunistas «convertidos en instrumento de la Gestapo», han formado una junta única que se mantiene en contacto con él. El general defiende lo que la realidad va mostrando: sin el apoyo de esta izquierda moderada «no hay, a estas alturas, la menor posibilidad de una Restauración monárquica».

Sin duda este acercamiento de Aranda a Gil Robles tiene un empeño más allá de la información: es un acercamiento en toda regla a una figura emergente en las filas de Don Juan. El militar consulta con el político algunos aspectos sobre cómo debe organizarse la oposición. Reflexiona así Gil Robles:

> Se adivina, entre líneas, el deseo vehementísimo de Aranda de ser el hombre de la Restauración.

El político de la CEDA no deja de valorar la misiva, aunque no la contesta de inmediato, sino que la somete a «una madura reflexión». Pero elogia a Aranda en sus diarios, como un hábil e inteligente general:

> Ha hecho a las izquierdas favores señalados que le dan cierto ascendiente, aunque no tanto como él cree.

En este final de año todo se acelera. La izquierda «templada» a la que se refería Aranda en realidad ha constituido una Junta Española de Liberación, que exige la vuelta de la República y cierra el paso a la Monarquía expresamente en estos momentos iniciales. Sin duda las izquierdas han visto con preocupación las primeras conspiraciones monárquicas y sienten como un peligro el apoyo diplomático de los aliados a Don Juan. Al llegar la Navidad lanzan su primer manifiesto para «luchar contra el régimen franquista que tiraniza y deshonra a España».

Pero a la vez, la izquierda menos «templada», de inspiración comunista, ha fundado en estos últimos días de 1943 la Junta de Unión Nacional, que se sitúa en el interior de España y lanza un llamamiento a todos —incluidos monárquicos de las dos ramas, el Ejército y los católicos— a sumarse a su causa. El desprestigio del

Partido Comunista de España tras la guerra es intachable y por eso mismo esa proclama no recaba ni una sola adhesión, salvo el eco de figuras muy menores del exilio.

En el último mes del año Franco va a conocer los planes de ruptura de Don Juan gracias a sus redes de espionaje, pero no por la filtración del borrador de manifiesto que teme Gil Robles, sino por un golpe de fortuna que pone en sus manos una carta del pretendiente a su secretario en el que le advierte de sus planes. Ya no quedan ases en la manga.

3

La ruptura (1944-1945)

A finales de 1943 y comienzos de 1944, los anhelos de los antifranquistas son diversos, incluso dispares. Las dificultades para coordi-
narse propician que los intentos de desgastar a Franco se difuminen
como rayas en el agua. Demasiadas formas de llegar al antifranquismo, demasiados lugares desde los que conspirar. Los entusiastas
que se juegan la vida por los ideales democráticos se mueven como
pollos sin cabeza. El panorama internacional, tan determinante
como volátil, genera expectativas que acaban derivando en frustra-
ción. Los esfuerzos inútiles conducen a la melancolía.

Don Juan permanece en Lausana, ha cumplido veintinueve
años y ganado madurez, pero el régimen ha logrado alejarle de sus
más estrechos colaboradores para dificultar sus movimientos. Alfonso de Orleans, su tío y representante en España, continúa confinado en Sanlúcar; Ramón Padilla, su secretario diplomático, ha
sido retenido en Madrid, y Francisco Carvajal, conde de Fontanar,
uno de los hombres que le merece mayor confianza, ha visto cómo
se le retira su pasaporte diplomático con el fin de quitarle la libertad de movimientos que le permitiría acudir a menudo a visitar al
jefe de la Casa Real.

Franco sí que permite algunas visitas y viajes de conocidos

monárquicos a Lausana, como Juan Ignacio Luca de Tena, José María Areilza o Luis Armada. Casi todos los activistas del interior tienen mucha prevención ante la idea de una ruptura total de Don Juan con el régimen, y se lo hacen saber. Les une el temor a una alianza que incluya a las izquierdas. Además, el bloque tradicionalista, de fuerte ascendiente sobre el movimiento monárquico y de gran implantación en el norte de España, ha trazado una línea roja contra cualquier transacción política con la «izquierda templada».

Aun así, por fin hay acción en Lausana. Quienes están ayudando a Don Juan a perfilar ideas para el primer manifiesto son el veterano y leal Eugenio Vegas Latapié, paradigma del conservadurismo español, y Julio López Oliván, un progresista que fue embajador de la República en Suecia. Son las figuras más cercanas a Don Juan en estos momentos, a las que se suman, desde la distancia, Sainz Rodríguez y Gil Robles y los antes citados Orleans, Kindelán, Padilla y Fontanar.

Salta a la vista que la vulnerabilidad de esta situación reside en las comunicaciones. Hay más de un motivo para pensar que Franco tiene algún acceso a las cartas y documentos, y no sólo a las que se envían por correo. Lógicamente, Don Juan aprovecha las visitas de amigos y de personas de confianza para confiarles misivas con la petición de que las entreguen en mano. En ese sistema, normalmente vedado para los ojos de los agentes franquistas, reside sin embargo un ingrediente de amateurismo que va a jugar una muy mala pasada en este final de 1943.

El 26 de noviembre, Don Juan redacta una carta de alto contenido político para su secretario. Ya ha tomado la decisión de enfrentarse a Franco, desoyendo los consejos de viejos y leales amigos que le visitan y escuchando los de otros colaboradores igual de leales, que le urgen a dar el paso y alejarse de un régimen. Necesita informar a Padilla de lo que viene para que esté preparado ante la reacción del dictador, que se presume colérica.

El conde de Barcelona entrega esa misiva a los vizcondes de

Rocamora, José Luis Roca de Togores y Angelita Martínez Campos, que regresan a España una semana después, el día 3 de diciembre. ¿Cómo es posible que esa misiva esté en manos de Franco el día 6 de diciembre?

Durante muchos años se buscó un traidor, y hubo quien lo identificó con Rafael Calvo Serer, pero lo que ocurrió fue una imprudencia. A su llegada a Irún, en lugar de acercarse a San Sebastián, donde Ramón Padilla reside desde hace poco —venido de Portugal, donde había estado trabajando para posibilitar el traslado del conde de Barcelona a un país fronterizo con España—, los vizcondes deciden depositar la carta en el correo.

Franco también conoce la idea juanista de trasladarse al país vecino y está bien informado de las conversaciones del secretario Padilla con Gil Robles y Sainz Rodríguez, ya instalados allí. De hecho, el dictador había ordenado que Padilla fuera alejado del servicio a Don Juan por considerarle desleal. Pero, a pesar de lo que ya sabía, lo que lee en la carta interceptada debió de dejarle pálido.

¿Cómo ocurrió? La vizcondesa Angelita Martínez Campos es quien echa la carta de Don Juan al correo. Lo hace en Irún. ¿Por qué no acude a entregarla a San Sebastián? ¿Es interceptada allí mismo por agentes que la vieron? ¿La abren en el trayecto hacia San Sebastián? Sea como fuere, Franco anota su contenido, y decide responder a Don Juan.

¿Y qué dice la carta de Don Juan a Padilla?

Como puedes suponerte, aquí seguimos viviendo pendientes de lo que pasa por España y, últimamente, impresionados por la campaña que se nos hace. De resultas he tomado la determinación, que desde hace tiempo se me venía aconsejando, es decir, la ruptura. El mismo Infante, en su última carta, me aconsejó ese paso y Paco [conde de los Andes], con grandes circunloquios, lo mismo. Así es que en estas estamos. Ahora bien, tú de sobra sabes lo que esto significa, y por eso quiero que estés muy en contacto con Madrid, para que no te coja desprevenido la noticia y puedas tomar tus medidas. A mí me es muy difícil aconsejarte. Vas a tener que tomar tus decisiones solo, o todo lo más preguntando a Madrid lo que debes hacer. Lo principal es que no me vaya yo a quedar sin nadie, y precisamente con los menos útiles.

Después le informa de que desea nombrarle secretario particular de su Casa. Y añade:

> Como comprenderás, mi situación de ánimo, sin ser malo, es un poco pesimista en cuanto a la eficacia de todo cuanto hagamos, pero esto no ha de pararme para, libre de rencores personales, cumplir con mi deber en todo momento. En resumen, tienes que estar preparado para venir «*at short notice*» aunque antes de empezar el Año Nuevo no creo que hagamos nada por la sencilla razón de que la época de fiestas no es la más indicada para hacer reaccionar a las gentes.

La carta lleva una posdata:

> Todo cuanto te digo es absolutamente reservado, y por lo tanto guarda silencio sobre todo ello. Se nos previene con insistencia de Madrid que en El Pardo se poseen documentos de esta Secretaría, y que por lo tanto hay espionaje. Yo creo más bien que entre todos somos algo indiscretos y no podemos remediar hacer comentarios incluso delante de gente desconocida (me pongo el primero).

FRANCO REACCIONA FRENTE A LA RUPTURA

En el comienzo del año 1944, todas las armas están en alto. Don Juan está decidido a romper con el régimen y cada vez ve más cercano el día de hacerlo público de manera notoria a través de un manifiesto. Franco conoce estos planes y vive uno de los momentos más delicados política y diplomáticamente —como reconocerá de viva voz años más tarde—, lo que le hace atrincherarse en sus posiciones de manera irredenta.

Los Aliados presionan con todos los medios a su alcance al dictador, que sin embargo acude con exigencias a los norteamericanos y sigue en sus trece sobre el final de la guerra: considera que el Eje está recuperando posiciones —tras la resistencia alemana en el Dodecaneso— y reconoce al representante de la República de Saló. Cuando el día de Reyes se celebra la recepción al cuerpo diplomático, Franco comete otra imprudencia al mostrar un desprecio visible a los embajadores británico y estadounidense.

—Este idiota de Franco está cavando su propia tumba —comenta este último, Carlton J. Hayes.

Lo cierto es que los Aliados conocen la falsedad de los compromisos adquiridos por Franco, ya que el volframio sigue sirviéndose a espuertas a Alemania para la fabricación de armas y hay nuevos contratos a punto de firmarse. Además, el embajador británico ha convertido hace tiempo la Restauración en la línea central de su acción en España. Lo reconoce el propio Hayes en sus memorias:

> Desde el comienzo de nuestro trato personal, sir Samuel se esforzó por convencerme de que la Restauración de la Monarquía en España sería sumamente útil para los aliados tanto durante la guerra como después de ella, y que yo debería unirme a él en la tarea de entusiasmar a los monárquicos.

Por ese motivo, sumado el contexto de la guerra, Londres y Washington consideran las opciones de presión necesaria y se plantean proceder de una vez a un bloqueo total e inmediato a la entrada de petróleo en España. El dictador sigue bajo la influencia de la legación alemana, que le intoxica con noticias falsas sobre una planeada invasión aliada desde Portugal, los inminentes bombardeos nazis en Nueva York y otros planes propagandísticos que él llega a comentar con sus ministros.

En el contexto de estos días en los que los acontecimientos giran a toda velocidad como una borrasca sobre España, Samuel Hoare visita el Palacio de El Pardo. Pretende anunciar al *Caudillo*, entre quejas sólidamente documentadas, la inminencia de una ruptura de relaciones diplomáticas con Gran Bretaña. El encuentro con el conspicuo embajador tiene, una vez más, algo enervante, por la actitud del Generalísimo, que en esos momentos críticos mantiene una grave tranquilidad. Su atiplado hilo de voz impasible sierra los nervios del interlocutor británico.

—Me enervaba la queda vocecita de un médico de cabecera que quisiera tranquilizar a un paciente inquieto —comenta Hoare después de la entrevista.

Es uno de los momentos más delicados desde el final de la Guerra Civil. Los monárquicos saben que Estados Unidos planea invadir España y asegurar Francia desde el sur antes de poner en marcha el gran desembarco aliado en Europa. Es la operación *Imoff*.

La crisis del volframio sirve a Franco, sin embargo, para ensayar en esos momentos una nueva postura a la busca del equilibrio imposible, como si fueran pasos de una nueva danza entre el disonante concierto de las naciones de un mundo en guerra. Aprovecha hasta la última gota el nuevo papel que la estabilidad de España juega para los Aliados, que se encaminan a la invasión de Europa con un desembarco en las playas de Normandía.

A su vez, cada mención favorable que le regalan en público es como una caricia apaciguadora sobre el lomo de un dictador al que necesitan quieto, aunque no le puedan soportar. Churchill llega a encomiar la neutralidad española en la Cámara de los Comunes durante una intervención que levanta ampollas en Inglaterra y que es convenientemente amplificada por la prensa del régimen como un respaldo diplomático a la figura del dictador y un certificado de su permanencia vitalicia en el poder. Pero al mismo tiempo, Franco sigue siendo fiel a sus simpatías pronazis y da crédito a todas las noticias falsas que sus embajadores en Berlín y Vichy le hacen llegar sobre el vuelco que va a dar la guerra mundial.

El día 6 de enero de 1944 es una jornada muy intensa, llena de tensión. No sólo por el desplante a los embajadores británico y estadounidense. También es la fecha en la que Franco envía la carta a Don Juan en la que le informa de que ha conocido sus planes y le revela la idea un tanto megalómana que sostiene sobre sí mismo. El intercambio epistolar formaliza la primera ruptura abierta entre el dictador y el jefe de la Casa Real española. Al fondo, el desolador escenario de la guerra europea.

La carta es desabrida. Franco comienza advirtiéndole que su primer instinto al leer la carta de Don Juan interceptada por los espías (él dice que extranjeros) fue devolvérsela sin más comentarios. Pero no lo hizo por «evitar lo que habría de ser irreparable». Inmediatamente después desaconseja la «absurda carta de la ruptura» que sus consejeros le incitaban a poner sobre la mesa y que para el dictador sería poco más que una «aventura estéril».

También descalifica a esos consejeros que, con toda probabilidad, sabe que están empujando al aspirante a Rey a desvincularse totalmente del régimen: López Oliván, Sainz Rodríguez y Gil Robles, que son a su entender —vuelve a utilizar símiles de naipes— «cartas viejas, jugadas, desacreditadas y perdidas» que ya tuvieron «su hora, que no supieron servir ni aprovechar». Entra de lleno en materia con la enunciación de las «tres falsedades» que dichos consejeros tratan de implantar en el discurso monárquico, a saber:

> La supuesta ilegitimidad de mis poderes, una calumniosa situación de España y un pobre concepto de los españoles para arrastraros, como consecuencia de ellos, a una aventura estéril, en la que perderíais todo y ellos nada.

Franco se crece en los meandros de su prosa retórica y dibuja su propia importancia con perfiles de estatua. No se atisba en sus palabras la dureza de la España de posguerra, el costurón aún sin cicatrizar de la guerra ni el avispero político que le rodea, difuminados en este autorretrato henchido de gloria especular. Explica que el poder es para él «sólo un servicio más» y repasa los acontecimientos que, según él, le han llevado hasta allí:

a) La Monarquía abandona el poder en 1931.
b) Sus tropas se levantan contra la República.
c) Ese levantamiento no tiene significación monárquica de origen.
d) «Mola dejó establecido que el Movimiento no era monárquico.»
e) Los combatientes monárquicos de sus filas eran una «exigua minoría».

Después le recuerda la legitimidad de su «autoridad soberana» respaldada por los derechos de «ocupación y conquista» y entra de lleno en una retórica propagandística. Asegura que «ha salvado a la sociedad» y tiene «prestigio y categoría en todos los órdenes de la sociedad y reconocimiento único de esa autoridad». Habla de «superioridad pública», del «beneplácito de toda la nación», que le otorgan «un título indubitable, y no digamos el haber alcanzado, con el favor divino repetidamente prodigado, la victoria y el haber salvado a la sociedad del caos». Y añade:

> Para destruir estos poderosos argumentos será preciso el calumniar a España, falsear sus realidades, desconocer nuestra paz social, nuestro progreso en todos los órdenes y silenciar, cuando no difamar, nuestra obra de gobierno.

Ésa es la línea principal de defensa, unidad de destino del Generalísimo y la nación, la personificación de la patria en pose viril para un autorretrato con uniforme de *Caudillo* victorioso. El final de la carta incluye alguna oferta brumosa de colaboración y la invitación a volver al buen camino, a identificarse con el régimen que él representa:

> Nosotros caminamos hacia la Monarquía, vosotros podéis impedir que lleguemos a ella... Los verdaderos monárquicos están consternados con esta situación que hoy os rodea. No os divorciéis de España ni os desliguéis de nuestra cruzada.

Y aún un último golpe de martillo sobre el último remache para dejar bien perfilada la ruptura:

> Que Dios os ampare e ilumine.

Don Juan se postula como tercera vía

Franco ha insistido en que Don Juan debe guardar silencio para no calumniar a España: criticarle a él es criticar a España. Pero la carta también encierra debilidades que Pedro Sainz Rodríguez comenta al conde de Barcelona. El tono es, una vez más, peculiarísimo:

—Lo que quiere Franquito es que Vuestra Majestad se calle. Así que lo que tiene que hacer es hablar enseguida. Le tenemos bien jodido.

La misiva tiene un efecto secundario no deseado por Franco: acelera contactos y pone de acuerdo a Gil Robles, Vegas Latapié y López Oliván con Sainz Rodríguez en que es el momento perfecto para actuar, respondiendo al dictador y hablando en la prensa.

Pero no todos los monárquicos piensan lo mismo. Pocos días antes de Reyes, destacados dirigentes monárquicos se reúnen en una finca del conde de Gamazo; entre ellos, Kindelán, Maura y Ventosa. Mayoritariamente vuelven a mostrarse favorables a que se mantengan las buenas relaciones con el régimen y a transigir con la política de Franco. Tratan así de favorecer la llegada de una Restauración prometida, sin rupturas, que Maura —el más optimista de la reunión— intuye inminente, mientras que Ventosa siente peligrar por unos incipientes acercamientos al exilio moderado de izquierdas.

Los monárquicos no se ponen de acuerdo, pero hay una realidad que empieza a ser admitida por todos:

—Franco no piensa ni remotamente en dejar el poder.

La frase de Gil Robles constata el atrincheramiento del dictador frente a los ataques y problemas interiores y exteriores. Franco y Don Juan, los dos principales actores de esta historia, van a la ruptura por primera vez. La respuesta de Don Juan, fechada el 25 de enero de 1944, marca un punto de inflexión. Mientras tanto, todo se mueve con rapidez a su alrededor. Y no sólo es por la guerra.

En este final de enero se produce una sucesión de acontecimientos realmente preocupante. El 25 escribe Don Juan una nueva carta y el 28 se publican en Argentina, en el diario *La Prensa*, unas declaraciones del conde de Barcelona que hacen mundialmente pública esa ruptura como nueva línea política de los monárquicos. Y entre un día y otro, el 27, se hace oficial el embargo total de petróleo aliado a la España franquista por sus juegos con la venta del volframio, su participación continúa en el frente oriental de la guerra, la protección y abastecimiento de buques del Eje y otras añagazas como el despliegue de redes de espionaje en territorio español. El «día más largo» en Normandía está a poco más de cuatro meses y no conviene tolerar ambigüedades que pondrían en riesgo la vida de los dos millones de soldados movilizados para la ofensiva en las costas francesas de la operación *Overlord*. La noticia del cierre de suministro de crudo estadounidense cae como una bomba que ni la prensa del régimen acierta a disimular.

En ese escenario, el Generalísimo recibe la carta del 25 de enero. La respuesta de Don Juan es enérgica y modélica. Su contundencia envuelta en un profundo sentido diplomático es encomiable. Arranca así, con una referencia a la carta interceptada:

> Mi respetado General:
> Honda inquietud y preocupación me ha producido su carta del 6 del corriente que me escribe como consecuencia de haber leído una particular mía dirigida a mi secretario, interceptada, según V. E. me informa, por agentes extranjeros que al parecer han tenido la posibilidad de intervenir el servicio postal entre Irún y San Sebastián.

Después le dice que «la meditada lectura de su carta produce la impresión de que V. E. cuenta con una información deficiente y tal vez inexacta», en la que estaría basando opiniones erróneas sobre la situación interior y exterior de España. También niega con firmeza que haya gente que trate de grabar en su ánimo las anteriormente citadas falsedades sobre la ilegitimidad del poder que ostenta.

> Sinceramente he de afirmarle que ese temor carece de toda base. Nadie se ha propuesto persuadirme de la ilegitimidad de los poderes que de hecho V. E. ejerce, y nunca hubiera tolerado la más mínima insinuación calumniosa sobre España ni sobre el elevadísimo concepto que tengo del pueblo español.

Le recuerda que lleva ya trece años en el destierro durante los cuales ha podido conocer la situación de España «con una claridad e independencia que difícilmente hubiera logrado de continuar en Palacio, donde tanto me hubiera costado conocer la realidad a través de la atmósfera de adulación que en todo tiempo envuelve a los poderosos».

La determinación de Don Juan es firme. No está dispuesto a aceptar infundios sobre sus consejeros y tampoco sobre sus intenciones. Sabe que el primer paso para imponerse en una guerra es disputar la batalla en el terreno del rival. Por eso lanza una primera bomba al advertirle de que cuenta con apoyos importantes:

> Informes verbales de la casi totalidad de las personalidades políticas, diplomáticas, industriales, intelectuales, etc., que al salir de España vienen a visitarme; afirmo a V. E. que con unanimidad casi absoluta todas ellas, incluso las más ligadas personalmente a V. E. y al Régimen nacional-sindicalista, coinciden en sentirse gravemente angustiadas respecto al futuro de nuestra Patria, cuya situación estiman sumamente intranquilizadora. Ignoro si esas personalidades, que tan oscuro ven el panorama nacional, se expresan ante V. E. con la misma franqueza que ante mí. Bien es posible que la experiencia de la desfavorable acogida que V. E. reservó a los clarividentes y patriotas escritos de los procuradores en Cortes y más tarde los tenientes generales, haya contribuido a velar sus juicios.

Es difícil saber cómo el ánimo de Franco asimila estas palabras, y sobre todo las siguientes que notifican la ruptura.

Para Don Juan, todos los testimonios que le llegan acrecientan «la divergencia de nuestras respectivas visiones sobre la situación internacional y sobre la repercusión que los acontecimientos mundiales puedan tener en nuestra política interior. V. E. es uno de los contados españoles que cree en la estabilidad del régimen nacional-sindicalista; en la identificación del pueblo con tal régimen, en que nuestra nación, todavía no reconciliada, tendrá fuerzas sobradas para resistir los embates de los extremistas al término de la Guerra Mundial y que V. E. logrará, por medio de rectificaciones y concesiones, el respeto de aquellas naciones que pudieran haber visto con disgusto la política seguida con ellas. Este modo de enjuiciar el presente y el futuro es totalmente opuesto al mío y, por tanto, nuestras actitudes no pueden ser concordantes». Ahí estriba la enorme diferencia que convierte ambos proyectos en divergentes.

En ese momento, Don Juan se postula como solución moderada, como tercera vía entre dos opciones extremistas:

> Para impedir tan trágico futuro es preciso ofrecer a los espa-
> ñoles algo que no sea el totalitarismo de V. E. ni la vuelta de la
> República democrática, antesala del extremismo anarquista; y
> esa tercera solución la constituye solamente la Monarquía Cató-
> lica Tradicional.

Y por si su interlocutor pudiera albergar dudas de la determinación de abrir ese espacio de discrepancia, Don Juan remacha:

> Siempre me he negado a acceder a los requerimientos escri-
> tos por V. E. para identificarme con el Estado falangista, por es-
> timar que ello era incompatible con la esencia misma de la
> Monarquía, que ha de ser genuina y absolutamente nacional y
> para todos los españoles. Pero he llegado al firme convenci-
> miento de que esta actitud que he venido observando no basta
> para salvaguardar en el futuro los intereses de la Patria, ya que
> son muchos los que en España y en el extranjero interpretan mi
> silencio como una identificación con el régimen presente. Ello
> me obliga a dar a conocer a España y al mundo la total insolida-
> ridad de la Monarquía con él. No levanto bandera de rebeldía ni
> incito a nadie a la rebelión.

Un último argumento termina por hacer pública la decepción
de los monárquicos con el uso que Franco hace de la idea de Restauración:

> No estimo oportuno en esta ocasión refutar la afirmación
> de V. E. relativa a que el régimen camina generosa y noblemente
> hacia la Restauración de la Monarquía. Hasta hoy sólo he tenido
> noticia de la prohibición de toda propaganda monárquica, de
> los ataques en discursos y publicaciones oficiales a la Monar-

quía, y de los documentos conteniendo graves acusaciones para mi persona que obligatoriamente ha insertado toda la prensa de España.

El bloqueo petrolífero aliado impacta de lleno en este momento y el dictador tratará de aprovecharlo. Estados Unidos hace duros reproches contra Franco y su falta de neutralidad, que simboliza perfectamente la presencia de combatientes españoles entre las tropas alemanas a pesar de la retirada oficial de la División Azul. El régimen ya sabe además que hay un plan de invasión de la Península, el *Imoff*, y se mantiene agazapado, esperando los acontecimientos mientras crece la tensión.

La supresión de suministros de gasolina por Norteamérica ha causado gran alarma en España.

LA RUPTURA EN *LA PRENSA*

Si la carta es recibida con dureza, Franco tratará de aprovechar las declaraciones a *La Prensa* en Argentina para acusar de deslealtad a Don Juan. Gil Robles escribe pocos días después, al publicarse en periódicos europeos:

A los que no son monárquicos fervientes les ha parecido mal el momento elegido por Don Juan para hacer unas declaraciones contra Franco. Creen que es mía la culpa. ¡Milagro sería!

Pero lo cierto es que ni siquiera Don Juan sabía que el bloqueo coincidiría con su carta, de modo que telegrafía a Franco para desvincularse de la decisión norteamericana y pedirle que rectifique:

No habrá de negarse a considerar la única solución que exige perentoriamente el interés de nuestra patria.

El impacto de aquellas declaraciones al diario argentino, reproducidas en días sucesivos en periódicos británicos y suizos y absolutamente prohibidas en la prensa española, son muy claras y tal vez más contundentes que las manifestaciones de la carta de Don Juan. El periodista le pregunta:

—¿Qué relaciones existen entre el Gobierno de España y Vuestra Alteza?

—A pesar de cuanto separa a la Monarquía del régimen actual —responde Don Juan—, siempre quise que el cambio imprescindible y anhelado por la inmensa mayoría de los españoles se efectuara sin violencia, evitando los dolores de una nueva conmoción. Pero hasta ahora ni yo ni eminentes personalidades civiles y militares que, en los términos más respetuosos, dieron a conocer su sentir, insistiendo en la urgencia de reintegrar la vida nacional a sus cauces tradicionales, hemos logrado otra cosa que una vaga promesa de Restauración, sometida, además, a condiciones inadmisibles para el ideal monárquico, y a un aplazamiento indefinido. Por muy buena que sea mi voluntad, yo no puedo identificarme como fui invitado a hacerlo, con los postulados totalitarios de la Falange, ni tampoco prestarme a que la Monarquía restaurada aparezca como coronación o remate de la estructura creada por el régimen actual.

—¿No cree Vuestra Alteza que las rectificaciones que de algún tiempo a esta parte lleva a cabo el régimen podrían allanar el camino para un acuerdo? —indaga el periodista.

—No. Algunas de estas rectificaciones, beneficiosas para muchos españoles, lo que íntimamente me complace, fueron anunciadas ya como urgentes en mis declaraciones de noviembre de 1942 y sólo tienen el valor de un momentáneo paliativo. Con ellas no se puede suprimir el peligro cierto que para el pacífico futuro de España representa la perduración de un régimen cuya esencia misma no puede ser cambiada. Sólo la Monarquía está capacitada para alcanzar la ansiada concordia de todos los españoles; sólo ella pue-

de llevar a cabo, con garantías de continuidad, las grandes rectificaciones que lo mismo en política interior que exterior son necesarias. El régimen republicano y el actual no han conseguido ni conseguirán armonizar el orden con la libertad en el interior ni tampoco
podrían ser factores positivos en el orden internacional.

Después de esa nítida argumentación de la ruptura, aún es
preguntado Don Juan sobre su programa monárquico. Prudentemente no adelanta lo que reserva para cuando pueda «dirigirse
directamente a los españoles», pero avanza lo bastante para mostrar el valor que la institución aporta en estos momentos de zozobra,
con el mundo en guerra y los españoles lejos de una reconciliación
y también para poder comprender desde nuestra perspectiva actual la importancia que tuvo este paso para todos los acontecimientos que dirigieron a España hacia la democracia:

—La Monarquía será un estado de derecho en el que gobernantes y gobernados deberán estar sometidos a las Leyes, dictadas
por la concorde voluntad del Rey y de los organismos legislativos,
constituidos por una auténtica representación nacional.

Inmediatamente después de publicarse las declaraciones de
Don Juan, llegan noticias de que Stalin no ha aprobado el plan
de invasión de la Península. Por supuesto figura entre sus planes derribar a Franco, pero no está dispuesto a dejar, sin más, España en
manos de los norteamericanos y británicos. España es un país en el
que jugó fuerte durante la Guerra Civil y donde quiere reinstaurar
al máximo su influencia. Ansía que el comunismo tome el poder
en la Península como lo hará en Rumanía y Bulgaria poco después.

Don Juan está al tanto del aplazamiento de la operación *Imoff*,
pero Franco aún no lo sabe. Con cierta ingenuidad, el entorno del
conde de Barcelona trata de jugar una última baza. Para presionar
al dictador, Don Juan le envía un telegrama el 3 de febrero:

Apelo con toda mi alma a su bien probado patriotismo para
que, olvidando las divergencias de opinión, lleguemos a un

acuerdo que permita la Restauración de la Monarquía en plazo breve.

Franco sospecha que algo ha pasado. Lo intuye. En las palabras del telegrama de Don Juan ya no hay rastro de la seguridad de su última carta. El dictador es impermeable a la presión y consigue aguantar el envite, hasta que al fin se entera de que los Aliados han cancelado la invasión de la Península. Respira tranquilo, disfruta el momento y prepara su contraataque al aspirante a sucederle. Empieza con un telegrama y una carta ese mismo día. Responde por tierra, mar y aire. El cable menciona las declaraciones a *La Prensa* y afirma que «han causado una penosa impresión en España». Quiere saldar cuentas.

«No hay en España discusión», advierte el dictador. El Ejército, la Falange, los combatientes, los católicos y «todo el pueblo sensato y patriota que aprecian a lo que nos condujo el liberalismo y han conocido el terror rojo con sus crímenes y checas no consentirán en España ningún cambio que pueda poner en peligro una paz y una justicia lograda a costa de tantos sacrificios». Con esas palabras se muestra decidido a no superar la Guerra Civil y muestra su intención de fundar el Estado en el resultado de la misma.

Y continúa:

> La Falange no es lo que creéis, ni es partido, ni exótica, ni totalitaria más que en noble sentido tradicional que lo fueron nuestros gloriosos monarcas en los siglos de oro de nuestra historia, precisamente ha adoptado sus emblemas y ha renovado y valorado su doctrina con la aportación de un justo y hondo sentido social...

Vuelve su mirada a los Reyes Católicos y recorta una vez más su proyecto y su gusto por el poder en el fondo de su sombra grandiosa. Y luego remata, haciendo patente que cuando habla de España habla de sí mismo:

> España no está dispuesta a consentir que con motivo de la general contienda puedan desvirtuarse los frutos de la victoriosa cruzada y defenderá por todos los medios, sin contar los días ni los años, nuestra soberanía hasta el último hombre y el último católico.

Franco se desahoga de las tensiones de los últimos meses. Al final de la misiva le tiene reservados los más graves juicios a Don Juan:

> Los españoles lamentan que, cuando las campañas rojas y masónicas intentan provocar en el extranjero susceptibilidades contra nuestra patria, sea Vuestra Alteza quien, con desconocimiento absoluto de las realidades españolas, desconocimiento justificado precisamente por trece años de ausencia, califique públicamente a nuestro régimen con juicios erróneos, con daño para España y regocijo de sus enemigos.

También le acusa de tener convicciones «poco arraigadas», sometidas «a la oportunidad de cada instante». No obstante, lo peor es la despedida, que recuerda mucho, pero amplía, otra anterior:

> Que Dios ilumine vuestro entendimiento, os perdone vuestros errores y maldiga a quienes os apartan del recto camino.

LAS REPRESALIAS

Las posiciones están quedando claras. Dos visiones encontradas y algunas preocupaciones mantenidas. Don Juan es consciente de que Franco explota el sentimiento nacional para vincularlo con su política, y por eso mismo le causa desvelo que los simpatizantes monárquicos en España piensen que sus declaraciones y el bloqueo de petróleo formaban parte de un plan coordinado.

Franco explota ese temor y da pábulo a quienes acusan al conde de Barcelona de perjudicar los intereses de la nación en el peor momento. Pero la realidad es que, sin petróleo, la débil España de posguerra se hunde. Incluso el desfile conmemorativo de la Victoria del 1 de abril tiene que hacerse, en 1944, sin carros por la falta de combustible. Franco se pliega finalmente a las exigencias de los Aliados y deja de vender volframio a los alemanes, entre otras cosas. Por supuesto, ya piensa en aprovechar el giro para mantenerse en el poder.

Aun así, durante los meses siguientes a la ruptura, el entorno de Don Juan deja enfriar las cosas. La única iniciativa que se registra es una carta que firman catedráticos y profesores universitarios urgiendo al dictador a hacer efectiva la Restauración monárquica. Ahora Franco los trata como traidores. Las represalias no se hacen esperar. Los promotores son apartados de sus cátedras y confinados en Almansa, Alcañiz, Tordesillas y Barbastro, además de multados con 25.000 pesetas cada uno. Ni una broma con remover el suelo conservador que mantiene a Franco sobre el pedestal.

El miedo se instala entre los monárquicos del interior. La prueba es que la ruptura de Don Juan no se traduce en que sus seguidores con cargo público den la espalda al régimen. En una reunión celebrada en marzo por el comité monárquico, Ventosa llega a decir que no dimitirá, aunque Don Juan se lo pida, porque teme por sus negocios. Entretanto, los militantes son perseguidos y sus voces silenciadas, con el férreo control de la prensa que no permite ni un comentario favorable a la Monarquía. Al contrario, se inicia entonces una campaña vengativa contra Gil Robles, al que Don Juan acaba de nombrar representante suyo en el exterior con todos los efectos. Y Franco lo sabe.

La Delegación de Prensa impone a *ABC* un artículo contra el antiguo jefe de la CEDA, basado en unas supuestas declaraciones que nunca hizo a un diario argentino, en el que se le acusa incluso de haber sido la causa de la muerte de miles de españoles en las checas por haber facilitado las listas de militantes de Acción Popular. Se publica el 5 de mayo de 1944 bajo el título: «El apuntalador de la República». Le llama traidor y además exige que se le quite la nacionalidad española.

El propietario de *ABC*, Juan Ignacio Luca de Tena, escribe una carta a Gil Robles solidarizándose y mostrándole todo su apoyo a pesar de viejas diferencias, y también exige la salida fulminante del director del diario que había fundado su padre y que él mismo había dirigido durante los años más duros de la República. José Losada de la Torre trata de dimitir ante el marqués de Luca de Tena, pero Juan Ignacio le reprende porque él no es quien lo ha nombrado. Le pide que dimita ante quien le puso en el cargo, o más bien le impuso. Losada va al ministerio y allí no le aceptan la dimisión. Así es la libertad de prensa en la posguerra dictatorial.

En mayo se presiona al Gobierno portugués para que expulse a Gil Robles del país y también se monta un servicio de espionaje específico para él, dirigido por un exgobernador de Valencia, para conocer cómo le llega tanta información —algo que obsesiona a Franco a estas alturas— y todos sus movimientos. Según parece, ese servicio tiene orden de informar directamente al jefe del Estado. Esa tenaza se cerrará sobre el político conservador en los meses siguientes y será deportado a una remota localidad portuguesa en condiciones de arresto domiciliario.

Franco parece dispuesto a todo para disfrutar de una insidiosa venganza. El régimen trata de desgastar la legitimidad de Don Juan promocionando a quienes dentro de la convicción monárquica tienen otras aspiraciones. Para ello imprime postales con la imagen del pretendiente carlista, a quien bautizan como «Carlos VIII», y se reparten en Madrid folletos con un injurioso árbol genealógico del hijo del último Rey de España. El dictador también da alas a los tradicionalistas al recibir al conde de Rodezno, al que habla mal de Don Juan:

—Es un liberal. Es preciso que busquemos otro rey dentro de la tradición.

También le anuncia que piensa constituir un Consejo de Regencia para elegir al candidato al Trono más idóneo para el régimen. El dirigente tradicionalista se niega a colaborar con esos planes, porque también los tradicionalistas han mantenido contactos con el entorno de Don Juan durante los últimos años. Es cierto que fueron una fuerza muy relevante en el conglomerado del Ejército franquista, pero en este momento viven la misma incertidumbre que el resto de los monárquicos del interior de España: la de pensar en qué hacer con un régimen por el que lucharon y que los maltrata y elimina, al tiempo que no ven con buenos ojos la intención de Don Juan de contactar con las izquierdas tras la ruptura. El tablero político no puede ser más complejo.

Pero el dictador deja correr las apuestas carlistas. El entorno de Don Juan, como consigna Gil Robles en su diario, lamenta los riesgos que supone despertar las batallas dinásticas:

> Ya está en Madrid el famoso Carlos VIII, festejado por falangistas y autoridades. Con este episodio, Franco da la total medida de... su proceder. Pretender resucitar —ahora que, por fortuna, está muerta— la cuestión dinástica, que costó a España tres guerras civiles, y todo para introducir en la vida pública un elemento de confusión que le permita seguir en el poder. Es una de las maniobras más indignas que puede llevar a cabo un gobernante.

En los meses que restan de 1944 empieza a cundir entre el antifranquismo la idea de que hay que derrocar a Franco antes de que acabe la guerra mundial. El ruido de sables se reaviva entre los militares españoles, y la preocupación por la continuidad de Franco se extiende entre los Aliados. Otto de Habsburgo, el archiduque y pretendiente al trono de Austria, figura de gran prestigio, «probado por la desgracia, moderno en sus orientaciones» y desde luego muy bien informado del rumbo de la política en estas últimas etapas de la conflagración mundial, se lo explicita a Gil Robles:

—Si la Monarquía no está restaurada en España antes del fin de la guerra, no habrá más salida que la revolución.

MONÁRQUICOS DE OTRA TRADICIÓN

En el norte de España se hallan las fuerzas monárquicas más multitudinarias y militantes. En Navarra, País Vasco y aledaños el poso del carlismo ha arraigado profundamente y ha extendido por toda España lealtades irrestrictas, políticas y religiosas, que expresaba muy bien el himno de la Marcha de Oriamendi:

> *Por Dios, por la patria y el Rey*
> *Lucharon nuestros padres.*
> *Por Dios, por la patria y el Rey*
> *Lucharemos nosotros también.*

Hay dos voces fundamentales en el carlismo de Comunión Tradicionalista: la más importante es la de Manuel Fal Conde, un onubense que llegó a ser jefe de tradicionalismo desde Andalucía, región con muy poco peso en las filas carlistas, pero que participó en la Sanjurjada y sumó a sus huestes a la sublevación en 1936, después de largas negociaciones con el general Mola. El segundo dirigente, que será decisivo en los años de la conspiración monárquica contra Franco, es Tomás Domínguez Arévalo, el conde de Rodezno.

El primer monárquico que había contactado con Fal Conde con el fin de sumar fuerzas, ya en 1942, fue Kindelán. Lo hizo con el fin de pulsar su ideario político y lanzarle la primera petición formal de apoyarse en mutuas coincidencias y plantearse respaldar a Don Juan como pretendiente en una —pensaban entonces— inminente Restauración monárquica. Pero Fal Conde es todo un carácter. Incluso durante la guerra tuvo que exiliarse en Portugal por su intención de poner en marcha una academia militar paralela

sólo para los requetés. Después de un breve intercambio de misivas, Fal Conde se reunió secretamente con Kindelán para avanzar en sus coincidencias y allí dejó claro el carlista que exigiría al Rey aceptar buena parte de su credo:

—La Monarquía no debe vivir entre un golpe militar y unas elecciones municipales, es mucho más. Los carlistas no pueden pedir menos.

En aquellos años Don Juan y su entorno asumen algunos compromisos y no dejan de hablar de Monarquía Tradicional, pero Fal Conde mostrará su intransigencia en los momentos más delicados, sobre todo enfocada a cauterizar cualquier contacto con las izquierdas o el exilio. Aunque ha tenido diferencias con Franco, sobre todo cuando unificó por decreto la Falange y Comunión Tradicionalista en la llamada Falange Española Tradicionalista y de las JONS, mantiene como una de sus prioridades innegociables el ideario del «alzamiento nacional» e invoca una y otra vez el alto precio de sangre que pagaron los carlistas en su defensa. A Gil Robles no le faltaba razón cuando hablaba de «inadaptados políticos».

Sin embargo, en el panorama de grupos monárquicos del interior, sin duda el de Fal Conde y los tradicionalistas es el más numeroso y cohesionado. Después de varias tentativas, será Rodezno el interlocutor más permeable a las cambiantes condiciones políticas de aquellos años. Está presente en todas las negociaciones y en los papeles de la conspiración.

EL MANIFIESTO DE LAUSANA

La política está marcada y la decisión de seguir adelante con la ruptura, tomada. Pero Don Juan aún alberga algunas dudas. En enero de 1945 es la última vez que consulta —en este caso con los generales Kindelán y Aranda— si debe volver a escribir a Franco. Pero son sólo los últimos rastros de una incertidumbre que desa-

parece, porque en febrero los presidentes de Estados Unidos, Reino Unido y la Unión Soviética celebran la cumbre de Yalta. El final
de la guerra está cada vez más cerca.

Aunque España no es uno de los temas importantes de la conferencia de paz, Churchill defiende la Restauración monárquica
como la mejor solución. Stalin, taimadamente, hace una débil y
sola mención al Gobierno republicano en el exilio y transige con la
vuelta de la Monarquía. Larvadamente espera que, con la Guerra
Civil tan cercana en el tiempo, ese cambio de régimen pueda ofrecer margen para la desestabilización, el regreso del Frente Popular
y un vuelco político en poco tiempo. España sigue siendo estraté-
gicamente esencial para la URSS, con el fin de minar el dominio
anglo-americano en Europa occidental. Sólo Churchill se da cuenta de ello.

Los Aliados hacen algunos planes. Pretenden hacer cruzar los
Pirineos a una fuerza de milicianos españoles, voluntarios y exiliados que han participado en la *Résistance* francesa. Esa guerrilla
provocaría el desplazamiento del grueso del Ejército al norte y permitiría una operación pacificadora de los Aliados que llevase al derrocamiento del régimen. Pero todos estos planes tienen muchos
riesgos. Y no es el menor la colaboración de la izquierda en los
combates. Sainz Rodríguez urge a Gil Robles a contactar con la izquierda de Prieto y abrir negociaciones. Franco no sabe los detalles
de la operación, pero conoce el resultado de Yalta y el destino marcado para su régimen por los vencedores de la guerra. A Hitler y a
Mussolini les quedan tal vez semanas. ¿Seguirá su suerte? Decide
resistir hasta el final, tirando del coraje que ha marcado su pasado.

La exigencia anglo-americana es que Don Juan haga público
un manifiesto que deje claras las bases de su programa y su distancia con el régimen nacional-sindicalista que vive sus momentos
más bajos. El jefe de la Casa Real negocia algunos detalles con Estados Unidos y quien redactará ese manifiesto es López Oliván. Ni
Sainz Rodríguez ni Gil Robles participan. A Vegas Latapié, tan

dado a declaraciones de principios, se le advierte de que en esta ocasión no se trata de un texto doctrinal.

Antes de hacerlo público, Don Juan hará dos cosas. La primera, informar a Kindelán en una carta en la que le explica el contexto en el que se va a producir el Manifiesto y le pide su opinión. El espionaje acecha, así que Don Juan escribe en clave y a través de Padilla. Si le parecía correcto, Kindelán debía responder: «Espero concesión visado, abrazos»; y si creía que debía esperar, escribiría: «Visado denegado».

La segunda es el movimiento más sorprendente de todos. Un día antes de publicar el que se conocerá como Manifiesto de Lausana se lo envía a Franco. Lo hace a través de Beltrán Osorio, un joven oficial al que Don Juan convertirá en jefe de la Casa del Conde de Barcelona en 1954 y que desde 1942 será duque de Alburquerque. Explica a Franco que los Aliados han acordado en Yalta terminar con su régimen y exigen un manifiesto al futuro Rey como condición para no apoyar la vuelta de la República. Franco comprendió que había «razones patrióticas» que explicaban esa decisión.

El Manifiesto se hace público, efectivamente, el 19 de marzo de 1945 y es el texto fundamental de este período, clave además para comprender la dimensión política de Don Juan.

Españoles:

Conozco vuestra dolorosa desilusión y comparto vuestros temores. Acaso lo siento más en carne viva que vosotros, ya que, en el libre ambiente de esta atalaya centroeuropea, donde la voluntad de Dios me ha situado, no pesan sobre mi espíritu ni vendas ni mordazas. A diario puedo escuchar y meditar lo que se dice sobre España.

Desde abril de 1931 en que el Rey, mi Padre, suspendió sus regias prerrogativas, ha pasado España por uno de los períodos más trágicos de su historia. Durante los cinco años de República, el estado de inseguridad y anarquía, creado por innumera-

bles atentados, huelgas y desórdenes de toda especie, desembo-
có en la guerra civil que, por tres años, asoló y ensangrentó la
Patria. El generoso sacrificio del Rey de abandonar el territorio
nacional para evitar el derramamiento de sangre española, re-
sultó inútil.

Hoy, pasados seis años desde que finalizó la guerra civil, el
régimen implantado por el General Franco, inspirado desde
el principio en los sistemas totalitarios de las potencias del Eje,
tan contrario al carácter y a la tradición de nuestro pueblo, es
fundamentalmente incompatible con las circunstancias que la
guerra presente está creando en el mundo. La política exterior
seguida por el Régimen compromete también el porvenir de la
Nación.

Corre España el riesgo de verse arrastrada a una nueva lucha fratricida y de encontrarse totalmente aislada del mundo. El
régimen actual, por muchos que sean sus esfuerzos para adap-
tarse a la nueva situación, provoca este doble peligro; y una
nueva República, por moderada que fuera en sus comienzos e
intenciones, no tardaría en desplazarse hacia uno de los extremos, reforzando así al otro, para terminar en una nueva guerra
civil.

Sólo la Monarquía Tradicional puede ser instrumento de
paz y de concordia para reconciliar a los españoles; sólo ella
puede obtener respeto en el exterior, mediante un efectivo estado de derecho, y realizar una armoniosa síntesis del orden y de
la libertad en que se basa la concepción cristiana del Estado.
Millones de españoles de las más variadas ideologías, convenci-
dos de esta verdad, ven en la Monarquía la única Institución
salvadora.

Desde que por renuncia y subsiguiente muerte del Rey Don
Alfonso XIII en 1941, asumí los deberes y derechos a la Corona
de España, mostré mi disconformidad con la política interior y
exterior seguida por el General Franco. En cartas dirigidas a él
y a mi Representante hice constar mi insolidaridad con el régimen que representaba, y por dos veces, en declaraciones a la

Prensa, manifesté cuán contraria era mi posición en muy fundamentales cuestiones.

Por estas razones, me resuelvo, para descargar mi conciencia del agobio cada día más apremiante de la responsabilidad
que me incumbe, a levantar mi voz y requérir solemnemente al
General Franco para que, reconociendo el fracaso de su concepción totalitaria del Estado, abandone el Poder, y dé libre paso a
la Restauración del régimen tradicional de España, único capaz
de garantizar la Religión, el Orden y la Libertad.

Bajo la Monarquía —reconciliadora, justiciera y tolerante—
caben cuantas reformas demande el interés de la Nación. Pri-
mordiales tareas serán: aprobación inmediata, por votación popular, de una Constitución política; reconocimiento de todos
los derechos inherentes a la persona humana, y garantía de las
libertades políticas correspondientes; establecimiento de una
Asamblea legislativa elegida por la Nación; reconocimiento de
la diversidad regional; amplia amnistía política; una más justa
distribución de la riqueza y la supresión de injustos contrastes
sociales contra los cuales no sólo claman los preceptos del Cris-
tianismo, sino que están en flagrante y peligrosísima contradic-
ción con los signos político-económicos de nuestro tiempo.

No levanto bandera de rebeldía, ni incito a nadie a la sedi-
ción, pero quiero recordar a quienes apoyan al actual régimen la
inmensa responsabilidad en que incurren, contribuyendo a
prolongar una situación que está en trance de llevar al país a una
irreparable catástrofe.

Fuerte en mi confianza en Dios y en mis derechos y deberes
imprescriptibles, espero el momento en que pueda realizar mi
mayor anhelo: la Paz y la Concordia de todos los españoles.

¡Viva España!

JUAN
Lausana, 19 de marzo de 1945

LAS REPERCUSIONES DEL MANIFIESTO DE DON JUAN

El texto abre un nuevo horizonte en la política española. Es una formulación de muchas de las ideas que Don Juan ha puesto en su correspondencia, pero el calado de su publicación es de una enorme dimensión. Se reproduce en diarios de todo el mundo, excepto en España, donde la censura impide incluso una mención en *ABC*. Una vez dado a conocer, provoca reacciones positivas y el conde de Barcelona recibe felicitaciones desde todos los rincones.

La izquierda del exilio, y la que permanece en el interior, lo contemplan como un paso positivo. Se aceleran los contactos de los monárquicos con Prieto. Gil Robles lo califica de «noble, firme, categórico, oportuno»:

> A mi juicio, políticamente perfecto. Los primeros informes indican que ha sido muy bien recibido en los medios anglosajones. También me comunican lo que dicen esas derechas anquilosadas, que sólo viven felices a la sombra de un sable.

En efecto hay elementos que lo consideran inoportuno. En el Consejo de Ministros celebrado una semana después, el 26 de marzo, algunos se muestran favorables a un acuerdo con el jefe de la Casa Real; otros, en cambio, piensan que el régimen debe hacer una «evolución democrática, dividiendo la Falange en tres grupos: uno de izquierda, otro de militares y falangistas significados, y un tercero de derecha, integrado por monárquicos y tradicionalistas». Entre los monárquicos que lo critican, el más negativo fue sin duda Antonio Goicoechea, gobernador del Banco de España, cuya hiperbólica salida de tono venía a decir más o menos que aceptar el Manifiesto sólo reforzaba a los «embates, crecientes y amenazadores, del comunismo y la anarquía». Luca de Tena y el vizconde de Rocamora le responden indignados.

Pero para muchos monárquicos el Manifiesto de Lausana es un

punto de ruptura con el régimen franquista. El primero de todos, el duque de Alba, sigue las instrucciones del texto y presenta inmediatamente, ese mismo mes de marzo, su dimisión como embajador en Londres. Desde Madrid se le requiere con gran insistencia para evitar la percepción de una crisis y porque se le llegan a dar esperanzas de que Franco iba a llegar a un acuerdo con Don Juan. El duque retarda su salida unos meses, pero la hará efectiva en octubre.

Don Alfonso de Orleans también dimite de su mando aéreo de la región militar de Sevilla, pero es formalmente destituido porque Franco considera incompatible su figura de representante de un pretendiente con su cargo oficial. El dictador lo pone en arresto domiciliario.

Tampoco otros, como Kindelán, saldrán indemnes. En otro ajuste de cuentas con los monárquicos, no falto de lo que Franco definiría como humor, le destituye de su cargo en la Escuela Superior del Ejército, dejando esperar unos meses. Lo hará el 28 de diciembre, lo cual es mucho para un dictador ultracatólico. El general que le había nombrado Generalísimo se entera de que su cabeza ha sido «cortada» en el día de los Santos Inocentes, mientras disfruta unas breves vacaciones navideñas. El «Herodes del Pardo» que trata por todos los medios de evitar el advenimiento de la Monarquía aún le tiene reservadas otras represalias ante su manifiesta insistencia en no plegarse a los designios del *Caudillo*.

Sin embargo, algo que queda claro es que, desde entonces, Franco deja de considerar la posibilidad de aceptar que la Restauración monárquica se hiciera en la persona de Don Juan. Buscaría un rey a hechura de su régimen... si sobrevivía al embate. Como la situación internacional es complicada para su permanencia en el poder, decide templarse y permite de mala gana que se mantenga algún tipo de contacto indirecto con el conde de Barcelona. Es en ese momento en el que aparece una figura que cambiará realmente las cosas: José María Oriol. Un entusiasta.

ORIOL, UN PRESTIDIGITADOR CAMINO A PORTUGAL

—No sería prudente desahuciar a Don Juan —aconseja Carrero Blanco a Franco—, ni abandonarle con los mentores que tiene en la actualidad. Hay que ponerle en el camino de que cambie radicalmente y pasados los años pueda reinar o se resigne a que sea su hijo el que reine.

Entre los nombres que Franco utiliza para tratar de lograr ese contacto, en contra del nuevo clima de ruptura oficial, figuran Martín Artajo —nuevo ministro de Exteriores encargado de mejorar la imagen del régimen en un mundo hostil—, Mateu, Areilza y Ortigosa. Ninguno consigue logros significativos. Pero hay uno que goza de una posición única. Es José María Oriol, lo suficientemente franquista para haber sido invitado a formar parte del Gobierno y lo suficientemente monárquico para no haberla aceptado. Una posición que le permite ser admitido como interlocutor por ambas partes y, por encima de interferencias, consigue decirle a cada uno lo que quiere escuchar.

El primer paso es un viaje a Lausana en septiembre de 1945:

—Franco —le dice a Don Juan— desea llegar a un acuerdo para facilitar la implantación de la Monarquía tradicional.

Le explica que hay dos proyectos en estudio. El primero consiste en elegir nuevas Cortes para que aprueben, previa consulta con Don Juan, las leyes constitucionales de la nueva Monarquía. Después esas leyes serían promulgadas por Franco y juradas también por el Rey. El segundo proyecto es someter a referéndum, previa consulta a Don Juan, unas leyes fundamentales que aspiran a ser el andamiaje jurídico del Estado franquista. Entre esa legislación destaca la creación de un Consejo del Reino, órgano que determinaría el momento concreto de instauración de la Monarquía. Y una cosa más. Franco parece ofrecer el poder a Don Juan si sigue sus políticas y si le nombra jefe de los Ejércitos. Además, Oriol comunica a Don Juan que Franco no quiere que se traslade a Portugal, pero sí aceptaría que se desplazara a Inglaterra o Estados Unidos.

En este espacio negociador voluntarista y casi de ficción que, sin embargo, uno y otro toleran, Don Juan le comunica que, de las dos opciones, la primera es rechazada de plano y la segunda debe concretarse. El conde de Barcelona y sus consejeros ven dos posibilidades, una de las cuales es inaceptable: o bien la Monarquía es implantada por el régimen, significando la continuidad del mismo, o bien conserva las esencias que inspiraron el Movimiento Nacional, pero viene sin compromisos ni vínculos externos con el régimen. Solamente esa independencia permitiría el reconocimiento de los gobiernos extranjeros. Por otra parte, le dicen a Oriol que si se retrasa mucho parecerá que la Monarquía viene impuesta por los Aliados.

El alto nivel de exigencia que se encuentra Oriol se debe, en parte, a la finalización de la guerra con el apoyo expreso de los Aliados a la solución monárquica y, por supuesto, también a que en México se han restablecido las instituciones republicanas.

En pleno otoño vuelve Oriol en un segundo viaje a Lausana, después de haberse entrevistado con Franco, que desconfía instintivamente. La propuesta es una reunión de tres delegados por cada parte para proponer soluciones al problema político: una Monarquía «social y antiliberal», y «sin hipotecas extranjeras». Pero Franco no sólo nombra a sus propios delegados: Martín Artajo, Esteban Bilbao y Muñoz Grandes, sino que trata también de designar a los representantes de Don Juan: Ventosa, Juan Tornos y Rodezno. También quiere reservarse la decisión sobre el momento del advenimiento monárquico.

Oriol no es visto con buenos ojos por responsables del sistema. Mientras riega de imparable optimismo todo el entorno de la negociación, diciendo en Madrid y en Lausana que las cosas iban muy bien y la Restauración estaba asegurada en cuanto se produjera un poco de buena voluntad por ambas partes, hay en la capital de España quienes le ven con desprecio y desconfianza.

—Oriol es un muchacho rico, aficionado a la diplomacia —opina Artajo.

Hay muchas dificultades añadidas y parece imposible que un hombre como Oriol consiga un avance, por pequeño que sea. En una carta que recibe de Don Juan queda registrada la firmeza negociadora de la que parte, por ejemplo, identificando inequívocamente la Monarquía con la superación de la Guerra Civil para la gran reconciliación de todos los españoles apuntada en el Manifiesto, así como dejando claramente expresada la insolidaridad con el régimen de Franco. Por otra parte, sus consejeros exigían que el contacto tuviera como base primordial el reconocimiento de los derechos dinásticos por parte del dictador, el medio de transmisión de los poderes y una fecha.

Pero entonces llega el tercer viaje. Estamos en diciembre de 1945. Se negocia por iniciativa de los colaboradores del conde de Barcelona la posibilidad de la entrevista entre las dos personalidades en Portugal, una vez que Franco elimine las trabas que ha puesto siempre para que Don Juan viaje al país vecino. Previamente se prevé un encuentro de colaboradores de ambos.

Sea como fuere, y aunque las negociaciones no logran la Restauración inmediata, sí generan cierta distensión que permite algunos cambios. Gil Robles ve terminar su confinamiento y puede volver a Estoril. Se lo comunica la representación diplomática española y no el Gobierno portugués, en un gesto disciplinario bastante elocuente sobre quién dio la orden de confinarle. En España, Kindelán rompe meses de inacción y concede entrevistas a la prensa extranjera en las que habla de que la primera preocupación de la Monarquía será la libertad de los españoles y anuncia un plazo de seis meses como razonable para la Restauración.

Pero el resultado más importante, fundamental para el entorno de Don Juan, es que Franco permite su viaje a Portugal, uno de los objetivos más largamente deseados por el conde de Barcelona y sus consejeros. Confían en que la cercanía a España sirva también de catalizador para cohesionar a sus partidarios que, a estas alturas, están divididos en dos grupos fundamentales: aquellos que no transigen con ningún compromiso con Franco, y aquellos que buscan la inteligencia con el dictador. Sea como fuere, el viaje se prepara velozmente, durante el mes de enero de 1946.

El espacio creado por Oriol permanece abierto y lleno de equívocos por ambas partes, pero lo cierto es que se logra que Don Juan se traslade a la Península. Justo antes de terminar de arreglar los flecos del desplazamiento, el 23 de enero, Franco se quita la careta de cortesía:

> La base de todas las conversaciones que con Oriol he tenido ha sido por su parte la de llevar a mi convencimiento la absoluta identificación de V. A. con mi doctrina, hasta llegarme a decir él haber escuchado de vuestros labios las mismas frases y palabras que yo le decía.

Fin de juego. La frialdad se impone de nuevo entre ambos. El mensaje tiene como fin que Don Juan conozca la pobre dimensión del viaje antes de que salga de Suiza. Pero no le desanima. Justo antes de salir, forma un Consejo de Regencia integrado por su esposa, la Reina madre, el cardenal Segura, Rodezno y Gil Robles. Tiene todo preparado para emprender viaje el 2 de febrero con destino a una nueva etapa, más cerca de España. Espera que esa cercanía cambie muchas cosas. Y así lo anuncia su Secretaría:

> Don Juan tiene el pensamiento de entrar en contacto más cercano con los verdaderos hechos de la situación interna de España, pero el viaje no significa ningún cambio en la posición tomada por él.

Como un prestidigitador, Oriol ha conseguido hacer realidad el viaje de Don Juan a Portugal. En un contexto político de ruptura con Franco, el negociador ha creado una ilusión que no podrá durar mucho tiempo, pero que permite al jefe de la Casa Real subirse a un avión. Franco cree, o eso espera, que es un viaje temporal, y Don Juan supone, o eso intuye, que el jefe del Estado sabe que es para siempre. Sea lo que sea, Oriol ha conseguido la cuadratura del círculo y el jefe de la Dinastía viaja ya hacia Portugal, país fronterizo con España. Nunca ha vivido tan cerca de su país.

4

Estoril, cuartel de la conspiración (1946)

A DOSCIENTOS KILÓMETROS

Un avión de las líneas regulares británicas procedente de Londres aterriza en Portugal a las ocho y cuarto. Es 2 de febrero de 1946. Al abrirse la compuerta, la noche húmeda y el frío invernal del aeródromo de Lisboa contrastan con el ánimo alegre y decidido del principal pasajero, que desde lo alto observa la comitiva de bienvenida. Al pie de la escalerilla, un automóvil particular espera a Don Juan de Borbón y a su esposa, doña María de las Mercedes. Mientras desciende, el jefe de la Casa Real observa que sus principales colaboradores no están entre los asistentes. ¿Cómo es posible? Sólo unos días antes había llamado desde Suiza por teléfono para anunciar su llegada y solicitar su compañía desde la misma pista de aterrizaje. Sin embargo, la policía portuguesa ha hecho su trabajo —bien aleccionada por la presión de Franco— y ha advertido a los colaboradores de Don Juan de la inconveniencia de que allí comparezcan españoles con alguna significación política: españoles monárquicos. Y especialmente dos figuras llamadas a asumir las máximas responsabilidades junto a Don Juan: José María Gil Robles y Pedro Sainz Rodríguez. Dos viejos conocidos del dictador español que por primera vez van a trabajar mano a mano con su Rey.

A la primera persona que saluda Don Juan nada más pisar suelo portugués es al embajador de España en Lisboa, Nicolás Franco. El hermano mayor del jefe del Estado español tiene la misión de controlar al titular de la Dinastía española durante su incierta estancia en Portugal. Franco ha dado órdenes para impedir que su principal rival político se instale a poco más de doscientos kilómetros de la frontera española. Consciente de ello, y disgustado ante la ausencia de sus fieles, el hijo de Alfonso XIII saluda al hermano de Franco con una frialdad que, ahora sí, se ensambla a la perfección en el ambiente y que no pasa desapercibida a los presentes. El embajador le ofrece una magnífica casa y pone a su disposición un vehículo de alto *standing*, un Packard, pero Don Juan declina escuetamente:

—Los reyes no cobramos mientras no funcionamos.

Ya en su automóvil, un pequeño Mercedes, Don Juan entiende que su estancia en Portugal no será un camino de rosas. Tampoco lo pretende. El traslado a Estoril es una decisión política de primera magnitud y es un movimiento estratégico que revela sus ambiciones. Por eso Franco ha ejercido todas sus influencias para garantizar que es un viaje temporal: ante Francia, para que no le dejaran cruzar su territorio; ante Reino Unido, para que le impidieran hacer escala en Londres, y, cómo no, ante Portugal, para que permitiera al embajador español controlar sus movimientos, y dificultarlos. Pero el omnímodo control del jefe del Estado se diluye fuera de las fronteras españolas. Eso, y la capacidad de Oriol para poner de acuerdo a Franco y a Don Juan en su desacuerdo.

La preocupación de Franco era tal que unas semanas atrás su ministro de Asuntos Exteriores, Alberto Martín Artajo, llegó a interesarse personalmente por conocer dónde pensaba instalarse el pretendiente al Trono de España. Cuando se le informó de que su intención era trasladarse temporalmente a Villa Papoila, una residencia de cuya propietaria Franco no tenía precisamente buena opinión, el ministro se llevó las manos a la cabeza:

—Hay que apartarle del ambiente de disipación en Estoril.

Sin embargo, pasadas las ocho y cuarto de esa fría noche invernal, y a pesar de las constantes injerencias del Gobierno español, Don Juan ha llegado a Lisboa procedente de Londres —donde ha aprovechado para reunirse con su primo el Rey de Inglaterra— y, cerca ya de las ocho y media, se dirige por carretera a Estoril con dos ideas en la cabeza: instalar allí su residencia oficial y conformar un equipo de personas de su confianza que le permita construir una alternativa viable para suceder a Francisco Franco.

En una carta a sus seguidores, afirma Don Juan:

> Voy a Portugal sin otro compromiso que una vez allí organizar la entrevista con el general Franco. Si ésta llega a efectuarse expondré al general Franco las imperiosas razones que siempre, y más especialmente ahora, me obligan a no acceder a que la Monarquía sea la coronación y remate de su revolución totalitaria, ni a prestarse a su continuación incondicional.

En los días siguientes, fracasado el intento de llevar a Don Juan a una residencia bajo su control, el hermano del embajador designa a un policía para vigilar los movimientos de Don Juan durante su estancia en Portugal. Con quién se reúne, qué come, qué bebe y, sobre todo, cuándo se va. Esa información será convenientemente utilizada para ofrecer en España una imagen distorsionada y frívola del conde de Barcelona.

Ajeno a esas artimañas, y cuando han pasado casi siete años de que la Guerra Civil arrasara España y pocos meses del final de la Segunda Guerra Mundial, Don Juan de Borbón tiene un plan. Comienza una temporada de actividad frenética. Estoril se ha convertido ya en su residencia fija, en el centro geográfico de la conspiración monárquica.

«Si oviese buen señor»

—Qué excelente Rey sería si tuviera un buen pueblo.

La frase es de José María Gil Robles. Este experimentado político conservador, al fin alineado con los intereses de Don Juan, curiosamente nunca ha mantenido una reunión cara a cara. El primer encuentro entre ambos se produce en Villa Papoila, a los dos días de la llegada a Estoril del aspirante al Trono.

Durante ese encuentro iniciático, Gil Robles observa a Don Juan con ojos profesorales y se queda gratamente impresionado. Uno tiene cuarenta y siete años, el otro treinta y tres. Aunque en los años precedentes ha sido crítico con algunas de sus decisiones, observa que su interlocutor sabe escuchar y preguntar, está al tanto de los problemas básicos y no desdeña pedir consejos. Descubre un hombre afable, jovial, inteligente y serio. O ésa es, al menos, la impresión que le causa. Reflexiona Gil Robles:

> A diferencia de su padre, que nació Rey, Don Juan ha nacido en la magnífica escuela de la desgracia. En lugar de la adulación desde la cuna, ha conocido las persecuciones, las deslealtades y hasta las estrecheces.

La obnubilación tiene un límite. Gil Robles es consciente de que fruto de su juventud Don Juan carece de experiencia y de que necesitará empaparse de algunos principios básicos, pero se congratula al encontrarse unas cualidades que, debidamente desarrolladas, podrán quizá algún día dar lugar a un gran Rey. Hila el político:

> A la inversa de lo que el *Poema del Mío Cid* dice del gran Rodrigo de Vivar: «Dios, qué buen vasallo si oviese buen señor!».

Los pensamientos de Gil Robles —casi ensoñaciones en febrero de 1946— tienen sin embargo un componente adivinatorio y flecos premonitorios. Mientras charla con Don Juan desconoce que antes de emprender viaje de Suiza a Portugal ha tomado una decisión relevante: incorporarle al Consejo de la Regencia que reza ya en su testamento. Ésa es la esperanza que el jefe de la Casa Real tiene en ese experimentado político, a quien señala como uno de sus albaceas antes incluso de conocerle personalmente. Pero eso no es todo. Durante esa primera conversación, Don Juan revela que necesita organizar una secretaría como instrumento de trabajo para, con el tiempo, tomar la alternativa. Ambos son conscientes de que un buen primer paso debe ser coordinar las distintas sensibilidades monárquicas que campean descabezadas por España, y por el extranjero. Don Juan debe dirigir la política monárquica. Está a punto de nacer la Secretaría de Don Juan de Borbón.

«DERRIBAR A FRANQUITO»

Franco estaba en lo cierto. Sólo diez días después de pisar suelo portugués, Don Juan invita a cenar a la plana mayor de la dirección monárquica: el conservador quijotesco Eugenio Vegas Latapié, el irreverente y conspicuo Pedro Sainz Rodríguez y el pragmático bien informado José María Gil Robles. No son los únicos antifranquistas, ni siquiera los únicos juanistas, pero sí los más cercanos y leales. Esa noche, esos cuatro hombres inician la conspiración para derribar a Franco. Y lo hacen, como manda el protocolo, después de los cafés:

—Hay que preparar una especie de Carta Magna que contente a los de dentro y a los de afuera.

Es Gil Robles quien anima al Rey —así se le reconoce y se le trata en este foro— a preparar una declaración de principios capaz de acoger a quienes, desde una u otra posición, coinciden en la necesidad de abrir una nueva etapa política. El entusiasmo de Don Juan ante la propuesta de Gil Robles es abruptamente interrumpido por un iracundo Sainz Rodríguez:

—Aquí nadie tiene las pelotas lo suficientemente bien puestas para explicar a Su Majestad las cosas como son.

Sainz Rodríguez cree que el tiempo de las declaraciones de principios está superado ante una terrible realidad: los países aliados, Estados Unidos y Reino Unido, no van a cumplir su compromiso de apoyar activamente al titular de los derechos dinásticos.

—Hemos fracasado en derribar a Franquito —continúa, pesimista—. Está todo perdido. A Franquito no se le despega de la butaca ni con agua caliente. Tiene la idea firme, y nada desacertada, de que dos culos no caben en la misma silla. Si no coge la tisis o alguien le pega un tiro, este cabroncete nos entierra a todos.

La perorata del consejero es cordial, pero corrosiva. Considera que «seguir dándole patadas a Franco en los huevos» no conducirá a nada más que a la respuesta rencorosa de quien sigue siendo el jefe del Estado.

—Pueden hacer ustedes cartas magnas, alianzas, trapisondas y leches con todo bicho viviente; pueden hacerse una paja leyendo a Balmes o a Vázquez Mella, lo que tiene su mérito, pero nada de todo eso va a remover a Franquito del poder.

Las carcajadas de una cena bien regada en caldos y licores ya no resuenan en Villa Papoila. La tensión atraviesa ahora la estancia. Vegas Latapié toma la palabra recurriendo a la ironía:

—Conviene que sepas, admirado Pedro, que Vázquez Mella era muy distinto de cintura para arriba que de cintura para abajo y que, puestos a hacerse gallardas, sobre todo mentales, te consideramos todos un especialista, un venerado maestro. Todo lo que has dicho es una masturbación cerebral que puede confundir al Rey.

Vegas Latapié defiende que la estrategia de Don Juan debe mantener el mismo rumbo y asegura que en España la gente se muere de hambre.

—Las derechas están que braman. Las izquierdas son un alarido. La ONU tiene apestado al régimen. Los embajadores están a punto de irse y no volverán. Es imposible que Franco resista unas semanas más. Está dando las últimas boqueadas. Es un milagro que superara el verano pasado. Pero ahora, con el Rey a las puertas de España, los generales decididos a todo y los Aliados dispuestos a terminar con Franco, lo que hay que hacer es prepararse, porque entre todos van a llevar al Rey en volandas a Madrid.

—La cadaverización del régimen es un hecho que no admite discusión —apuntala Gil Robles, alineándose con Vegas Latapié en contra de Sainz Rodríguez.

Las miradas se dirigen a Don Juan, que debe tomar una decisión que marcará el camino a seguir por su Consejo y por la causa monárquica.

—Debo decir que, después de hablar con el Rey de Inglaterra en Londres hace unos días, no tengo dudas.

Y dirigiéndose al malhablado Sainz Rodríguez, toma partido:

—A pesar de que tus argumentos están muy bien explicados, querido Pedro, siento infinito, créeme, no poder darte la razón. Eugenio y don José María son los que tienen los pies en la realidad. Hay que prepararse para nuestra entrada en España y mantenerse firmes porque nada peor que cambiar o mostrar debilidad. Todos esperan que la Corona siga haciendo frente a Franco como hasta ahora.

El jefe de la Casa Real ha resuelto el enfrentamiento entre sus consejeros. La posición del Consejo Privado de Don Juan es clara, mas salta a la vista que ni entre sus más selectos y leales consejeros hay acuerdo sobre el camino a seguir. Todos comparten el fin último, pero Sainz Rodríguez, de un lado, y Gil Robles y Vegas Latapié, del otro, discrepan en los medios para lograrlo.

«El Saluda», una declaración de guerra

Ajena a las discusiones en el seno del Consejo Privado, la llegada de Don Juan a Portugal causa inmediato clamor en España y, cuando no han pasado quince días, más de un millar de destacadas personalidades firman un entusiasta manifiesto de saludo:

> Queremos que al llegar a nuestra península reciba Vuestra Majestad nuestro respetuoso saludo y el testimonio de nuestra firme adhesión.

El documento, que pronto es bautizado como «El Saluda», va mucho más lejos que la carta firmada por veintisiete procuradores del seudoparlamento en la primavera de 1943 provocando la ira de Franco: incorpora la firma de veinte exministros, veintidós catedráticos, quince académicos, los presidentes de los cinco grandes bancos y una nutrida representación de los sectores conservadores de todo el país. Todos ellos defienden la convicción profunda de que sólo la Monarquía encarnada por Don Juan puede ser base sólida de un régimen estable:

> Quiera Dios que la proximidad de Vuestra Majestad a tierra española sea la anticipación y el anuncio de la realización de nuestro anhelo [...] la íntima y cordial convivencia entre todos los españoles.

Sólo han pasado dos semanas de aquel primer y frío saludo a pie de avión cuando el embajador español visita a Don Juan para entregarle una nota manuscrita firmada por Franco:

> Accedí a que Vuestra Alteza pudiera pasar un par de semanas en Portugal y ver a sus padres políticos siempre que existiera vuestra promesa formal de no permitir que se explotara la estancia para llevar a cabo actividades y conspiraciones de carácter monárquico.

Las relaciones ya no sólo están rotas en lo político, también en lo personal. En el Consejo de Ministros del 15 de febrero, Franco dice que «El Saluda» es una «declaración de guerra» y que a los monárquicos «hay que aplastarlos como a gusarapos». Entiende que Don Juan se ha extralimitado y decide tomar cartas en el asunto. Para empezar, el incesante goteo de personas que cruzan la frontera para ver al hijo de Alfonso XIII llega a su fin. Además, el Gobierno retira pasaportes, abre inspecciones de Hacienda e impone sanciones a los firmantes, inicia campañas antimonárquicas en el Ejército y promueve manifestaciones de adhesión a Franco en las capitales de provincia.

—¡Viva Franco!, ¡comunismo no! —gritan enfervorecidas las masas en las plazas de las grandes ciudades.

Nadie está a salvo: la duquesa de Medina Sidonia es multada con medio millón de pesetas por enviar un telegrama; la duquesa de Valencia ingresa en prisión por distribuir propaganda monárquica; el general Aranda es confinado en Mallorca y el Infante don Alfonso de Orleans en Sanlúcar de Barrameda. Pero quien se lleva la peor parte es el general Kindelán, su otrora colaborador: su destino es el destierro a Garachico, en Tenerife.

También surgen *espontáneos* contramanifiestos de apoyo al dictador: la sala de Gobierno del Tribunal Supremo, los colegios oficiales de doctores y licenciados, los colegios de abogados, todas las audiencias provinciales, las universidades, las academias... hasta los periodistas.

A mediados de febrero de 1946, Franco y Don Juan saben que hablan idiomas distintos. Sus trayectorias, sus pensamientos y sus estrategias, que otrora puntualmente coincidieron, divergen creciente e inexorablemente, pero ninguno de los dos quiere asumir un enfrentamiento directo. Ni siquiera cuando, once meses antes, Don Juan publicó un atroz manifiesto contra Franco:

El régimen implantado por el general Franco, inspirado desde el principio en los sistemas totalitarios de las potencias del Eje, tan contrario al carácter y a la tradición de nuestro pueblo, es fundamentalmente incompatible con las circunstancias que la guerra presente está creando en el mundo.

Es precisamente en la esfera internacional donde mejor se explicitan las diferencias entre Franco y Don Juan. Uno, alineado con las potencias del Eje; otro, firme partidario de las potencias aliadas. Uno, con Alemania e Italia; otro, con Reino Unido y Estados Unidos. Uno, el dictador, con los perdedores; otro, el aspirante, con los vencedores.

Entre los tradicionalistas y las izquierdas

José María Gil Robles es pesimista sobre el apego que la institución que encarna Don Juan provoca entre los españoles. En su diario personal reflexiona:

La Monarquía no despierta entusiasmo alguno.

Es ése un tema de debate recurrente en las reuniones de la Secretaría, cuya actividad no cesa ni en fin de semana. Mientras Franco sigue aunando entusiasmos —forzados o no—, Don Juan no logra ni reunir a los que se dicen monárquicos, al menos de momento. Pero él sabe que tiene poco futuro si no genera una base social y política de apoyo a sus postulados. Es la hora de tomárselo en serio y coordinar los múltiples movimientos deslavazados.

El sábado 23 de febrero de 1946, Villa Papoila recibe una visita de enorme trascendencia para los planes de Don Juan: el conde de Rodezno, destacado representante de los tradicionalistas. Más escéptico que sus correligionarios y menos permeable a la crítica de unas bases decididamente intransigentes, viaja hasta Estoril con disposición al diálogo. Sumar su voluntad, y la de todo este sector de sensibilidad carlista, es fundamental para Don Juan. La víspera, escribe Gil Robles en una carta al intelectual español Salvador de Madariaga.

> La tarea no es fácil, si se quiere que la aportación tradiciona-lista no ponga a la causa monárquica en abierta oposición con las corrientes dominantes en el mundo y haga imposible la fu-tura cooperación, para mí cada día más precisa, de las izquier-das no revolucionarias.

La realidad es que ni siquiera Rodezno tiene el control del gru-po que dice representar. El liderazgo se lo disputa con Manuel Fal Conde, que es de hecho a quien la Comisión tradicionalista ha dado la representación. No obstante, Rodezno asegura que las ma-sas están de su lado y que a Fal sólo le siguen «cuatro gatos». Sea lo que fuere, a los consejeros de Don Juan no les interesa demasia-do una de las prioridades de los tradicionalistas: que vuelvan a manejarse los tópicos del «glorioso movimiento», de la «cruzada salvadora», de la «sangre de los mártires». Pero estas apelaciones a la épica imperial, a la religión y a la batalla no lograrían más que confirmar un verdadero régimen de guerra civil. Gil Robles escu-cha ajeno a toda épica:

> Por desgracia, Rodezno y los que le rodean vienen imbuidos de la indiferencia altanera, lindante con la incomprensión ce-rril, respecto del ambiente exterior. Para ellos, no hay más que Navarra, con sus entusiasmos y sus ingenuidades, con una con-cepción muy propia del casino de Tudela.

No obstante, a pesar de todo, en Villa Papoila se aplaude el inne-gable gesto de valor de Rodezno al acudir a ofrecerse a Don Juan. Desde el punto de vista de la resolución del problema dinástico, la

entrevista puede considerarse histórica. Ese primer encuentro concluye con un principio de acuerdo para que Gil Robles redacte unas
bases políticas para la Monarquía, documento que comienza así:

> Por exigencias de la Historia, la pervivencia y la paz de la
> Patria, la vida política española descansará en los siguientes
> postulados esenciales, que no podrán ser objeto de discusión ni
> revisión: la religión católica, la unidad sagrada de la patria y la
> Monarquía representativa.

Los dos primeros puntos del preámbulo revelan un tono y una
retórica influida por los tradicionalistas. Las «Bases de Estoril»
tienen un marcado carácter conservador. Y aunque el tercer punto
apuesta decididamente por la democracia representativa, hay otro
aspecto que difícilmente será apoyado por los republicanos: se
descarta la posibilidad de celebrar un referéndum sobre la forma de
Estado como condición previa para la Restauración de la democracia. ¿Qué es más importante? ¿Suceder a Franco —despojándole
del poder— o abrir la vía a una democracia no necesariamente
monárquica? ¿Qué debe ser prioritario?

Los juanistas han cedido mucho para llegar a un acuerdo, pero
Gil Robles está satisfecho porque ha conseguido colar un postulado clave para los planes de Don Juan:

> Un tercio de los miembros de las Cortes será elegido por el
> sufragio popular directo.

Ese tercio, piensa Gil Robles, será el único aceptado como verdaderamente representativo y se comerá a los demás. Su idea es
impulsar a partir de ahí la redacción de una Constitución para una
democracia parlamentaria equiparable a la británica, aunque ese
modelo aún esté muy lejos de lo pactado con los tradicionalistas.

Las bases de Gil Robles son finalmente aprobadas tras dos reuniones celebradas esa misma semana con destacados negociadores: Rodezno, Oriol, Arellano, Iturmendi y Ortigosa acuden por los tradicionalistas. En representación de Don Juan negocia su núcleo duro: Sainz Rodríguez, Vegas Latapié, Gil Robles y Fontanar, acompañados por Ignacio Satrústegui.

Dos días después, el 28 de febrero, se celebran las exequias de Alfonso XIII y la embajada española organiza una misa en Lisboa. No es un día fácil para Don Juan, que a las once de la mañana acude a una misa bastante concurrida en una parroquia de Estoril. Por la tarde, ya en Villa Papoila, se produce un acto que le conmociona y que no tiene que ver con su padre, el pasado de la Monarquía, sino con el futuro: Rodezno, Vegas Latapié y Gil Robles le entregan las Bases de Estoril y le prometen que las defenderán con entusiasmo. El jefe de la Dinastía española observa complacido la incorporación a la Monarquía de una parte importante del carlismo histórico (a la espera del grupo de Fal Conde). Queda mucho por hacer —la opción monárquica sigue sin despertar demasiado entusiasmo—, pero Don Juan y los suyos ya no están solos.

No hay duda de que el acuerdo es un gran éxito porque zanja debate sobre la legitimidad dinástica, un asunto que ensangrentó el siglo XIX español en las distintas guerras carlistas. Pero no todo son buenas noticias: muy pronto se despejan las dudas iniciales de Gil Robles sobre la reacción de las izquierdas no revolucionarias.

Las Bases de Estoril, cuidadosamente negociadas para atraer a los tradicionalistas, provocan el enfado y la mofa de los socialistas. Uno de sus más destacados referentes, Indalecio Prieto —llamado a jugar un papel esencial en los contactos entre izquierdas y monárquicos—, escribe un corrosivo artículo en *La Prensa* de Buenos Aires, periódico con creciente protagonismo desde el otro lado del charco:

> Nos habían martilleado los oídos con la cantinela de que Juanete era fervoroso demócrata y de que reinaría conforme a las prácticas monárquicas de Inglaterra y Suecia, donde el rey reina, pero no gobierna. Más ahora nos encontramos con que o

Juanete no sabe lo que firma o que le sugestiona el despotismo. Lo cierto es que leyendo las doce bases me ha entrado fuerte golpe de risa y después, alucinado, he visto a mi alrededor gue- rreros con el cuerpo encerrado en brillantes lorigas y herejes encapuchados caminando hacia la hoguera.

No hay duda de que los socialistas se atragantan con la retórica tradicionalista, y eso que las negociaciones entre juanistas y carlis- tas habían tamizado bastante el vocabulario épico-patriótico. Pero ése no es el problema de fondo, sino la lejanía entre las Bases de Estoril y los modelos monárquicos que, quizá un día, podrían pa- sar el exigente corte socialista, de por sí siempre partidarios de la República.

Aun así, en el artículo de Prieto existe un resquicio a la espe- ranza: la referencia a las monarquías donde el rey no gobierna. Continúa Prieto:

Por eso los socialistas participan sin escrúpulo en el Gobier- no, ya que la corona es un símbolo respetable y no un aborreci- ble chirimbolo.

En febrero de 1946, la prioridad de Don Juan no son las izquier- das, sino reunir a los monárquicos, pero el hijo de Alfonso XIII sabe que si quiere ocupar el Trono que ocupó su padre deberá ser visto en España como un Rey de todos los españoles. Por eso, discreta- mente, los contactos con las izquierdas —tan fragmentadas como los grupos monárquicos— hace tiempo que han comenzado.

UN PRINCIPIO DE ACUERDO

—Si el Rey no lo logra, no será él quien fracase, sino España. José María Gil Robles tiene muy clara la estrategia que debe seguir Don Juan y así se lo explicita en otra carta a Salvador de Madariaga, en junio de 1946:

> El Rey tiene que desarrollar con gran tino una doble política de dificultades máximas.

El consejero de Don Juan se refiere a, por un lado, resquebrajar el bloque franquista, tratando además de inspirar confianza entre quienes sostienen al régimen, y, de otro, contactar con las izquierdas para arrancarles su aquiescencia con el advenimiento de una Monarquía homologable con las potencias occidentales.

El primer problema para abrir unas negociaciones entre las izquierdas y los monárquicos pasa por averiguar quién representa a las izquierdas; el segundo pasa por definir quién representa a los monárquicos del interior. Entre los primeros existen divergencias importantes entre el Gobierno republicano en el exilio —que desde el final de la Segunda Guerra Mundial preside José Giral—, los comunistas, los anarquistas y los socialistas. Y entre los monárquicos son conocidas las diferentes sensibilidades existentes.

No obstante, en enero de 1946 se inician unos contactos entre los monárquicos del interior y la Alianza Nacional de Fuerzas Democráticas (ANFD), una organización izquierdista transversal integrada por socialistas, republicanos y libertarios con un elemento en común: lucharon en el bando republicano durante la Guerra Civil. Y con una ausencia importante: los comunistas. Por los monárquicos acude un viejo conocido de Gil Robles: Ángel Herrera Oria, político católico y sacerdote que un par de décadas atrás le abrió el camino de la política.

Ambas partes afrontan las negociaciones conscientes de que hay un vínculo, una fuerza centrípeta, que los empuja al acuerdo: la oposición a Franco. Parece existir un compromiso para, a propuesta de los monárquicos, repudiar el Gobierno republicano en el exilio y formar un amplio bloque antifranquista. Sin embargo, las fuerzas centrífugas, no menos poderosas, se concretan en el punto de la discordia, que ya surgió en las negociaciones de las Bases de Estoril con los tradicionalistas: cuándo celebrar un plebiscito sobre la forma de Estado. Las izquierdas quieren que sea previo a la formación de un Gobierno tras la caída de Franco; los monárquicos quieren que Don Juan asuma el mando temporalmente y sólo después pueda consultarse al pueblo.

Mientras unos y otros se esfuerzan por imponer su tesis, un hecho aparentemente ajeno provoca en marzo la ruptura de las negociaciones: la ANFD incorpora a sus filas a los comunistas. Aunque este fichaje puede parecer baladí, los monárquicos entienden absurdo negociar con un partido que está siendo arrinconado en la Europa occidental con la que se pretenden equiparar. Para ellos los comunistas no pueden formar parte del bloque antifranquista.

El giro de la ANFD provoca la ruptura de las negociaciones, pero sólo temporalmente: muy pronto los comunistas empiezan a acusar a sus nuevos socios de «pasividad» y «colaboracionismo» con el régimen. Ellos quieren una oposición mucho más beligerante contra Franco, así que deciden dar un paso más: en abril, el Partido Comunista de España entra en el Gobierno republicano en el exilio, lo que tiene una inmediata consecuencia para quienes abogan por la formación de un gran bloque antifranquista: las negociaciones se reanudan sin ellos y con un nuevo impulso. En julio, la ANFD envía un comunicado invitando públicamente a las demás fuerzas antifranquistas a que cooperen con ella para derribar a Franco:

> La ANFD está dispuesta a comparecer, con todo género de garantías, ante el soberano tribunal del pueblo y a usar con generosidad del triunfo que espera o aceptar caballerosamente cualquier resultado adverso que la voluntad popular libremente expresada pudiera depararla.

Esta aproximación al posibilismo da un nuevo impulso al acercamiento entre izquierdas y monárquicos. Entran en juego dos generales monárquicos muy partidarios de la confluencia, Aranda y Beigbeder, que negocian en nombre de Don Juan y que acuerdan un manifiesto conjunto. Por primera vez desde el final de la Guerra Civil la oposición a Franco llega a un principio de acuerdo. El jefe de la Casa Real debe dar el visto bueno. El secretario general de la ANFD, y también el secretario político del sindicato CNT, Vicente Santamaría, viaja ya hacia Estoril. Es noviembre de 1946.

PLEBISCITO «A POSTERIORI»

—Es totalmente inadmisible —afirma Gil Robles.

El consejero de Don Juan, que es quien se va a encargar de negociar con Vicente Santamaría, cree que los generales Aranda y Beigbeder han ido demasiado lejos, no sólo firmando el documento con la ANFD, sino también por haberse arrogado la representación de Don Juan. En Estoril se interpreta la iniciativa de los generales como un paso en falso que va a obligar a Gil Robles a redoblar sus esfuerzos para renegociar con Santamaría.

La negociación se promete dura. Gil Robles observa a su interlocutor: condenado a muerte durante diez meses y preso durante seis años, no ha vacilado en cruzar clandestinamente la frontera con la intención de sentarse frente a frente con Don Juan. Entiende que es un hombre correcto, culto, inteligente y con arraigadas convicciones. No será fácil atraerlo a los intereses juanistas.

Como muestra de su buena voluntad, Gil Robles acepta dos puntos clave de la propuesta de las izquierdas: mantenimiento inflexible del orden público —con supresión de huelgas y eliminación de represalias y venganzas— y garantía de la independencia de los tribunales de justicia. Acto seguido, exige que se incorporen dos nuevos puntos: el respeto y la garantía de los derechos y libertades de la Iglesia Católica y la revisión de la legislación social.

Santamaría acepta sin mayor resistencia, probablemente consciente de que el punto más conflictivo estará, cómo no, en la aceptación del plebiscito entre Monarquía y República. Su propuesta es que en el momento de la caída de Franco se formara un Gobierno provisional con participación equilibrada de izquierdas y derechas. A pesar de que Aranda y Beigbeder lo habían aceptado, Gil Robles se niega terminantemente. Tras un largo forcejeo con el sindicalista, ambos llegan a un punto intermedio: habrá plebiscito, pero será *a posteriori*:

—Si se produjera una solución de hecho que reemplazara el actual régimen por Monarquía o por la República, los partidarios de la otra forma de Gobierno aceptarían la situación creada y aún podrían colaborar con ella a condición de que se buscara *a posteriori* la ratificación o rectificación por el cuerpo electoral.

El acuerdo es un paso importante en los planes de Don Juan, que esa misma noche recibe enormemente satisfecho, aunque con todas las reservas, al líder sindicalista. Santamaría le informa de que será ahora la ANFD quien deba suscribir el acuerdo, y a la espera de conocer la opinión de republicanos y socialistas, garantiza el compromiso de los sindicalistas de la CNT, que él representa. El antifranquismo está a un paso de conseguir un acuerdo insólito si se tiene en cuenta que aún no se han cumplido diez años del estallido de la Guerra Civil y acaban de cumplirse quince del exilio voluntario de Alfonso XIII. Nada une tanto como la conciencia de un enemigo común.

Sin embargo, el entusiasmo de Don Juan y de Santamaría pronto choca de bruces con la realidad. Tras su viaje a Estoril, y una vez entregado el documento pactado con Don Juan a la ANFD, Santamaría es completamente desautorizado. No sólo por los republicanos y los socialistas, también por su propia asociación:

—Sepan que nunca reconoceremos como legítimo el régimen que se implantase por la fuerza sin contar con la opinión del pueblo expresada libremente en las urnas.

Cuando todo parecía discurrir por la senda del entendimiento, el acercamiento entre monárquicos e izquierdistas no sólo no ha sido posible, sino que ha abierto heridas que será difícil suturar. Los monárquicos más cercanos a las izquierdas, con el general Aranda a la cabeza, culpan directamente a Gil Robles. La discordia ha entrado en el entorno de Don Juan.

Peor es el panorama para las izquierdas. A primeros de enero de 1947, Franco decide actuar contra la ANFD: catorce personas son juzgadas en un consejo de guerra, acusadas de haber montado la Alianza. Las condenas oscilan entre los cuatro y los seis años de cárcel. A diferencia de sentencias precedentes, se salvan del paredón, pero todos ellos dan con sus huesos en la cárcel por haber mantenido contactos subversivos con los monárquicos.

Uno de los testigos del juicio es precisamente el general Aranda, el más significado partidario de un acuerdo entre derechas e izquierdas contra Franco. Casualmente, o tal vez no, la víspera del juicio es desterrado de nuevo a las islas Baleares. El jefe del Estado no está dispuesto a tolerar rebeliones en territorio nacional. El mensaje es claro: cárcel para las izquierdas, destierro para los monárquicos. El primer intento de crear un bloque opositor a Franco no sólo ha fracasado, sino que ha despertado la ira del dictador.

El mejor resumen de las dificultades que entraña unir a toda la oposición democrática al franquismo lo hace un destacado dirigente de las izquierdas:

—No sé si el Rey y Gil Robles conseguirán hacerse con las derechas; yo, desde luego, no logro hacerme con las izquierdas.

España, una amenaza para la paz

En abril de 1946, Polonia acusa abiertamente a España en el Consejo de Seguridad de la ONU de ser una amenaza para la paz. No es casual que la propuesta sea de un país de la órbita soviética, pues de los líderes de las tres potencias vencedoras de la Segunda Guerra Mundial —Estados Unidos, Unión Soviética y Reino Unido— el más crítico con el régimen de Franco es Joseph Stalin.

Hace tiempo que España preocupa al mundo por su valor estratégico, a pesar de su irrelevancia militar y de su trágica realidad de posguerra civil. En los años finales de la Segunda Guerra Mundial, Franco y Don Juan sabían que el escenario internacional resultante tendría repercusiones inmediatas en la Península. Dos formas de concebir el mundo estaban en liza, y las dos tenían su traslación a España: Franco, asimilado a las potencias del Eje, a la Alemania nazi, a la Italia fascista; Don Juan, partidario de los Aliados, de las democracias británica y norteamericana.

A medida que la conflagración avanza y los Aliados ganaban posiciones, las esperanzas crecían entre los juanistas. El jefe de la Casa Real española siempre había mantenido abiertas las vías de comunicación con los Aliados en la confianza de que la presión internacional asfixiase a Franco y le obligase a dar un paso atrás.

Antes de la propuesta polaca de 1946, la cuestión española se abordó en la Conferencia de Potsdam, que en verano de 1945 sentó las bases de la posguerra mundial tras la derrota del Eje. Los líderes de las tres potencias vencedoras rediseñaron el mapa de Europa y se detuvieron en España, donde en ese momento pervivía un régimen político de clara ascendencia fascista. Ya entonces Stalin puso sobre la mesa la posibilidad de derrocar a Franco, pero Winston Churchill (Reino Unido) y Harry Truman (Estados Unidos) fueron más cautos:

—Es decir —afirmó Stalin—, ¿que no habrá cambios en España? [...] No estoy proponiendo ninguna intervención militar, ni que desencadenemos una guerra civil en España. Deseo solamente que el pueblo español sepa que nosotros, los dirigentes de la Europa democrática, adoptamos una actitud negativa respecto al régimen de Franco.

—No tengo ninguna simpatía al régimen de Franco —respondió Truman—, pero no deseo tomar parte en una guerra civil española. Ya estoy harto de guerra en Europa. Nos alegraríamos mucho de reconocer otro Gobierno en España en vez del Gobierno de Franco, pero pienso que es una cuestión que ha de resolver la propia España.

Finalmente, los tres países que en 1945 se disponían a liderar el mundo libre declararon su oposición a que el régimen español formase parte de la incipiente organización en la que estaría representada la comunidad internacional tras dos guerras mundiales:

—El Gobierno español, habiendo sido establecido con el apoyo de las potencias del Eje, no posee, en razón de sus orígenes, su naturaleza, su historial y su asociación estrecha con los estados agresores, las cualidades necesarias para justificar su ingreso.

En la misma línea, ya en febrero de 1946, la recién instituida Organización de las Naciones Unidas, la ONU, se pronuncia sobre España en uno de sus primeros debates:

—Por su origen, naturaleza, estructura y comportamiento general, el régimen de Franco es un régimen fascista, organizado e implantado en gran parte merced a la ayuda de la Alemania nazi y de la Italia fascista. Durante la larga lucha de las Naciones Unidas contra Hitler y Mussolini, Franco prestó una ayuda muy considerable a las potencias enemigas, a pesar de las continuas protestas de los Aliados.

La ONU no sólo señala al régimen de Franco como un apestado de la comunidad internacional, un rescoldo de las potencias derrotadas. Además, ofrece una serie de recomendaciones: establecer un Gobierno cuya autoridad proceda de sus gobernados y que se comprometa a respetar la libertad de expresión, de religión y de reunión. Y una cosa más: celebrar cuanto antes elecciones en las que el pueblo español pueda expresar su voluntad, libre de coacción y de intimidación.

Sin embargo, a medida que avanza 1946, las potencias se van dividiendo respecto a España. La Unión Soviética, sus países satélites y Francia son partidarios de actuar para derrocar a Franco. Gran Bretaña y Estados Unidos se inclinan más por la condena moral sin injerencia interna.

En el Consejo de Seguridad, el embajador de Polonia ante la ONU, Oscar Lange, un reputado economista marxista, arroja una serie de graves acusaciones: llega a asegurar que Franco está acumulando un ejército en los Pirineos para una futura invasión francesa y también que está preparando un auténtico arsenal atómico en Toledo con ayuda de científicos nazis:

—Acumula una gran cantidad de activos y personal nazi y ha dado refugio a numerosos criminales de guerra y jerarcas alemanes que continúan sus actividades en España, además de permitir y promover la investigación de científicos ocupados en desarrollar nuevas armas de destrucción masiva.

Durante dos semanas en el Consejo de Seguridad de la ONU se debate intensamente entre la propuesta polaca de tomar medidas contra España o el respeto a las cuestiones internas de un Estado. La comunidad internacional está dividida y finalmente se opta por una solución intermedia:

—El Consejo de Seguridad decide hacer investigaciones con el objeto de determinar si España pone en peligro la paz y la seguridad internacionales y, si es así, determinar qué medidas prácticas podrían adoptar las Naciones Unidas.

La decisión permite a Franco ganar tiempo y pergeñar una estrategia. Consciente de que existe una «batalla sorda» entre estadounidenses y soviéticos por controlar el Mediterráneo, Franco decide agitar la bandera anticomunista desde su valiosa posición estratégica. Nadie teme más que Estados Unidos y Gran Bretaña que España pueda caer en manos soviéticas, y quién mejor que

Franco —declarado anticomunista— para garantizar la estabilidad en un punto geoestratégico clave.

Plenamente consciente de lo delicado de su posición, el dictador toma la decisión de actuar y unir a los españoles bajo la enseña nacional: España, para los españoles. La situación es comprometida, pero Franco no está dispuesto a dar un paso atrás y decide hacer de la necesidad, virtud.

«SOMOS ESPAÑOLES»

El 9 de diciembre de 1946, Madrid amanece soleado. A primera hora de la mañana el frío serrano se cuela por las calles de la capital, donde el Gobierno ha convocado una manifestación que se prevé multitudinaria. Ningún símbolo se escapa a la maquinaria propagandística del régimen: los españoles están llamados a defender la soberanía nacional desde la céntrica plaza de Colón hasta el Palacio Real, rebautizado por la República como Palacio Nacional.

La plaza de Oriente de Madrid recibe esta denominación por su ubicación al oeste del palacio, centro del poder político del que en otro tiempo fuera Imperio español. Decenas de estatuas recuerdan a los reyes de los distintos reinos de España: Asturias, León, Castilla, Navarra y Aragón. También comparecen los monarcas visigodos e, incluso, los emperadores aztecas Moctezuma y Atahualpa, referentes de dos imperios incorporados a la Monarquía hispánica. Es el escenario ideal para celebrar un festival de orgullo patrio. Cobra especial sentido aquella firma de Franco en el Archivo de Indias en 1940: «Ante las reliquias de un imperio, con la promesa de otro».

Cientos de miles de manifestantes acuden a la cita. Agentes de policía colaboran animando a las empresas a autorizar a sus empleados a participar en la marcha. Predominan los abrigos largos y los sombreros para protegerse del frío, pues las escasas nubes lucen blancas ante un soleado día de invierno castellano.

—¡No somos rojos ni azules, sino españoles! —grita la gente.

La muchedumbre que recorre las calles de la capital porta centenares de pancartas que defienden con orgullo, «y con virilidad», la soberanía nacional: ¡NO PUEDE SER ESCLAVO UN PUEBLO QUE SABE MORIR!, DEJARÍAMOS DE SER ESPAÑOLES SI CEDIÉSEMOS ANTE LAS INJERENCIAS DEL EXTRANJERO.

A lo largo de la mañana, los madrileños recorren calles y plazas entre vítores, cánticos patrióticos y pañuelos al viento. El apogeo se produce avanzada la mañana cuando el general Franco comparece en el balcón central del palacio. «La presencia del Generalísimo es acogida con un clamor indescriptible. Vitorean hasta enronquecer todas las gargantas en este instante de solemne e inolvidable emoción», narra el noticiario oficial para el resto de los españoles.

Franco comparece con el uniforme militar y acompañado de su Gobierno ante miles de ciudadanos que atestan la plaza. Algunos espontáneos se suben a las estatuas de los reyes e incluso a la efigie rampante de Felipe IV a caballo. El dictador no duda en agitar los fantasmas del pasado reciente:

—Lo que ocurre en la ONU no puede a los españoles extrañarnos cuando una ola de terror comunista asola Europa, y las violaciones, los crímenes y las persecuciones del mismo orden de las que vosotros presenciasteis o sufristeis preside la vida de doce naciones.

El dictador, que es constantemente interrumpido por las masas, afirma que nadie tiene derecho a entrometerse en «lo que es privativo de cada nación». Las banderas nacionales ondean al viento.

—Lo mismo que ellos defienden y administran su paz, administramos y defendemos nuestra victoria —remacha Franco.

La manifestación es un éxito propagandístico absoluto. Al día siguiente, la prensa —absolutamente dirigida por el régimen— la recoge como un plebiscito anticomunista y una ratificación de lealtad al jefe del Estado.

La respuesta internacional a la testosterona franquista llega cuatro días después: el 13 de diciembre la ONU acuerda la retirada de embajadores y ministros plenipotenciarios sin ruptura de relaciones. A finales de 1946 España está más aislada que nunca, lo cual tiene importantes repercusiones económicas para los españoles. El bloqueo internacional propicia la escasez de suministros y, a la larga, España se queda fuera del plan Marshall: una inversión de 13.000 millones de dólares de la época que Estados Unidos distribuye para la reconstrucción de la Europa occidental.

Franco está solo en el mundo, pero ha sido hábil utilizando las agresiones extranjeras para remover el orgullo patrio. La demostración de apoyo social es un mensaje a la comunidad internacional, una excelente herramienta de propaganda interna y un misil contra el ánimo de Don Juan de Borbón. La difícil situación a la que se enfrenta el jefe de la Casa Real queda clara en una confesión que la reina Victoria Eugenia le hace a José María Gil Robles:

—¡Pobre Juan, tan cerca de la patria y ver que se le cierran las puertas! Yo le pido a usted que no le abandonen, pues su espíritu puede decaer. Varias veces le he oído decir que él no está dispuesto a vivir como el Conde de París, y que, si un día se convence de que en España no le quieren, se irá a América a vivir modestamente con lo suyo.

Transcurridos diez meses desde su traslado a Estoril nada se sabe del principal objetivo que Don Juan confesó a sus seguidores para justificar su viaje a Portugal: celebrar una entrevista con Franco para el traspaso de poderes. A finales de 1946 esa idea parece una ensoñación voluntarista del jefe de la Casa Real.

5

La sucesión (1947)

Una visita trampa

El saludo es cortés.

—Siéntese, ¿quiere un cigarrillo?

A media mañana, Villa Bellver —Don Juan ha trasladado su residencia— recibe un sorprendente visitante procedente de Madrid. Aunque ha pedido audiencia formal a través del embajador de España en Lisboa, su presencia era inimaginable sólo unos días antes. Al llegar a la residencia oficial de Don Juan le recibe el vizconde de Rocamora, que le acompaña a un pequeño salón. Allí le espera el anfitrión. Es 31 de marzo de 1947, y la recién estrenada primavera se anuncia ajetreada.

El visitante es español, como Don Juan; es marino, como Don Juan, y es católico, como Don Juan. Sin embargo, los intereses del depositario de los derechos dinásticos y los de su inesperado interlocutor no pueden ser más dispares. A pesar de que ambos aman a su país y de que en 1936 ambos se sumaron al bando nacional junto al general Franco; y a pesar de que quien acude a entrevistarse con Don Juan se siente monárquico y no duda en confesarle el disgusto que para él supuso el exilio de Alfonso XIII aquel ya lejano 14 de abril de 1931 en el que los canarios no dejaron de cantar.

El visitante es Luis Carrero Blanco, subsecretario de la presidencia del Gobierno de Franco desde 1941, una especie de cerebro gris que ha sabido convencer a Franco de la necesidad de institucionalizar el régimen. El hombre fuerte después de la caída de Serrano Súñer es una persona con, hasta entonces, nulas ambiciones políticas, pero su probada lealtad a Franco le ha impulsado al más estrecho círculo de confianza del dictador. Un hombre prudente que de entrada busca agradar al titular de los derechos dinásticos a la Corona de España.

—Sabéis, Señor, por la correspondencia que habéis sostenido con el *Caudillo*, que él ha pensado siempre en que la Monarquía fuese la continuación del Movimiento y en Vuestra Alteza como futuro Rey de esa Monarquía.

En el momento en el que se dirige a Don Juan, Carrero sabe que no se fía de él. No confía porque sospecha que es el autor de un artículo radiado a todos los españoles semanas atrás bajo el seudónimo «Ginés de Buitrago» en el que se advirtió de una «conjura masónica de un frente rojo-monárquico» contra el régimen de Franco. El artículo, titulado «Revuelo de Mandiles», sentó muy mal a Don Juan, y Carrero lo sabía porque el embajador de España en Lisboa se lo había advertido la víspera de la reunión en Villa Bellver. Por eso Carrero fue especialmente cuidadoso con el protocolo y optó por el tratamiento de Alteza y de Señor.

—Cuando quisisteis combatir con nosotros, primero en tierra y luego en el mar, el *Caudillo* se opuso a ello, por entender que España os podía necesitar un día para más altos fines, y tan firme era esa idea que el día que se perdió el *Baleares* fue lo primero que pensó al recibir la noticia: «¡Qué bien hice al no acceder a que Don Juan viniese a la Marina! Lógicamente hubiera estado en el Estado Mayor de la Escuadra que anoche se hundió con el *Baleares*», dijo.

Pero Carrero no ha viajado setecientos kilómetros por carretera para complacer al principal rival político de Franco, sino para informarle de un movimiento político de primera magnitud: la inminente aprobación en las Cortes españolas de una Ley de Sucesión que convertirá a España en Reino. Será al final de la primavera que acaba de comenzar.

Tras una breve explicación sobre la conveniencia del momento político para presentar ese proyecto, Carrero entrega a Don Juan el documento de la ley. En ese momento, el hijo de Alfonso XIII ansía que al fin haya llegado el momento de su ascensión al Trono, que Franco haya cedido a la presión internacional y que haya decidido abrir el camino a la vuelta del Rey.

Don Juan lee con atención, incluso con detenimiento. El tiempo se para en Villa Bellver. El futuro de España se juega en ese despacho. Carrero escudriña sus gestos hasta descubrir cómo en su rostro nace una impresión de contrariedad. Algo no va bien. Don Juan se enfurece.

—Bueno —concluye, vehemente—, esto es la Monarquía electiva.

—No, Alteza —balbucea el subsecretario—, en todo caso será una Monarquía hereditaria selectiva.

Don Juan ha leído el documento por encima, pero ha encontrado suficientes pistas para entender que Carrero no le está ofreciendo la Restauración monárquica, sino que le está pidiendo su complicidad con el régimen de Franco. La oferta supone una agresión revestida por la seda de la cortesía: un Rey como continuación del Caudillo, una Monarquía falangista.

Con sus exquisitas maneras, no exentas de un calculado cinismo, Carrero prosigue defendiendo las virtudes democráticas del régimen ideado por Franco y no cesa en tratar de convencer a Don Juan de que el objeto de la ley es proteger a la Corona:

—Se trata, precisamente, de librar a la Institución de los riesgos de los pleitos hereditarios y de que el pueblo un día, por derrocar a un Rey que no sea grato, no derribe la Institución. Además, se trata de una Monarquía tradicional (no liberal como fue la de vuestro augusto padre) adaptada a la situación actual del mundo.

La Monarquía tiene que tener una base popular, y nada más democrático que las Cortes españolas.

A estas alturas de la conversación sólo el exquisito protocolo se antepone a las discrepancias. Don Juan le reprocha que hasta los ayuntamientos son de elección gubernamental. Carrero insiste entregándole las leyes fundamentales del régimen de Franco. Don Juan las recoge, pero esta vez decide no leerlas y las deposita encima de la mesa. La tensión es ya pesada y Don Juan decide pasar a la ofensiva:

—No comprendo cómo, si se piensa en una Monarquía, no se deja hacer propaganda monárquica y se persigue tanto a los monárquicos como a los comunistas.

—Eso es exagerado, Alteza. A los monárquicos no se les persigue. Lo que se castiga, y eso con gran benignidad, son los manejos de los que se llaman monárquicos conducentes a romper la unidad que tanta sangre nos costó.

Carrero no ceja en su empeño de defender la Monarquía como continuación del Movimiento Nacional fundado por Franco y advierte a Don Juan que en 1936 «se abrió en España una trinchera» y que no es posible estar «a caballo» de las dos Españas. O una o la otra. Las cartas están ya sobre la mesa.

—¿Por qué no se pone Su Alteza en la misma situación de ánimo que tenía cuando pasó a España, con una boina roja y una camisa azul, a pedir un fusil para combatir con nosotros? —insiste Carrero.

—No fue con camisa azul —ataja Don Juan—. Fue con un mono.

—Bueno, Señor —replica Carrero sonriendo—, a los efectos a que me refiero es igual. Quiero decir que Su Alteza debe pensar en que puede ser Rey de España, pero de la España del Movimiento Nacional: católica, anticomunista, antiliberal y rabiosamente libre de toda influencia extranjera en orden a su política.

Carrero hiere a Don Juan al recordarle por segunda vez su

vínculo con el bando nacional en la guerra. Franco no renuncia, ni lo hará nunca, a propiciar que aquel entusiasmo juvenil y patriótico persiga de modo perenne a Don Juan, convertido hoy en aspirante a reinar sobre todos los españoles. Ése es el motivo de fondo que separa a uno de otro: Franco sabe que Don Juan nunca aceptará su oferta de instaurar una Monarquía azul. Ésa es la oferta envenenada que Carrero ha llevado por carretera a Villa Bellver. Y lo ha hecho con tal entusiasmo que sus palabras y actitud dan a entender que realmente cree en el éxito de su encomienda. Nada más lejos de la realidad: Carrero acudió a Estoril a informar de un hecho consumado, no a consultar ni mucho menos a abrir un debate.

Constatado el desencuentro, Carrero decide dedicar el tramo final de la reunión a sembrar la cizaña en Villa Bellver. No hace muchas semanas que la comunidad internacional ha condenado el régimen de Franco.

—Echamos de menos que Su Alteza, cuando se produjo la inicua sentencia de la ONU, llamara a los periodistas extranjeros para declararles que en aquellos momentos se ponía al lado de España frente al injusto ataque.

La respuesta de Don Juan revela una convicción que reúne a la par la mayor de sus fortalezas y la más cruda de sus debilidades: su amor a España, y a los españoles, por encima de sus intereses particulares.

—Me siento heredero de una responsabilidad y creo que debo hacer siempre lo que más conviene a España, que ahora tiene la enemiga del extranjero.

—Sí, Alteza, pero esa enemiga no es contra el *Caudillo* por antipatía hacia su persona, sino contra la España del Movimiento. Tenemos enfrente a la masonería y al comunismo y no claudicaremos ante uno ni otro.

—No podrán ustedes.

—Podremos y ya hemos podido. Lo más que puede pasar es que el mundo entero, si se vuelve loco, se lance contra nosotros y que perezcamos. Si claudicásemos nos pasaría lo mismo, pero pereceríamos sin honor.

—Eso de perecer, no. Seríamos muchos a defender a España.

—Ya sé, Alteza, que si el caso se presentase, Su Alteza moriría con nosotros, pero no se presentará.

Carrero, que de nuevo fuerza a Don Juan a revelar de viva voz su principal limitación, zanja la conversación y le entrega una serie de fichas de espionaje sobre alguno de sus colaboradores.

—Aquí tenéis una serie de noticias en que se habla de las andanzas del señor López Oliván.

—¡Bah! Esto son supercherías de los periodistas. Es imposible que Julio haya hecho esto... —exclama Don Juan.

—No, Alteza, eso es cierto, y Su Alteza debe tener cuidado con las verdaderas intenciones de algunas de las personas que le rodean y de otras que se hacen pasar por fervientes monárquicos. Precisamente, para que Su Alteza esté bien informado le he traído los datos que tenemos sobre determinadas personas.

Con gran cinismo, Carrero le entrega una serie de fichas que Don Juan se niega a leer. La conversación ha llegado a su fin, el anfitrión se levanta y, de pie, pregunta al invitado por su hermano, con quien coincidió en la Escuela, y por cuestiones de la Marina. De nuevo la cortesía, aunque en este caso es gélida cortesía. Ya en la puerta, Don Juan le cita para el día siguiente con la idea de darle formada respuesta al plan del que acaba de ser informado.

Al abandonar Villa Bellver, Carrero repasa mentalmente la conversación mantenida con el titular de la línea dinástica. Las notas que va a enviar a Franco deben recoger minuciosamente el contenido de la reunión, cualquier detalle puede ser relevante. En ese instante, cuando su coche se dirige por carretera hacia Lisboa, cae en la cuenta de que ha cometido un desliz importante: no ha informado a Don Juan de que esa misma noche Franco va a dirigirse a los españoles por radio para informarles, entre otras cuestiones, de la inminente Ley de Sucesión. Es evidente que en los planes de

En la imagen, los Infantes Don Juan, Don Gonzalo, Don Alfonso y Don Jaime de Borbón y Battenberg, con el uniforme de *boy scouts* el 31 de diciembre de 1921. Don Juan, quinto hijo y tercero varón, no fue educado para reinar, pues ocupaba el tercer puesto en la línea sucesoria. Las enfermedades de sus hermanos —Don Alfonso era hemofílico y Don Jaime, sordomudo— le obligaron a apartarse de su vocación marinera y asumir la responsabilidad de mantener viva la llama monárquica... en el exilio. Tras la renuncia de sus dos hermanos mayores, se convirtió en el heredero de los derechos dinásticos de Alfonso XIII.

En 1935, Don Juan da un giro radical a su vida e inicia su preparación como heredero de los derechos dinásticos. A la necesaria formación académica en Derecho, Historia, Ciencias Morales y Políticas y Artes, debe añadir un matrimonio «adecuado». María de las Mercedes Borbón y Orleans, con la que posa en la imagen superior en Nueva York, se convirtió en su esposa en la iglesia romana de Santa María de los Ángeles, momento al que corresponde la segunda fotografía.

De izquierda a derecha: el capitán Ochoa, Luis Zunzunegui, el marqués de la Eliseda, el duque de Tamames; en el centro, con boina y mono, Don Juan de Borbón (llegado a España con el nombre de Juan López), el Infante Don José Eugenio de Baviera (con gorro militar), Antonio Goicoechea, el conde de Vallellano, José Yanguas Messía, Alfonso García Valdecasas, Jorge Vigón (también con boina y mono); a su lado, Ruperto Vesga; detrás, el conde de Ruiseñada, y, a continuación, la esposa de Ruperto Vesga y el padre Vesga.

La imagen está tomada en Aranda de Duero en julio de 1936, cuando Don Juan intentó involucrarse en la Guerra Civil por segunda vez sumándose al bando nacional. El general Dávila evita su participación diciéndole: «Su lugar no está en el frente, sino en el futuro de España».

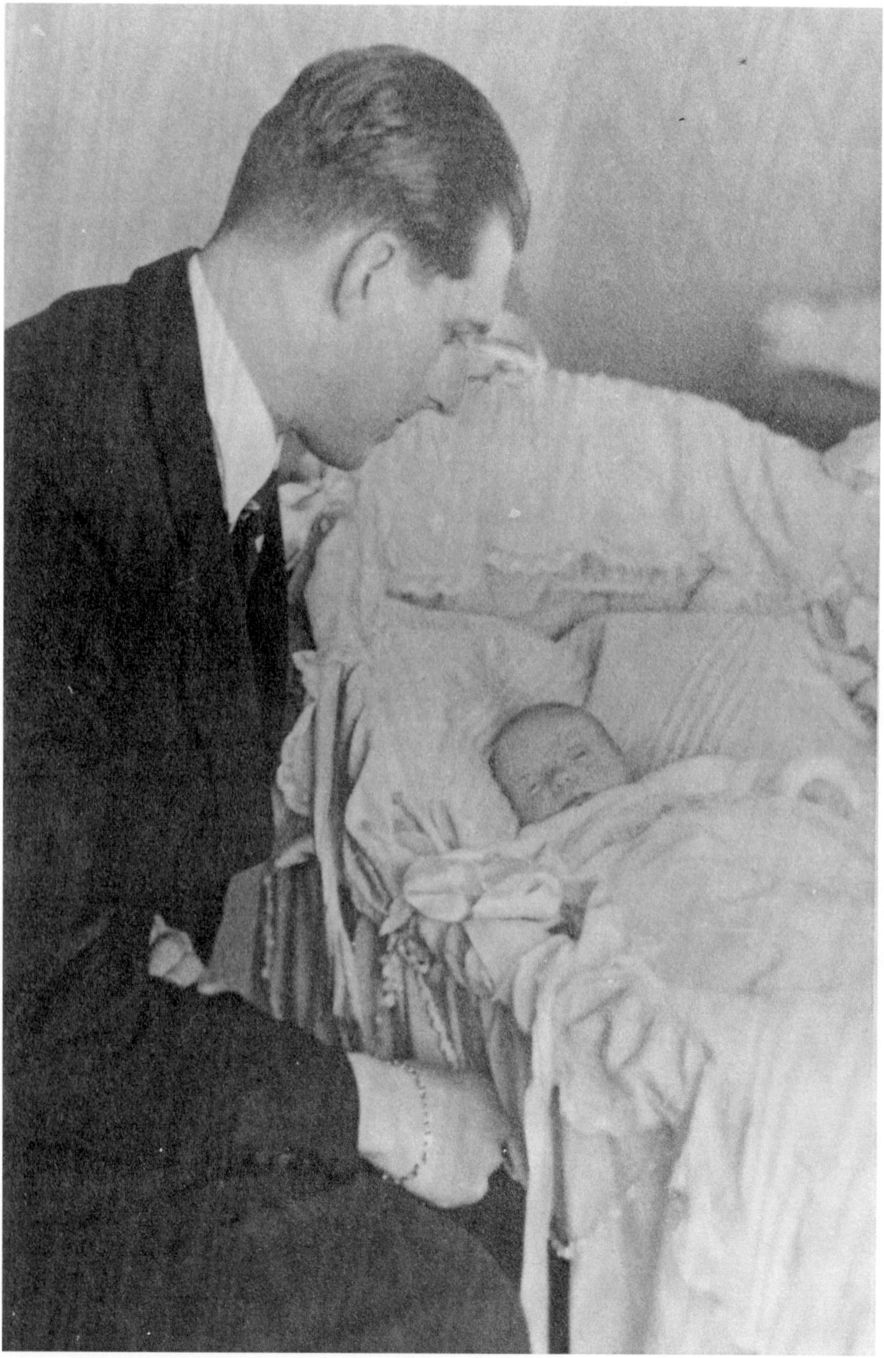

El 5 de enero de 1938 nace en Roma Juan Carlos de Borbón y Borbón. Don Juanito es el segundo hijo de Don Juan y Doña María de las Mercedes, el primero varón, por lo que algún día deberá asumir las responsabilidades que en ese momento ejerce su abuelo, Alfonso XIII, y que pronto recaerán sobre su padre. Le bautizó el papa Pío XII tres semanas después, el 26 de enero. Esta foto no pudo publicarse en la época.

La vida de Don Juan está íntimamente ligada al mar. Cuando en abril de 1931 tuvo que abandonar a toda prisa la Academia de San Fernando para salir de España, decidió continuar su formación enrolándose en la Escuela Naval Británica. Ochenta y nueve mil millas náuticas y cuatro años después, cuando en 1935 su padre le pide que abandone su carrera en la Marina para iniciar la preparación como heredero de los derechos dinásticos, Don Juan dio un paso al frente. Pero el mar y la navegación siempre estuvieron presentes en su vida.

Alfonso XIII muere en Roma en febrero de 1941 cuando está a punto de cumplirse una década desde que decidió abandonar España para evitar que se derramase una sola gota de sangre en su nombre. En la imagen, el féretro de Don Alfonso XIII a su llegada a la iglesia de Montserrat el 3 de marzo de 1941.

La muerte de su padre convierte a Don Juan de Borbón en jefe de la Casa Real en el exilio. En la fotografía posa junto a su hijo Don Juan Carlos, heredero de los derechos dinásticos.

Una fotografía de la Familia Real al completo tomada en Estoril en 1949. Don Juan y Doña María de las Mercedes aparecen con sus hijos. De izquierda a derecha: Doña Margarita, Don Juan Carlos, Doña Pilar y Don Alfonso.

La imagen superior muestra al embajador británico durante los años de la Segunda Guerra Mundial, Samuel Hoare, quien tuvo un papel fundamental en la política española de la época. Hizo todo lo posible por impedir la entrada de Franco en la contienda junto al Eje, pese a los deseos del *Caudillo*. Supo minimizar el apoyo de España a los planes de Hitler. Las protestas formales, la cancelación de suministros, incluso los sobornos, fueron herramientas habituales de su política. Otra de las bazas que jugó en nombre de los Aliados fue el apoyo a la causa monárquica, puesto que creía en la capacidad de Don Juan para reunir a las fuerzas de oposición al dictador. Fue su mayor valedor. No fue hasta las conferencias de paz de Yalta (foto inferior) y Potsdam, cuando empezaron a quedar claros la ambición de Stalin y sus planes para España, que los Aliados comenzaron a barajar la estabilidad que ofrecía al sur de Europa la permanencia de Franco en el poder.

En la imagen superior, la mesa de Franco, abarrotada de papeles. Éste era el lugar donde leía los informes de los espías de Falange sobre las actividades monárquicas y donde subrayaba cuidadosamente los datos relevantes con su lápiz rojo y azul. Allí también estuvo la famosa «cajita sellada». Desde ese despacho se escribieron las cartas de enfrentamiento y ruptura que dirigió a Don Juan. En la inferior, en un contraste palpable, la mesa de despacho del conde de Barcelona en Villa Giralda. En las distintas residencias que tuvo en Estoril, se produjeron las reuniones con sus principales consejeros, con Carrero Blanco sobre la Ley de Sucesión, y tantos episodios como el intercambio epistolar con el dictador.

Franco con el general Fidel Dávila, ministro del Ejército entre 1945 y 1951.
Durante la Guerra Civil, como comandante del Ejército del norte, fue el
encargado de convencer a Don Juan de que no se incorporase a filas y le ordenó
que volviese al extranjero. En 1941, ya era jefe del Alto Estado Mayor. En
1943 firmó, junto con otros tenientes generales, la petición a Franco de que
acelerase la Restauración monárquica en la persona de Don Juan. Como
ministro, en 1948, comunicó al general Kindelán su arresto por pedir la salida
de Franco del poder en un acto público en la casa del marqués de Aledo.

Fal Conde fue el principal líder de los tradicionalistas en la época de la conjura.
Este onubense llegó a ser jefe de tradicionalismo desde Andalucía, región con
muy poco peso en las filas carlistas. Dotado de una fuerte personalidad, su
proverbial intransigencia ante las negociaciones llevó a los monárquicos a
apostar por otro dirigente tradicionalista: el conde de Rodezno.

A pesar de su relación personal con Franco, de cuyo primer Gobierno fue ministro de Educación, Pedro Sainz Rodríguez se acabó enfrentando a él y en 1942 fijó su residencia en Portugal, donde pronto se convertiría en uno de los más relevantes asesores de Don Juan. Irreverente y conspicuo, en 1946 advirtió al jefe de la Casa Real en el exilio de que «Franquito» —así le llamaba— no se le despegaría del poder «ni con agua caliente», y en 1948 le animó abiertamente a jugar la baza de mandar a Don Juan Carlos a estudiar a España.

Hijo de militar, Eugenio Vegas Latapié fue un intelectual conservador que desempeñó un importante papel como asesor de Don Juan, primero en Lausana y luego en Estoril. Contrario a las negociaciones con las izquierdas, cuando el juanismo se empieza a abrir a esos contactos, Vegas da un paso atrás y Don Juan le nombra preceptor de su heredero, el Príncipe Don Juanito, a quien acompaña a Suiza durante el curso escolar en un internado.

El general Antonio Aranda fue uno de los altos mandos del Ejército que más notoriamente conspiró contra Franco. Había participado en 1934 en el sofoco de la Revolución de Asturias. Tras la guerra, Franco fue apartándole del mando de tropas. Sus contactos con la izquierda moderada le convirtieron en uno de los mandos más activos en la conspiración. Cuando se elaboró la Junta Militar conjurada, Aranda fue nombrado su presidente aunque bajo la atenta mirada del resto de los miembros, pues desconfiaban de sus contactos con izquierdistas radicales.

Jacobo Fitz-James Stuart, duque de Alba, es el gran personaje entre bambalinas de la conjura contra Franco. Es quien da empaque al empeño. Embajador del dictador en Londres, el *Caudillo* no se atreve a tocarle, pero al mismo tiempo sabe que su lealtad está con Don Juan. Firmó la carta de los procuradores en 1943 pidiendo al Generalísimo que acelerase la Restauración. Fue fundamental para urdir los apoyos internacionales a los conjurados y también para engrasar el acercamiento de las filas monárquicas del interior con la izquierda moderada en el exilio.

El general Alfredo Kindelán era el más monárquico de los generales españoles y uno de los más influyentes asesores en el entorno del jefe de la Casa Real. También fue el primero que se atrevió a pedir a Franco que dimitiera tras ganar la guerra y diera paso a Don Juan. Se lo dijo en privado y en público, por escrito y verbalmente. Incluso durante una conferencia que le valió un largo arresto en Fuenterrabía.

María Luisa de Narváez, duquesa de Valencia, fue una mujer libre e indómita, ferviente partidaria de la Restauración monárquica. Descendiente directa de Ramón María Narváez, el Espadón de Loja. Creó las Avanzadillas Monárquicas, el grupo más ambicioso de agitación y propaganda que no tuvo comparación a la hora de buscar el impacto de sus acciones. Arrestada repetidamente, multada y encarcelada varias veces, nunca doblegó su ánimo ni su voluntad, a pesar de la dureza del trato recibido.

El Capitán de Navío Luis Carrero Blanco obtuvo gran protagonismo cuando en 1941, a sus treinta y seis años, Franco le nombra subsecretario de la Presidencia del Gobierno. Es él quien persuade al dictador para que elabore una arquitectura jurídica que permita institucionalizar el régimen para dotarlo de continuidad. Él es quien en 1946 visita a Don Juan en Estoril para informarle de la inminente aprobación de una Ley de Sucesión que el jefe de la Casa Real en el exilio encuentra inaceptable.

El papel de José María Gil Robles junto a Don Juan fue clave en la conspiración monárquica contra Franco. Como asesor de Don Juan en Estoril, participó en el enfrentamiento público con el dictador y fue el encargado de liderar las negociaciones abiertas con los socialistas moderados para conformar un bloque antifranquista capaz de derribar a Franco, que concluyeron en el llamado pacto de San Juan de Luz. En la imagen, Gil Robles en 1935, cuando siendo jefe de la CEDA participa en un mitin celebrado en la plaza de toros de Sevilla.

Esta imagen capta un momento esencial para el futuro de España. El 25 de agosto de 1948, tras años de un tenso enfrentamiento a través de su correspondencia privada y de un choque cada vez más notorio en los medios de comunicación internacionales, el jefe del Estado y el aspirante a serlo acordaron verse cara a cara en el barco *Azor* frente a las costas de San Sebastián. Es un encuentro que nadie esperaba y que cogió por sorpresa a quienes de muy distintas maneras y desde muy dispares procedencias trabajaban por conformar una alternativa a Franco liderada por Don Juan.

Franco recibía informes confidenciales que la Falange le entregaba puntualmente. Eran boletines de varias páginas en los que los espías le informaban de todas las «actividades monárquicas». Desde reuniones clandestinas hasta cartas interceptadas subrepticiamente o meros comentarios imprudentes realizados en un lugar público, o a una persona inadecuada: nadie estaba a salvo de ser investigado por los tentáculos del espionaje. Una vez entregados, Franco los leía detenidamente con un lápiz de dos puntas: el rojo para resaltar la información peligrosa para sus intereses y el azul para las buenas noticias. Estos informes permiten conocer con detalle los movimientos del bautizado por los espías como «Bloque Antifranquista» en un año, 1948, en el que la conspiración alcanzó su cénit.

Franco Don Juan no es más que un mero espectador, pero un despiste de esa magnitud puede provocar un enfrentamiento explícito que en Madrid nadie desea. Carrero da orden al chófer para que dé media vuelta.

El reloj marca las 12.15 de la mañana. El vehículo de Carrero vuelve a entrar en Villa Bellver, donde el vizconde de Rocamora le informa de que Don Juan ya celebra otra audiencia. Carrero no quiere importunarle, pues teme incurrir en una falta de protocolo, pero sí le deja un recado:

—Su Excelencia va a pronunciar un discurso a las diez de la noche, hora española. Quizá se refiera a algo de lo que hemos hablado.

Zurcido el despiste, transmitido el mensaje, Carrero abandona de nuevo la villa. Acto seguido, el vizconde interrumpe la audiencia de Don Juan para informarle de la noticia. El conde de Barcelona pide que Carrero vuelva a entrar, pero el coche del subsecretario ya rueda camino de Lisboa. ¿Olvido o estrategia? Don Juan convoca inmediatamente a sus colaboradores.

PENDIENTES DE LA RADIO

Pasado el mediodía, Don Juan explica a sus consejeros la desagradable reunión que acaba de mantener: el proyecto de Ley de Sucesión, el supuesto despiste sobre la alocución de Franco al final del día y las fichas de espionaje.

Los colaboradores coinciden en que el proyecto de ley es un engendro que niega la esencia misma de la institución monárquica hereditaria: España se transforma en Reino, pero bajo la jefatura vitalicia de Franco, que podrá nombrar un sucesor a título de Rey. El candidato deberá ser varón, mayor de treinta años y católico. Es decir, Isabel II no habría podido reinar, por ser mujer; Alfonso XII tampoco, porque no llegó a cumplir los treinta años, y Alfonso XIII habría comenzado su reinado en 1916, con catorce años de retraso. Dicho de otro modo: la Corona habría estado vacante desde 1833 hasta 1916, un total de ochenta y tres años.

El proyecto de ley consagra el poder absoluto de Franco, crea una arquitectura institucional a su medida y no menciona la palabra «elecciones». Pero hay un artículo, el sexto, especialmente nocivo para Don Juan: «En cualquier momento el Jefe del Estado podrá proponer a las Cortes la persona que estime deba ser llamada en su día a sucederle, a título de Rey o de Regente». Es decir, el sucesor no es Don Juan, sino quien Franco estime conveniente, y no hay plazo alguno para la sucesión, sino «en cualquier momento».

Para los intereses de Don Juan no hay duda de que lo importante es boicotear la ley, pero lo urgente es frenar la intervención radiofónica de Franco prevista para esa misma noche. Para ello, decide enviar una nota a Carrero:

> Su Majestad el Rey recibió sorprendido la comunicación hecha por el señor subsecretario de la Presidencia del Gobierno, por conducto del gentilhombre de servicio, minutos después de la audiencia hoy celebrada con el mismo, de que el jefe del Estado se proponía hablar esta noche por la radio del proyecto de Ley de Sucesión.

El escrito no se queda ahí, sino que le advierte de las consecuencias si Franco se refería al asunto:

> Caso de que este hecho se produzca y que mediante él adopte el general Franco una actitud unilateral en tan grave problema, S. M. se considerará en libertad para definir también en público su posición en el momento que estime oportuno.

Carrero recibe la nota en presencia del embajador, y tras su lectura, ambos acuerdan avisar al ministro de Asuntos Exteriores para que se lo transmita a Franco. Son las siete de la tarde hora local. En menos de tres horas está prevista la intervención de Franco.

A las 22.15, la voz del *Caudillo* se cuela a través de la radio en Villa Bellver. Don Juan y sus colaboradores escuchan atentamente la radio española. La frecuencia también se ha sintonizado en la embajada española en Lisboa. Carrero no sabe qué va a pasar, pues Franco confía en él pero jamás le desvela sus cartas.

—Salvada una de las etapas más difíciles de la vida del mundo, os anunciamos la entrega con esta fecha a las Cortes de la Nación del proyecto de Ley de Sucesión a la Jefatura del Estado. Su preámbulo y su contenido, que acto seguido va a seros leídos, son bien explícitos y nos ahorran mayores explicaciones —afirma el dictador.

En Lisboa, Carrero concluye que Franco se ha limitado a dar cuenta de la noticia, pero no ha valorado la ley. En Estoril, Don Juan y Doña María de las Mercedes se reúnen de nuevo con sus colaboradores. Están afectados, pero se mantienen firmes. Hay que actuar.

VIAJE DE INCÓGNITO

Ya es 1 de abril. A primera hora de la tarde, Don Juan acude a Lisboa en su coche para recoger a José María Gil Robles. En el vehículo, despacho improvisado, le acompañan José María Oriol y Eugenio Vegas Latapié.

En cuanto Gil Robles se sienta en el asiento del copiloto, Don Juan le cuenta sus planes. El vehículo se desplaza lento por la autopista, pero en la mente del conde de Barcelona las ideas surgen como relámpagos. ¿Cómo responder a semejante afrenta? ¿Cómo atajar la decisión unilateral de Franco? ¿Cómo rechazar una vez más la idea de Monarquía falangista que quiere imponer el dictador?

Una idea de Oriol ha prendido en el corazón del conde de Barcelona: dirigirse por carretera a la frontera con España, cruzar de incógnito y, sin generales ni amigos, presentarse en El Pardo y enfrentarse directamente a Franco:

—La ley es inadmisible. Vengo a ver si hay alguna posibilidad de resolver como españoles el problema nacional y si cabe evitar la escisión entre las fuerzas del orden —afirmaría Don Juan.

Gil Robles escucha atentamente al jefe de la Casa Real, que relata el plan mientras conduce el vehículo, y le advierte de las consecuencias de dar rienda suelta a los impulsos:

—Que el Rey sea reconocido y detenido en la frontera; que le expulsen ignominiosamente; que Franco le reciba y le convenza; que le denigren en público, acusándole de ligereza; que se promuevan incidentes, cuya responsabilidad se haga caer sobre el imprudente...

No hay duda de que el movimiento es arriesgado. Pero, dadas las circunstancias, hay mucho que ganar y poco que perder, así que Gil Robles decide apoyar tan pasional iniciativa:

—Pero también, ¡qué rasgo tan simpático y valiente, que puede calar muy hondo en el entusiasmo de un pueblo vehemente y apasionado como el español! ¿Que le expulsan? ¿Que le atacan? ¿Que no se consigue nada? No importa. El Rey habría hecho cuanto está en su mano para evitar una ruptura escandalosa. Su patriotismo y su generosidad quedarían patentes ante España y ante el mundo.

La estrategia de Franco deja muy poco margen a Don Juan, quien, acorralado, decide apartar el ingenio y apuesta por recurrir a la épica. De llevarse a cabo el plan, fuese cual fuese su desenlace, Don Juan estará reconociendo explícitamente que la iniciativa política corresponde a Franco y que al conde de Barcelona le queda poco más que el recurso del pataleo. Pero eso poco importa al hijo de Alfonso XIII, enfurecido por una Ley de Sucesión que perpetúa a Franco en la Jefatura del Estado y que supone la mayor de las humillaciones.

Conseguido el visto bueno de Gil Robles, se establece que será al día siguiente cuando Don Juan abandone Villa Bellver con destino a Madrid. Todos son conscientes del riesgo, todos sienten el vértigo, pero la decisión está tomada.

Sin embargo, hay un factor que desbarata el plan a última hora y condena al jefe de la Casa Real a permanecer en Estoril: a la mañana siguiente Franco no estará en El Pardo. El ridículo habría sido espantoso, de modo que Don Juan vuelve al plan inicial y convoca a Carrero a la mañana siguiente... en Villa Bellver.

CARRERO, OTRA VEZ

—Dígale al Generalísimo, Carrero, que no es necesario que encargue las fichas de mis colaboradores en un estercolero.

Si la despedida del primer encuentro en Villa Bellver había sido gélida, el recibimiento dos días después puede considerarse glacial. Arisco y distante, Don Juan inicia la conversación devolviendo a Carrero las fichas de espionaje sobre sus colaboradores. Del mismo modo, reprocha de nuevo la unilateralidad de la actuación de Franco, a lo que el subsecretario responde reconociendo los hechos consumados y tratando de explicar el porqué:

—No podía ser de otra manera. El *Caudillo* no puede negociar personalmente sobre la suerte de España, porque España no es un predio del *Caudillo*. Se dice que el régimen español es una dictadura, y eso es falso.

Carrero admite que «en 1939» Franco era «un dictador cien por cien», pero precisa que desde entonces Franco «se ha autolimitado sus poderes». Don Juan escucha a Carrero, pero en esta ocasión el objeto de la cita no es una nueva defensa de la Ley de Sucesión, sino la impresión que de ésta tiene Don Juan. Ahora es él quien entrega un documento escrito a mano a Carrero, que el subsecretario lee detenidamente.

Los tres párrafos del manuscrito son agrios y secos. En el primero se califica el proyecto de ley de «absurdo y monstruoso». En el segundo se recuerda que el principio de Monarquía hereditaria es intangible para los monárquicos «auténticos». Y en el tercero se solicita una entrevista formal con Franco.

La referencia a la existencia de varios tipos de monárquicos hiere a Carrero.

—Nosotros entendemos que la Monarquía no puede ser más que una continuación del Movimiento Nacional y el fruto de una victoria que nos costó un millón de muertos. Nosotros queremos un Rey que venga a reinar sobre la unidad cuajada en las trincheras por una juventud admirable.

La discrepancia entre los interlocutores es obvia y sus posiciones, irreconciliables. Ambos son conscientes, pero no es el consenso lo que busca Carrero en su periplo portugués, sino la complacencia de Don Juan con los planes de Franco. Por eso, antes de irse, hace un último intento:

—Me permito rogaros, Alteza, que meditéis mucho antes de hacer la declaración que anunciáis en la nota que me habéis entregado. Un desacuerdo público de Su Alteza sobre la Ley de Sucesión podría ser perjudicial para España, pero lo sería con seguridad más para la Dinastía.

Don Juan no responde al ruego. Y si el primer saludo fue cortés, la despedida es hosca.

—Hasta otra vez.

EL MANIFIESTO DE ESTORIL

Las reuniones se suceden en Villa Bellver. Atados de pies y manos, Don Juan y sus consejeros estudian las posibilidades. La opción más beligerante es la ruptura de relaciones con el régimen de Franco; la más dócil, no hacer nada. En el medio está la virtud y a Don

Juan no le queda más remedio que dirigirse a los españoles, y a las potencias internacionales, por escrito. También a la Historia.

El Consejo de Don Juan está convencido de que se trata del único modo de garantizar que sus palabras no sean tergiversadas. Durante varios días, los consejeros trabajan sobre el borrador elaborado inicialmente por Gil Robles. El 7 de abril, cinco días después del segundo encuentro con Carrero, el documento coral está listo y se distribuye en español, inglés y francés. Los intentos del embajador en Lisboa por frenarlo resultan baldíos.

El hijo de Alfonso XIII se presenta ante los españoles como el legítimo representante de «vuestra Monarquía» y les explica que los principios que rigen la sucesión a la Corona sólo pueden modificarse con el acuerdo del Rey y de unas Cortes democráticas. A su juicio, la Ley de Sucesión de Franco adolece de ambos apoyos, pues, lejos de representar al pueblo, las Cortes franquistas «son una mera creación gubernativa».

Pero lo más jugoso del manifiesto pasa por el frontal ataque a la arquitectura jurídica con la que Franco está tratando de institucionalizar su régimen, en lo que Don Juan entiende como un «grave intento» por «disfrazar con el manto glorioso de la Monarquía un régimen de puro arbitrio gubernativo». Y continúa:

> Mañana la Historia, hoy los españoles, no me perdonarían si permaneciese silencioso ante el ataque que se pretende perpetrar contra la esencia de la institución monárquica hereditaria.

Para sorpresa y agrado de Don Juan, el día 9 el manifiesto es publicado íntegramente en la prensa española. Para su enfado, los periódicos falangistas lo acompañan de unos feroces ataques contra él, a quien se le define con sorna como un «español emigrado» y a quien se le acusa de escribir «al dictado de los rojos». El control de la prensa es voraz. En el diario *Madrid* se puede leer:

El que quiere ser Rey de todos los españoles, incluso los que asesinaron, o mandaron o consintieron asesinar a nuestros padres, a nuestros hermanos y a nuestros hijos, duraría aquí lo que durara en restablecerse aquel tinglado «democrático» que condujo a las elecciones que hicieron abandonar España a su augusto padre.

Estos editoriales revelan la ira con que el Gobierno de Franco acoge el manifiesto. No obstante, a pesar de los ataques de la prensa falangista —se daban por descontados— en Villa Bellver se hace un balance muy positivo de la influencia conseguida por el manifiesto. Por supuesto, en el extranjero, donde creen que «ha caído bien», pero también entre los elementos monárquicos. «El efecto ha sido magnífico», afirman los consejeros.

Tras la reacción de Don Juan, la decepción y preocupación que Carrero trató de sembrar en Villa Bellver crece ya en El Pardo. Ahora son Franco y sus ministros los que barajan la posibilidad de romper relaciones. Entretanto, Don Juan y los suyos preparan ya una nueva vuelta de tuerca.

El «contubernio» del Rey

Ante la política de hechos consumados de Franco, el jefe de la Casa Real decide que la batalla se va a disputar en los medios de comunicación. La cabecera elegida es el diario londinense británico *The Observer*, de gran influencia internacional. La entrevista se había realizado siete meses atrás y estaba perfectamente medida por el equipo de Don Juan. Ha llegado el momento de publicarla.

El mensaje principal es una petición pública a Franco para que facilite «una pacífica pero incondicional transmisión de poderes». Pero Don Juan no se limita a reclamar la Jefatura del Estado, sino que convierte la conversación en la puesta de largo del modelo que tiene pensado para España, un sistema opuesto al diseñado por Franco y consagrado por la Ley de Sucesión; un sistema equiparable a las democracias occidentales:

— Frente a un *Caudillo* identificado con la Falange, el jefe del Estado como símbolo de la unidad de la patria y no identificado con ninguna fuerza política: «La Monarquía para ser nacional ha de estar siempre por encima de los partidos políticos y clases sociales».

— Frente a la España de los vencedores en la Guerra Civil, la integración de la izquierda política y sindical: «Todos los individuos que se muevan y actúen dentro de la legalidad gozarán de idénticas libertades».

— Ante el Estado católico, la separación administrativa entre la Iglesia y el Estado: «Yo desearía que los gobiernos de la Monarquía pudieran concordar con la Santa Sede la mayor separación administrativa entre el Estado y la Iglesia a fin de que, incluso por su propia seguridad, quede ésta separada de toda contienda política».

— Frente al catolicismo como única y obligatoria confesión para los españoles, respeto a la libertad religiosa: «En todo caso, los españoles que profesen otras creencias religiosas, e incluso los que carezcan de ellas, no verán menoscabados por este hecho sus derechos de ciudadanía».

— Frente al centralismo, descentralización: «Dejando siempre a salvo la soberanía y la unidad de la Patria, me parece de máxima conveniencia una política de descentralización que traslade a todas las regiones de España una parte de las actividades de gestión con que hoy aparece sobrecargado el Estado».

La entrevista es una enmienda a la totalidad del Movimiento que Franco está imponiendo en España y un significativo giro a la izquierda. Pero el momento más morboso llega con la última pregunta, cuando el periodista se interesa por el principal argumento con el que Franco suele atacar a Don Juan. El mismo que utilizó Carrero en su primera visita a Villa Bellver:

—Constantemente se acusa a Su Alteza de haber ofrecido dos veces sus servicios al general Franco, al comienzo de la Guerra Civil. ¿Considera Su Alteza que es esto un obstáculo para que la Monarquía consiga la reconciliación de todos los españoles?

La respuesta de Don Juan pasa por descargar a la Monarquía «de toda responsabilidad» en el estallido de la Guerra Civil; está perfectamente medida:

—Mi actitud de hace diez años, ¿constituye hoy un grave obstáculo para cumplir mi anhelo de servir a la Patria, laborando la reconciliación de todos los españoles? Sinceramente creo que no, pero estoy dispuesto a examinar las objeciones de quienes se sienten menos responsables que yo en la provocación, el estallido y violencias de la Guerra Civil. Guardo con curiosidad a ver qué español es el que, como en el pasaje evangélico, se decide a tirarme la primera piedra.

Don Juan no está dispuesto a cargar con decisiones tomadas en el pasado en contextos políticos muy concretos. Y si a todos los españoles que le quieran criticar por eso los aguarda con curiosidad, también tiene un mensaje para Franco: todo el mundo tiene un pasado.

—El general Franco declaró a este respecto al *ABC* de Sevilla, en 1937: «Si alguna vez en la cumbre del Estado vuelve a haber un Rey, tendría que venir con el carácter de Pacificador, y no debe contarse en el número de los vencedores».

La entrevista adquiere la máxima notoriedad en el mundo y genera un enorme malestar en España. Con Don Juan mostrándose favorable a una Monarquía democrática, a la legalización de los partidos políticos y sindicatos, a cierto grado de descentralización regional, a la libertad religiosa e incluso a la amnistía parcial, en el Palacio de El Pardo reina, o gobierna, la ira.

Ese monumental enfado se refleja en la feroz campaña de la prensa contra Don Juan, a quien se acusa de hacer concesiones a los enemigos de España y de ser un instrumento de la masonería y del comunismo internacionales. El diario *Arriba* afirma:

> Entre la vergüenza de la nación entera —sin distinción de ideologías— corre a verterse por el mundo la virulenta insensatez de un príncipe español. ¿Qué fuerte venablo, a la española, no brotará de cada pecho al enfrentarse con semejante retahíla de torpezas?

A mediados de abril de 1947, Franco y Don Juan no pueden estar más lejos. La Ley de Sucesión se ha convertido en el detonante de dos formas opuestas de entender el futuro de España. Pero en ese momento el poder lo ostenta Franco, y no está dispuesto a tolerar la rebeldía de Don Juan. En El Pardo saben que la mejor manera de frenar lo que la prensa califica ya de «contubernio» es disolviéndolo. Impidiendo que se reúnan.

UNA MIRADA A LA IZQUIERDA

Franco medita cómo puede torpedear la actividad de Don Juan. La primera medida pasa por la utilización de la prensa para desacreditar a quien malintencionadamente no califican como el titular de los derechos dinásticos, sino como «el quinto hijo de Alfonso XIII». Con una Ley de Sucesión que pone en duda que Don Juan fuera su legítimo heredero y que otorga al actual jefe del Estado la potestad de elegir a quien considere y cuando lo considere, introducir este elemento en el debate de la opinión pública supone un ataque frontal contra lo que Don Juan representa, la negación misma de su posición. De este modo se recuerda que, aunque el segundo hijo de Alfonso XIII, Don Jaime, hubiera ratificado en 1945 su renuncia a los derechos dinásticos, ha tenido descendencia. A pesar de que por haber nacido después de la renuncia de Don Jaime está excluido de la línea de sucesión, lo cierto es que su hijo Alfonso de Borbón Dampierre algún día cumplirá todos los requisitos de la ley: varón, católico, mayor de treinta años... y podrá ser designado arbitrariamente por Franco. De momento, Don Alfonso acaba de cumplir once años.

No hay duda de que Franco erosiona a Don Juan al abrir el debate sobre la identidad del sucesor. Sin embargo, ésa es una batalla a medio plazo, y en abril de 1947 la prioridad de Franco es impedir que Don Juan se convierta *de facto* en el líder de la oposición. Para ello, en El Pardo concluyen que conviene aislar a su adversario alejándole de sus asesores. Los objetivos fijados son, pues, los consejeros. La campaña en la prensa contra ellos, especialmente contra Gil Robles, es feroz. Señala *Arriba*:

> En Estoril, quizá seducido por la tradición casinera, el quinto hijo de Alfonso XIII ha jugado un decisivo «doble o nada», mientras que sus consejeros o secretarios apostaban con fichas prestadas. La consecuencia lógica es que Don Juan, instigado en su despecho y ambición, ha perdido, y sus consejeros y secretarios, hechos al juego a todos los paños, sin arriesgar nada, siguen jugando, teniendo al príncipe como envite falso, como farol permanente.

Dicho y hecho. En pocos días llega la orden para que José María Gil Robles, Pedro Sainz Rodríguez y Eugenio Vegas Latapié «fijen residencia» fuera de Lisboa. Don Juan ha tenido que amenazar al presidente portugués, Antonio de Oliveira Salazar, con abandonar su país y explicar internacionalmente el motivo si expulsaba a sus consejeros de Portugal. Finalmente, el «destierro» es parcial.

El golpe al núcleo duro de Don Juan es contundente, y cunde el desánimo. Gil Robles se plantea abandonar. No comprende por qué los monárquicos españoles, aquellos que viven en España, no dan un paso al frente en apoyo de Don Juan. Su diagnóstico es, por primera vez, profundamente pesimista. Y escribe:

> Las derechas españolas, salvo excepciones contadísimas, viven en espíritu de guerra civil, sin concebir siquiera cosa alguna que signifique una posibilidad remota de concordia o transigencia. Son el grupo vencedor, el bando que con enormes sacrificios y dolores conquistó la victoria y que no está dispuesto a dejársela arrebatar.

En su reflexión, Gil Robles concluye que la mentalidad de los vencedores de la guerra no ha cambiado, a pesar de que la contienda se inició once años atrás. «Se ha logrado poner pie en cuello del vencido, y no hay que dejarle levantar la cabeza...». Y se pregunta: ¿es en abril de 1947 la derecha partidaria de la Restauración monárquica?

> Según y conforme. Si se trata de que el Rey sea el continuador de la política de Franco, el encarnador del espíritu de la Guerra Civil, entonces que venga la Monarquía a consolidar el aplastamiento del vencido y el disfrute de los privilegios del bando vencedor. Pero si se trata de un rey que intente cicatrizar las heridas, abrir un período de paz, ensayar un período de convivencia, que no venga jamás el régimen tradicional.

No es la contundencia de Franco la que está derrotando a los juanistas. El análisis es mucho más profundo: es la inmadurez de un país que aún sangra demasiado por las heridas de la Guerra Civil. Hace ocho años que finalizó ésta, un período de tiempo insuficiente.

> No hay que engañarse. Con un país así, nada puede hacerse. Ni la Restauración es factible ni, aunque lo fuera, podría el Rey durar. Mal visto por las derechas, hostilizado por las izquierdas —que son igualmente intransigentes y cerriles—, su corta vida

sería un martirio constante. Vistas así las cosas, el problema que personalmente se me plantea es bien claro: ¿vale la pena prolongar el sacrificio?

Sin embargo, el escaso entusiasmo de las derechas ante los arriesgados movimientos de Don Juan contrasta con la reacción en algunos sectores de la izquierda. El Consejo del Borbón ha detectado que mientras la mayoría de las gentes conservadoras se apartan de Don Juan, las izquierdas se aproximan. En Villa Bellver consideran que el Rey no ha hecho concesión sustancial alguna y que se ha limitado a ser fiel a su papel de pacificador. Sin embargo, el país que ha perfilado en sus declaraciones a *The Observer*, tan distinto del modelo franquista, es entendido en la izquierda como una oportunidad. Los episodios de abril de 1947 han provocado un desplazamiento en la Monarquía. Un desplazamiento hacia la izquierda. Sin quererlo, Franco ha propiciado el nacimiento de una nueva vía de entendimiento en quienes le quieren derrocar. Don Juan, más que nunca, mira a la izquierda.

La Ley de Sucesión

Junio es un mes templado en la ciudad de Madrid y, aunque la posguerra se alarga más de lo previsto, el final de la primavera de 1947 es entretenida para los madrileños. La última etapa de la VII edición de la Vuelta Ciclista a España contribuye a distraer a los ciudadanos, o al menos a hacerles olvidar momentáneamente las penurias de un país malogrado y aislado. El jueves día 5, en el Estadio Metropolitano de Madrid, el belga Van Dyck logra imponerse tras cruzar la última línea de meta de la gran ronda española.

Pero hay una cuestión que desvía más la atención que el deporte de las dos ruedas: la visita a España de Eva Perón, la esposa del presidente de la República Argentina. Su periplo de casi tres semanas por las principales ciudades de la Madre Patria se inicia con un discurso a los españoles desde el balcón del Palacio Real. Seis meses después de la multitudinaria manifestación de rechazo al intervencionismo de la ONU, la plaza de Oriente vuelve a llenarse, y en este caso no es para menos: el régimen vende la visita de Evita como una gira que la prensa presenta como exclusiva —pese a que también visita otros países sudamericanos y europeos— y como una muestra de apoyo internacional a Franco. Algo de cierto hay en la propaganda, pues unos meses antes Argentina firmó un convenio comercial para abastecer a España de carne y trigo durante cinco años y en condiciones muy favorables para España. La España oficial se vuelca en complacer a la presidenta del general Perón, único apoyo internacional del Generalísimo Franco, y la España real queda cautivada con su carisma.

En ese templado mes de junio las Cortes españolas celebran una sesión muy trascendente para los ciudadanos; pero pocos, muy pocos, están pendientes. La prensa prioriza otros asuntos, quizá más mundanos, seguro más atractivos para un pueblo demasiado castigado. Sin embargo, lo verdaderamente trascendente para el futuro de España tiene que ver con la sucesión de Franco.

La primavera que comenzaba con la visita de Carrero a Estoril está ya llegando a su fin. Es 7 de junio. Las Cortes son una institución esencial en la apariencia de democracia que quiere diseñar el franquismo para construir una suerte de representación del pueblo, pero la realidad es cruda, sobre todo con la memoria de lo que ocurrió tras el manifiesto de los veintisiete procuradores: nadie mueve un dedo sin el consentimiento del dictador, menos aún en un asunto capital para el futuro como es la Ley de Sucesión. El proyecto se va a abordar en sesión plenaria presidida por el presidente de las Cortes, Esteban Bilbao, que asume personalmente la defensa del proyecto para anunciar a los cuatro vientos la llegada de una «Monarquía social y católica» como respuesta a los «inevitables escarmientos» que ha padecido España en los últimos dos

siglos, y que no duda en equiparar: «El de las repúblicas anárqui-
cas, pero también el de las monarquías liberales y parlamentarias».

Sentados en sus escaños, los procuradores se disponen a escuchar la defensa de un proyecto al que Franco da la máxima importancia, sobre todo después de su explícito enfrentamiento público
con Don Juan. En el hemiciclo no hay rastro alguno del jefe de la
Casa Real, pese a que es el indudable protagonista de un proyecto
redactado para provocarle y para arrebatarle sus derechos dinásticos.

—Porque no se trata, entendámoslo bien, de la inminencia de
un traspaso, sino de la afirmación previsora, propia de los regíme-
nes fuertes, ante un supuesto inevitable en todas las instituciones
humanas: el trámite, sí, para una lejana sucesión.

Grandes aplausos. Todos los procuradores se ponen en pie y
corean el nombre del jefe del Estado:

—¡Franco, Franco, Franco!

El discurso busca legitimar un modelo político sui géneris
construido a imagen y semejanza de Franco y basado en la negación radical de las democracias liberales y de las repúblicas socialistas. Esteban Bilbao rechaza el liberalismo y el comunismo, pero
no se atreve con el concepto de democracia. Agitando convenientemente el recuerdo de la Guerra Civil, niega toda legitimidad a
las «mentidas» democracias del entorno europeo y presenta el
modelo de representación social franquista: a la participación no
se llega por las urnas, sino por la familia, por el sindicato, por el
municipio.

—Democracia por democracia; yo preferiré siempre a la democracia del amaño y de la mentira, esta otra democracia del trabajo
en todas sus categorías, de la economía en todas sus formas, de la
cultura en todas sus profesiones, de la ciencia en todas sus manifestaciones, de la vida y el ser entero de la nación aquí presentes,
colaborantes sin domesticidad y libres en sus dictados sin la garrulería incivil de las disputas parlamentarias.

Grandes aplausos: «Garrulería incivil». Los 540 hombres más poderosos de Franco dan su entusiasta apoyo a un proyecto que se presenta abiertamente como anticomunista y antiliberal y que defiende la constitución de España en Reino. El entusiasmo de los procuradores es absoluto. Sólo los vítores al jefe del Estado ocultan los aplausos.

—La Jefatura del Estado corresponde al *Caudillo* de España y de la Cruzada, Generalísimo de los Ejércitos, Don Francisco Franco Bahamonde.

De nuevo un largo rato de aplausos, fomentados por el presidente de las Cortes con un permanente recuerdo de la Guerra Civil. A Franco no le interesa cerrar las heridas de la guerra, sino mantener vivo el recuerdo de la contienda y, sobre todo, de la victoria.

—No como un homenaje dictado por la adulación, ni siquiera como una réplica apasionada a la injusticia del adversario, sino como una exaltación de la Cruzada en la persona de su legítimo representante y una invocación a los Ejércitos, forjadores heroicos de la paz; la confianza en el *Caudillo*, que luego de habernos liberado de una república abyecta y nos salvó del peligro de la conflagración mundial.

El hemiciclo de las Cortes es un enfervorecido homenaje al jefe del Estado. Antes de proceder a la votación, el presidente envía un último mensaje a Don Juan. Por supuesto, sin referirse a él:

—Si la Monarquía ha de volver, ha de venir con Franco o no vendrá.

Si para Don Juan la Ley de Sucesión es inaceptable, el discurso con el que ha sido presentada ante las Cortes es el negativo del proyecto que él quiere para España. Las líneas maestras que dibujó Don Juan en su entrevista en *The Observer* son esencialmente lo contrario de lo que Esteban Bilbao, un hombre de Franco, acaba de explicar para alboroto de la España oficial.

—Se va a proceder a la votación.

Las afirmaciones son unánimes. No es necesario proceder al voto.

—Queda aprobado el dictamen —concluye Bilbao.

—¡Franco, Franco, Franco! —celebran los entusiastas procuradores durante largo rato.

Sin «inciviles» debates parlamentarios, el franquismo avala una ley que consolida el carácter vitalicio de Franco como jefe del Estado y que establece la estructura jurídica del Reino de España. Un reino sin rey.

Franco ha despejado las incógnitas. Su estrategia está sobre el tablero, del que Don Juan ha sido expulsado. A la oposición no le queda mucha más opción que ponerse de acuerdo, aunque no va a ser fácil: Franco ha conseguido concentrar a las derechas y aplacar a las izquierdas. Si Don Juan tiene alguna posibilidad, ésta pasa por concitar el apoyo de socialistas, sindicalistas, monárquicos —todos— y republicanos. Una especie de grupo para derrocar a Franco. Un bloque antifranquista.

INTERMEDIO

6

El espionaje de Franco detecta
la conjura (1947-1948)

LÁPIZ ROJO, LÁPIZ AZUL

En el despacho de Franco en el Palacio de El Pardo ha habido cambios significativos que muy pocos pueden percibir. Son un síntoma de las correcciones del rumbo político tomado por España con las que Franco intenta esquivar algunos problemas. En los últimos años van desapareciendo de su lugar preminente los retratos de Hitler y Mussolini. Sólo el del Papa permanece donde estaba. Y en la mesa, siempre a mano, un lapicero de dos colores, azul y rojo, como las dos Españas que se destrozaron en la Guerra Civil.

En los momentos de mayor soledad, cuando casi todos los asuntos están ya gestionados, Franco aún dedica tiempo a los informes secretos que los espías le mandan; sólo él los puede leer. También recibe ingente correspondencia de los cargos intermedios del Movimiento. A mano o a máquina, ministros, gobernadores civiles, embajadores, jefes locales del Movimiento... todos escriben a Franco para desvelarle reuniones, actitudes o declaraciones sospechosas. También cartas espiadas a través del servicio postal, como la misiva de alto contenido político que Don Juan escribió desde Lausana a su secretario y que los vizcondes de Rocamora iban a entregarle en mano, pero acabaron depositando en un buzón de Irún. Los remitentes envían sus comunicaciones bajo la prevención de «Personal, reservado y urgente»: sólo Franco tiene acceso a toda la información de espionaje. Nadie sabe tanto como él sobre las conspiraciones contra el régimen.

En esta época, finales del 47 y principios del 48, hay un asunto fijo: controlar los movimientos de la oposición silenciosa en la que el dictador ve un considerable peligro. Además de las cartas individuales, Franco recibe cada dos o tres días informes redactados en papel timbrado con el yugo y las flechas. En la portada se puede leer: «Boletín de actividades monárquicas». En la esquina superior derecha, en tinta roja: «Saludo a Franco. ¡Arriba España!». Son resúmenes que recogen todo lo importante, cualquier movimiento, cualquier detalle recopilado por el servicio de información de la Falange Española Tradicionalista y de las JONS. Nada, o casi nada, escapa a los oídos de los espías del régimen. Son informes de hechos, no de conclusiones. Éstas corresponde extraerlas al jefe del Estado.

Franco sabe todo lo que se mueve en el mundillo monárquico. La red tejida es eficiente. Le llega información de conversaciones, viajes, reuniones de tres o cuatro personas. Sabe que nada ha terminado. Aunque Don Juan y sus seguidores viven horas bajas, con menos fuerza en España y menos apoyo en el extranjero que en el pasado inmediato, siguen siendo muchos, más de los que al dictador le gustaría. Y por pura necesidad están preparando la conspiración más ambiciosa que han realizado hasta entonces. Políticos, militares, exiliados, la nobleza, todos parecen estar uniendo fuerzas contra él. Aun así, el tiempo corre en contra de los conjurados y él lo sabe. No sólo porque el Generalísimo ha consolidado su liderazgo de cara al mundo con la demostración de fuerza en la plaza de Oriente, sino también porque ese mundo gira en Occidente rápidamente hacia una de las obsesiones favoritas del dictador: el anticomunismo.

Franco ha desarrollado una peculiar forma de analizar sus informes secretos. Coge el lápiz. Subraya en rojo lo malo y en azul lo bueno. Es la dicotomía con la que ha querido dividir el mundo, una forma de entender la realidad muy práctica para quien dirige con férrea mano los destinos de tantos.

Entre los informes que recogen cada movimiento de los monárquicos —o de los sospechosos de monárquicos— hay uno inusualmente largo. Son 29 folios fechados en abril de 1948. Recoge todo lo sucedido en los últimos meses en el bloque antifranquista. Sólo el título es significativo.

Don Juan III

«Resumen informativo sobre actividades del Bloque Antifranquista en relación con los partidarios de Don Juan III.» La primera revelación del título del informe es la constatación de que efectivamente existe un colectivo organizado de personas interesadas en conspirar contra Franco. La segunda es que están movilizados y realizan todo tipo de actividades. Y la tercera y más llamativa es que denominan al conde de Barcelona, al titular de los derechos dinásticos de la Corona española, como «Don Juan III». Le dan la categoría de Rey, condición que Franco le niega una y otra vez. Se refieren a él como si reinara.

—«Don Juan III» —lee Franco en la soledad de su despacho.

El informe es un amplio y minucioso resumen de situación. Arranca en diciembre de 1947. Aporta datos concretos sobre cómo los monárquicos van a unir sus fuerzas con la oposición en el exilio «para derrocar a Franco». El dictador lee atentamente y subraya todo lo que le llama la atención.

El informe desvela algunos contactos de los hombres de Don Juan con las izquierdas. Al parecer, el 20 de diciembre de 1947 dos hombres próximos al líder socialista Indalecio Prieto se encuentran en el lado portugués de la Raya. Franco lee atentamente: Carles Balaguer Esquirol, un antiguo miembro de las milicias pirenaicas, ha cruzado después de llegar a Badajoz. Se encuentra con Antonio Urbina Zuazagoitia, del gabinete del presidente de la República española en el exilio, y Diego Martínez Barrios, íntimo de Prieto. Ambos han contactado «con la Junta de Gobierno de Su Majestad —dice el espía—, para exponerle los proyectos de acuerdo con las izquierdas». Todo el párrafo está subrayado en rojo. Y la siguiente frase la subraya con un trazo ondulante, profundo y meditado: «Celebran entrevistas con Alba, Aranda, Kindelán, Sotomayor, etc.». Al margen, el dictador escribe: «¡Ojo!».

Así lee Franco. Separando las aguas con el lápiz rojo como Moisés con su cayado. De los informes que sirven de base a este resumen se desprende que ya han hablado antes sobre estos pactos Gil Robles, Sainz Rodríguez y López Oliván, que deciden no dar más pasos hasta conseguir la adhesión del «bloque» con los monárquicos del interior de España.

A Franco le molesta la presencia del duque de Alba. Subraya en rojo que Jacobo Fitz-James Stuart lidera el grupo de los que sí quieren convencer a todos del pacto con las izquierdas. Pero el informe también desvela las discrepancias entre los monárquicos sobre la estrategia a seguir. Franco subraya en rojo —pues hay conspiración—, pero después lo repasa en azul —pues en el bloque antifranquista también hay discrepancias, y eso le gusta—. Entre los monárquicos hay quienes ponen límites a la conspiración, y así lo recoge el informe:

> Ventosa y Sotomayor no son partidarios de aliarse con los exiliados ni de recurrir a la violencia que preconizan los del bloque para derribar a Franco.

A éstos se les une el tradicionalista Rodezno. Los espías recogen las discusiones entre ellos y «las vicisitudes» que llevan a algunos, como el general Kindelán, a someterse al mandato de la Secretaría de Don Juan a pesar de no tener clara la utilidad del pacto con la izquierda. Sotomayor al final también cede, igual que Ventosa, que se inhibe. Sólo Rodezno «no ha claudicado». Hay que afilar el lápiz.

El espía afirma que no puede hablar de todas las reuniones, aunque tiene informes, pero que para el resumen destaca tres: una en Barcelona en la que se cierra la alianza antifranquista, y otras en Madrid y San Sebastián en las que varios miembros se oponen a participar en el conglomerado.

Franco observa que hay una conspiración en toda regla. Se crean distintos órganos, en Barcelona (por la cercanía de la frontera) y en Madrid, pero también nace un Comité Ejecutivo Aliado, formado por cuatro personas que dirigen los movimientos. Y deciden crear (Franco subraya intensamente en rojo esta parte) una junta militar para infiltrarse y controlar las Fuerzas Armadas.

Hay otro asunto que irrita sobremanera al dictador: le cuentan que los conspiradores han ido a Marruecos para ganarse las voluntades de los notables en África, entre ellos al bajá Sid-el-Melali, que los apoyará, gracias entre otras cosas a una carta del general Beigbeder y la promesa de cargos y prebendas. Ello provoca las líneas rojas más intensas, que se hunden en el papel. La punta vuelve a estar roma.

Sólo hay otro momento en el que el rojo intenso supera al anterior. Le cuentan a Franco que en marzo hubo una reunión del Comité Aliado en Portugal, con representantes de Don Juan, Prieto, la CEDA y el Gobierno vasco exiliado. Para buscar respaldo a las decisiones acuerdan viajar a Londres y convocar una reunión con el ministro del Foreign Office, Ernest Bevin, al que piden que presione a Franco para que «dé paso libre a la política». Por último —y eso es lo que le indigna realmente—, instan a Bevin a que invite a Franco para que envíe un emisario y así pueda tratarse de la postura del Generalísimo sobre las alianzas políticas que está realizando Don Juan. Doble subrayado, y tres admiraciones en el margen, con mucha intensidad y grosor extremo. Franco debe de pensar algún exabrupto.

La conspiración progresa. Los espías advierten también de los movimientos en la izquierda:

> Prieto y sus colaboradores intentan convencer a cierto grupo militar para que se una a los preparativos que vienen haciendo para comenzar una campaña derrotista contra el actual Gobierno de Franco.

El dictador lo subraya con fuerza. Pero le cuentan que al mismo tiempo Don Juan abre una vía amistosa para establecer una delegación suya en Madrid y hablar con Franco «sobre asuntos de interés» para «llegar a un acuerdo en lo posible».

Aparecen más desavenencias entre los conspiradores. El duque de Alba no se fía del general Aranda, al que le ha sido conferido un poder pleno, en una reunión celebrada en El Escorial, para llevar a cabo «la guerra de nervios» y para «el reclutamiento en el interior de España de milicias antifranquistas». Franco subraya y apunta en el margen: «Dónde? [sic]».

El duque de Alba piensa que la solidaridad con la oposición es necesaria en este momento, pero concentrar tanto poder en manos del militar mejor conectado con las izquierdas le parece arriesgado, porque se ha reunido por su cuenta con miembros del exilio y excombatientes de las Brigadas Internacionales. Ante un grupo reducido, el duque comunica sus inquietudes: dice conocer la participación de Aranda en algunos sabotajes. En este punto, el espía advierte al Generalísimo:

> Alba sospecha que Aranda prepara un movimiento semicomunista amparado en la buena voluntad de los monárquicos.

El informe es minucioso, pero algo desordenado. Agrupa multitud de sospechas, no es del todo concluyente, pero descubre a Franco quién está participando activamente en la conspiración:

hay movimientos en el interior y en el exterior, hay organismos repartidos por provincias, hay multitud de reuniones y decenas de personalidades implicadas. Pero hay un asunto que preocupa a Franco, a tenor de la intensidad de los subrayados en rojo: los militares. El informe desvela que se ha formado una junta militar presidida por el general Aranda, firme partidario de pactar con las izquierdas. Un auténtico peligro para Franco, que en los años anteriores ha desterrado a Aranda en un par de ocasiones. En este punto el informe sí es concluyente.

UNA JUNTA MILITAR INFILTRADA

Como en toda buena conspiración, nadie se fía de nadie. A Franco eso le gusta. El informe desvela que el duque de Alba no está tranquilo con el general Aranda al mando de la Junta Militar. Para cauterizar los posibles problemas derivados de los poderes que el Comité Aliado ha otorgado a Aranda, el duque de Alba traza un plan en una reunión celebrada el 12 de abril en Estoril, en la que se terminan de perfilar los nombramientos de militares monárquicos en la Junta Militar: Kindelán, Bartomeu, Espinosa de los Monteros y al almirante Rocha, presidida por Aranda para, sin menoscabar su mandato, tenerle controlado. Quiere comprobar si hay algo de cierto en el rumor de que prepara «algo muy gordo contra el general Franco».

Es lógico que el duque albergue sospechas. El informe comenta las quejas de Alba porque Aranda rehúsa hablar con él y sabe por fuentes fidedignas que se ha lanzado a iniciativas de las que no informa. Nadie se fía de nadie.

—Hay otros generales —llega a sugerir Jacobo Fitz-James Stuart.

El duque quiere que se le cite oficialmente para dar explicaciones de su conducta. Le concede importancia porque en este preciso momento, primeros de abril de 1948, Don Juan está explorando varias posibilidades. Concede prioridad a los contactos con las izquierdas moderadas, pero al mismo tiempo trata de abrir una interlocución en Madrid a través de un representante. El intento, a pesar de que el dictador ha demostrado ser bastante impermeable a propuestas que no coinciden que sus propios fines, no puede ser desbaratado por la acción incontrolada o una «campaña derrotista» no autorizada de Aranda y que los espías consignan porque está movilizando a los partidarios de Prieto. Esta doble vía, que añade tanta complejidad al escenario, es la que va a marcar, en este año decisivo y al mismo tiempo, tanto los encontronazos, detenciones y otras represiones del régimen contra los monárquicos.

El nivel de información de Franco es mayúsculo. Este informe le ofrece muchos detalles sobre lo que está pasando a pie de calle. En la superficie el choque con Don Juan es absoluto: la ruptura llegó con el Manifiesto de Lausana y la condena de la comunidad internacional a España; Franco respondió con la macromanifestación patriótica de diciembre de 1946 y la aprobación unilateral de la Ley de Sucesión en junio del 47. Pero por debajo, subrepticiamente, la conspiración sigue en pie. Para Franco, toda información es poca, y por eso lee personalmente y con detenimiento todos los informes, todas las cartas del engranaje franquista. El espionaje es crucial para el mantenimiento de su proyecto para España. El lápiz rojo no se detiene.

La Junta Militar está muy organizada: más allá del general Aranda y sus contrapesos, los tentáculos de la conspiración se extienden hasta muy arriba de la cúpula franquista. Franco lo lee y lo subraya todo, obviamente, en rojo:

> — Al coronel Aceval se le designa «para trabajar en el Ministerio de la Gobernación, por su amistad con el ministro y para implorar clemencia para los detenidos del régimen».

– Al teniente coronel Díaz Salgado «se le da la misión relacionada con las cuestiones militares dentro del Ministerio del Ejército. Habrá de informar sobre las medidas que se adopten contra el "bloque antifranquista"».

– El teniente coronel Arévalo y el capitán Milans del Bosch son designados para realizar servicios en la Casa Militar de Su Excelencia el Jefe del Estado.

– El capitán Luis Orgaz realizará gestiones políticas de carácter interno en el Ministerio de Asuntos Exteriores por sus cualidades diplomáticas.

– El conde de Mendigorría es designado para realizar gestiones en la Casa Civil de Franco, actuando a las órdenes directas de Alba.

Los tentáculos de la conspiración alcanzan cargos influyentes en Gobernación, en Exteriores, en el Ejército y hasta en la Casa Civil de Franco. Aunque la mayoría de estos militares ya no tienen mando en tropa, lo cierto es que este asunto es muy serio. La conspiración tiene hombres en casi todos los estamentos importantes de la milicia. Eso es lo que ha detectado la maquinaria de inteligencia, pero hay más: la plana mayor, desde el duque de Alba, Kindelán y Rocha hasta Juan Ignacio Luca de Tena o el duque de Sotomayor, trabajan en la idea de presentar a Franco una propuesta política que mantenga abiertas las opciones de Don Juan, ahora que la ruptura entre ambos parece infranqueable.

Esa propuesta se concreta en la idea de entregar un documento al ministro de Exteriores, Alberto Martín Artajo. Confían en que Franco lo vea con buenos ojos «por entender que puede ser una salvaguardia de los intereses españoles frente a la codicia de los gobiernos exiliados patrocinados por Rusia». Para ello, los conspiradores deciden nombrar una comisión para que se entreviste con el dictador. Se barajan nombres. Hay otra línea que llama la atención del dictador y marca con un rojo intenso y añade un «ojo» escrito con fuerza en el margen: el conde de Fontanar se dispone a salir a Estoril para recoger el sobre con la propuesta. Franco sueña con interceptarla.

«EL PRINCIPAL INSPIRADOR»

La conspiración no cesa y abre nuevos tentáculos que también merecen el grafito del Generalísimo. A la formación de la Junta Militar se suman dos movimientos importantes que el espionaje franquista somete al escrutinio del dictador: en el exterior, las izquierdas se postulan para unir a todo el antifranquismo; en el interior, el duque de Alba sigue trabajando para aunar una mayoría antifranquista. Hay muchísimo movimiento. El lápiz rojo de Franco trabaja intensamente. Por encima de la Junta Militar están los principales instigadores de la conspiración.

Desde la izquierda, Urbina Zuazagoitia quiere invitar al bloque monárquico del interior a los acuerdos que en Londres ultiman Indalecio Prieto, la CEDA, monárquicos e izquierdistas del entorno de Don Juan. Lo que está detrás de este movimiento es la intención de Prieto de formar un Gobierno en el exilio con la mayor base posible.

Al tiempo, el duque de Alba —que cuenta con el visto bueno de la Secretaría de Don Juan— trabaja para sumar a los tradicionalistas a un primer punto de acuerdo. Franco subraya los nombres de todos los firmantes y también el hecho de que el acto ha sido de una especial cordialidad y que se han enviado telegramas de felicitación a los líderes tradicionalistas, Fal Conde y Rodezno. El entusiasmo no pasa desapercibido para Franco, pues para celebrarlo se producen concentraciones de requetés y tradicionalistas en varias ciudades.

Como es lógico, ese acuerdo acelera el resto de los asuntos. Los espías se toman muy en serio estos movimientos. El informe de

29 folios sobre el «Bloque Nacional Antifranquista» ya reúne, según consignan, a los izquierdistas de Prieto, a destacados miembros de la CEDA, a tradicionalistas y militares. Por supuesto, el entorno de Don Juan no queda al margen, con Gil Robles, Sainz Rodríguez y López Oliván a la cabeza. La conspiración es ambiciosa y tiene planificación. Reuniones, pactos, textos, compromisos y acciones programadas hacen obligatorio conocer el peso de cada uno en este nuevo escenario. Pasan a contarle a Franco quién es quién en la conjura.

La lista de conjurados tiene un valor indudable, porque es la primera vez en que se ven mezcladas figuras de españoles de tan diversa índole en un empeño por superar las cicatrices enormes de la Guerra Civil. Militares y civiles, nobles y gentes de toda condición, políticos de derecha e izquierda, activistas del exilio y del interior, configuran el primer intento de superar la dictadura. Y es la figura de Don Juan la única que puede servir a esa unión, como queda patente.

El primero de la lista que los espías brindan a Franco es el duque de Alba, «el principal inspirador» del pacto de la oposición y también el presidente del «Comité de Liberación de Madrid», uno de los órganos nacidos al calor de la nueva organización. El segundo es el izquierdista Zuazagoitia, enlace entre París y Estoril, entre Prieto y Don Juan, y vicepresidente del «Comité de Liberación de Madrid». Comparte el cargo con Balaguer Esquirol, enlace con las izquierdas del interior. Sigue González de Regueral, otro de los hombres que lleva órdenes y comunicaciones de Estoril a España y las respuestas cuando regresa a Portugal.

Después se incluye al conde de los Andes, a Ramón Padilla, que también transmiten mensajes de uno a otro lado. Y luego los militares: Kindelán («que era reacio al principio») y Ruiz del Portal («muy adicto a Aranda. Sirve de enlace entre éste y Kindelán»). Cierra la lista de los principales el propio Aranda, que «tiene la plena confianza de los dirigentes del "Bloque Antifranquista"».

El lápiz rojo no da abasto. Se suceden varias reuniones de coordinación en Barcelona y otras ciudades para dar cuenta de los nombramientos y avances y para fijar el 26 de abril como la «fecha en que terminará sus deliberaciones la Junta de Gobierno de S. M. que preside el duque de Alba». Por otro lado, los espías dan cuenta de una reunión en Londres con Prieto en la que se discutieron importantes asuntos, entre los que destaca el acuerdo para formar «un gabinete político o comité de los tres, que lo integrarán Urbina Zuazagoitia, López Oliván y José María Gil Robles, que fijará su residencia en Portugal, con la misión de observar los movimientos del Bloque Aliado e informar a la superioridad del cumplimiento de las órdenes o consignas que fueron dadas».

En la soledad de su despacho, Franco va averiguando los movimientos de sus opositores. Tiene información para, desde su poder absoluto, acusar a toda la conspiración. Sabe qué está pasando dentro e intuye con riqueza de detalles qué está pasando fuera. En la cúpula de la conspiración está Don Juan, a los que sus propios espías dan tratamiento de Rey. Es sorprendente: cuando Luis Carrero Blanco viajó unos meses antes a Estoril para informar a Juan de Borbón de la Ley de Sucesión el tratamiento que se le dio fue de Alteza, no de Majestad. Pero la propaganda juanista ha conseguido que hasta los espías de Franco le consideren Don Juan III. La cosa es seria: Franco tiene el poder, pero los monárquicos trabajan sin descanso en organizar una alternativa sensata. Y a tenor de lo que cuentan los informes, en especial este último, lo están haciendo bien: de abajo para arriba, siempre con el consentimiento último de Don Juan, siempre buscando sumar y no destruir, siempre evitando la confrontación. La presencia del duque de Alba en la cúspide de la conspiración en el interior es para Franco un gran escollo. Goza de la autoridad.

En el informe hay una última revelación preocupante para Franco: destacados monárquicos hablan de un proyecto a futuro: la formación de nuevos líderes políticos. Comentan que se ha elegido un edificio en la barcelonesa calle Balmes, número 366, para establecer ahí el centro de capacitación política que la oposición quería asociar al Bloque Antifranquista. El proyecto es serio, hasta el punto de que Don Juan no lo autoriza. Quiere que se ubique en Portugal para mantener el control sobre la cantera, porque los socialistas de Prieto quieren nombrar como director a Luis Menéndez, quien ya dirige un centro similar en Toulouse. Los espías escriben a Franco:

> La misión de estas escuelas será la de informar y orientar a los futuros jefes políticos del Bloque Antifranquista en la lucha contra el régimen actual de España.

Y Franco lo subraya con el lápiz rojo. Al final se pone el centro en manos de López Oliván, encargado de la inspección de estas escuelas de capacitación. Podrá elegir al profesorado y perfilar el método de selección de alumnos.

La oposición se ha organizado a conciencia, pero siguen intervenidos. Desde nuevas posiciones, en los siguientes meses, los adversarios comienzan a jugar su arriesgada partida de ajedrez. Los espías seguirán escuchando atentamente. Hay de todo: susurros, notas, conferencias, exilios, delaciones, encarcelamientos y alguna muerte. Aún nadie sospecha en qué acabará esta vía de confrontación o cómo puede terminar el intento de acercamiento de Don Juan a Franco. Nadie sospecha qué hará el dictador. El lápiz rojo no descansa. Bajo una pequeña luz, noche tras noche, escruta nuevos informes.

Discurre el año 1948. Franco tiene cincuenta y cinco años y está creando un Estado a su imagen y semejanza. Don Juan es más joven, va a cumplir treinta y cinco, y maneja como puede los entusiasmos de los españoles que desde la discrepancia coinciden en que España debe estar a la altura de la historia y convertirse en una democracia liberal, una Monarquía parlamentaria como la británica. Las conspiraciones —la de fuera, la de dentro; la de izquierdas, la de derechas; la monárquica, la republicana— empiezan a entender que Don Juan es la última alternativa real a Franco y afrontan su última oportunidad.

SEGUNDA PARTE

7

Conspiración y espionaje
en el interior de España

UNA COPA DE JEREZ

Es 16 de abril de 1948. Un folio suelto, mecanografiado por ambas caras, sale con un quejido mecánico de la máquina de escribir. Uno de los hombres del servicio de información de la Falange lo envía urgente al despacho de Franco. Aporta muchos detalles sobre un hecho grave, muy grave a sus ojos, que hace sonar todas las alarmas en El Pardo. Ha habido una reunión pública de monárquicos en la que se ha puesto en entredicho al *Caudillo* con duras palabras.

Franco subraya profusamente con su lápiz de dos puntas. En las dos páginas del informe sólo una línea azul subsiste entre las anotaciones rojas de las malas noticias. El dictador desatará su furia como nunca antes contra los conspiradores. Hasta el momento, sabía que han estado formando un frente antifranquista con la oposición de izquierda en el exilio y aglutinando descontentos en su propio bando, y también que tienen infiltrada la cúpula militar, aunque están bajo el control de la inteligencia. Pero lo que desvela este informe es demasiado, un antes y un después. Hay que reaccionar. Habrá detenciones, multas ejemplares. Una represión inédita entre quienes —es un detalle importante— le ayudaron a ganar la guerra.

El perfume de la traición salpica el informe, que comienza fijándose en una tarjeta de visita escrita a máquina. Es la invitación a un acto social en el domicilio de un monárquico: «El Sr. Marqués de Aledo le invita a V. a una copa de jerez a las ocho de la noche». Los espías que informan a Franco concluyen veloces que «como puede verse, éste no es el sistema normal de invitación a una fiesta social, sino más bien una citación encubierta». Pero ¿qué se esconde detrás de esa ingenua tarjeta, de esa formalidad aparentemente tan propia de la época?

En la casa de Aledo, consejero del Banco de España, aquella noche del 16 de abril de 1948 no había ninguna «copa de jerez», sino una estancia dispuesta para la celebración de una conferencia clandestina: una mesa a modo de atril frente a un pequeño auditorio de sillas a la espera de invitados. Unos trescientos, según los espías infiltrados, una multitud. El título de la charla era, *a priori*, ajeno a cualquier cuestión que pudiera incomodar a Franco: «Las invasiones de Europa». No así el invitado que hizo las veces de conferenciante: el general Alfredo Kindelán.

A pesar de que el acto era clandestino, el orador guardó las formas durante unos minutos, reflexionando sobre el tema inicialmente previsto. Hasta que, «a la mitad el general Kindelán hizo punto y aparte y habló sobre el tema interno de España, dirigiendo graves y personales ataques a la persona del *Caudillo*»:

—El general victorioso, obligado a castigar a los vencidos, tiene frente a sí importantes núcleos de opinión que le detestan, más que como vencedor, como verdugo; por eso es necesaria la inmediata vuelta de Don Juan —aseguró Kindelán.

En el despacho de El Pardo se puede escuchar el sonido del lápiz trazando gruesas líneas rojas en el papel, mientras el dictador respira con cierta agitación. Franco subraya sin parar. «Dijo repetidas veces que el *Caudillo* debía irse, dijo también que él estaba en el secreto de cómo el *Caudillo* ganó la guerra —como también alguno de los presentes—, y éste, por tanto, como así les constaba, no tenía justificación alguna para mantenerse en el poder...»

¿Realmente el espía que redactó el informe, sin duda presente en la sala, sería consciente del efecto que esas palabras provocarían en Franco? ¿Qué sentiría al poner negro sobre blanco el fruto de aquellas delaciones?

El relato del discurso de Kindelán es demoledor:

> Hizo un ataque a la situación económica presente, comparándola con la de la España de 1939, para lo cual manejó datos y estadísticas. También habló del régimen alimenticio [sic] actual en España diciendo que éste era de hambre, que era inferior en 50 % el número de calorías que se administraba al obrero español al que hoy tiene el obrero de la Alemania hambrienta; también dijo que el *Caudillo* que había hecho la represión, no podía mantenerse en el poder y que tendría que sustituirle cualquier otra persona, aunque él como monárquico opinaba que debía ser el Rey, para establecer la paz entre los españoles.

El rojo reaparece cuando el espía se atreve a señalar a algunos de los presentes con nombres y apellidos:

> La concurrencia estaba seleccionada con una cierta táctica, había abogados, profesores de Universidad, juventud intelectual, militares y financieros; de los militares, según los datos que poseo estaban: Bartomeu Beibeder [sic], Barroso, Martínez Campos (Seu de Urgel), Aranda, también había jefes de oficiales del ejército, entre los civiles estaban Pavón, Luca de Tena, Garnica, Gamazo, Martínez Almeida...

El escueto informe se detiene en los detalles. Uno molesta especialmente a Franco, la constatación de que los invitados debían conocer previamente el objeto del encuentro:

> Cuando hablaba del tema de su conferencia nadie le seguía, en cuanto habló del tema interno fue interrumpido con grandes

ovaciones convirtiéndose aquello en un auténtico mitin de oposición al régimen.

Así, sin anestesia, Franco se encuentra ante el relato de cómo se organiza y cómo se celebra un mitin antifranquista. Y algo más: quién está detrás. Este informe es un antes y un después, y Franco decide no tolerarlo.

Al espía, que había visto cómo los monárquicos daban muestras de su capacidad organizativa en las narices del régimen, lo que más le molestó fue que «al final de la conferencia no hubo la anunciada copa de jerez, lo cual indica que éste es un sistema que emplean para las invitaciones. Parece ser que ésta es la tercera conferencia que con este estilo se ha celebrado». Las dos anteriores, según refiere, fueron en casa del conde de Gamazo y en casa de Juan Ignacio Luca de Tena. Las primeras conferencias, al parecer emplearon la misma treta: «Un pretexto [sic] cualquiera para luego hablar en contra del *Caudillo* y del régimen».

La conferencia de Kindelán en casa del marqués de Aledo es la gota que colma el vaso. No hay duda de que sin son capaces de llegar tan lejos es que los monárquicos se creen impunes. Franco, ahora sí, va a desatar una tormenta de represión. Será mayor que la que ordenó, por ejemplo, cuando se publicó «El Saluda» a Don Juan para darle la bienvenida a la Península. Mucho mayor.

ARDEN LOS TELETIPOS

—Hemos decidido reunirnos periódicamente para mantenernos en contacto y que no se apague el fuego sagrado monárquico.

Ése es el plan que Kindelán explicaba alegremente entre los suyos antes de la tormenta. Aquella primavera del 48 los encuentros son quincenales y están siendo monitorizados prudentemente. Por eso, en cuanto Kindelán toma la palabra en casa del marqués de Aledo para hablar de la situación europea y desvía el discurso a una petición pública de apartar a Franco del poder, la maquinaria represiva se pone inexorablemente en marcha. La cacería comienza con dos movimientos: la búsqueda de testimonios delatorios y la prohibición de nuevas reuniones. La siguiente está programada, ni más ni menos, en la residencia particular del duque de Alba. ¿Se atreverá Franco a decirle al duque lo que puede y no puede hacer? Las relaciones entre ambos son tirantes, sobre todo después de que el jefe del Estado le prohibiera visitar a Don Juan en Estoril. Fue entonces cuando el duque de Alba exclamó en público aquello de que «es la primera vez en quinientos años que un duque de Alba no puede acudir a la llamada de su Rey».

Comienza la represión. Arden los teletipos en agencias de noticias y los cables en las cancillerías: el general Kindelán «uno de los militares que proclamaron a Franco Generalísimo en los primeros días de la guerra civil» es arrestado y confinado en el castillo de Guadalupe, en Fuenterrabía, durante dos meses. Le detienen —con mucha consideración, eso sí—, le retiran el pasaporte y le envían a esta localidad vasca, junto a la frontera francesa, en un tren en el que viaja con su hija. Sin pasaporte, ambos desisten de asistir, como tenían previsto, al bautizo de una nieta del general en Roma.

El ministro del Ejército, el general Dávila, dirige la investigación. Él, que en 1936 fue quien ordenó personalmente a Don Juan en 1936 que no participara en la guerra y abandonara suelo español. Las dos delaciones principales que logró en los días siguientes a la conferencia fueron de dos de los presentes en la casa del marqués de Aledo y en el informe del espía: el teniente general Miguel Ponte, curiosamente, y el general y exministro Juan Luis Beigbeder. Al menos así se lo comunica el ministro a Kindelán por teléfono, sorprendido ante la traición de un amigo que llegó a participar junto a Aranda en los contactos de los juanistas con las izquierdas.

Las agencias internacionales buscan despistadas una interpre-

tación de los acontecimientos. No es fácil informar de lo que sucede en un país cuando los periódicos locales están cercenados por
la censura política. France Press habla de una posible represalia
por un encuentro en La Haya entre Gil Robles y Winston Churchill,
y duda de la versión que pone en relación la velada en casa de Aledo con la detención de Kindelán:

> Como hasta la fecha de ayer no surgió ninguna sanción,
> diversos observadores extranjeros dedujeron que se hallaban en
> el curso relaciones entre El Pardo y Estoril.

Nada que ver con la realidad. El Pardo ya ha solicitado graves
sanciones a los organizadores de las veladas monárquicas recién
prohibidas, y en Estoril tendrán noticia de esta adversidad por una
carta que el propio Kindelán envía al Rey. Mientras tanto, *The New
York Times* publica una crónica de su corresponsal en Madrid en la
que interpreta con tino el arresto del general por sus actividades:

> La detención del representante en España de Don Juan for-
> ma parte de la campaña de la policía contra los monárquicos,
> recientemente iniciada.

La crónica añade que se esperan numerosas detenciones de
activistas monárquicos de toda índole y se atreve a vaticinar que
algunos de ellos acabarán en prisión. Reuters afirma que Kindelán
«ha sido arrestado por haber dado lectura a un documento de la
causa monárquica en una reunión de monárquicos españoles».
Y United Press cuenta el viaje del general a su confinamiento,
«acompañado de su hija Lola», a lo que añade que «el marqués de
Aledo ha sido reprendido oficialmente y es posible que se le apli-
que una fuerte multa». Un despacho posterior de UP da seguimiento a la búsqueda de delatores:

Varios generales que habían asistido a la reunión del 19 [sic] de abril en casa del consejero del Banco de España, Marqués de Aledo, fueron invitados a dar explicaciones sobre su presencia en la conferencia.

Y en una apresurada carta antes de partir a Fuenterrabía, Kindelán le cuenta a Don Juan:

> Señor, están nerviosos y dan coletazos. Temo que este pequeño incidente entorpezca mis actividades y urge que Vuestra Majestad adopte rápidamente una decisión para que la organización no quede acéfala.

La reacción furibunda de Franco es un contrapié importante que el conde de Barcelona debe gestionar con prudencia. Su estrategia hasta la fecha ha consistido en la confrontación pública con Franco mientras soterradamente busca adeptos. Si el jefe del Estado estrecha la vigilancia e incrementa las sanciones es posible que los que se la juegan por la causa monárquica empiecen a sentir el aliento del Estado en sus cogotes. La parálisis que provoca el miedo es el peor enemigo para Don Juan, necesitado de un activismo valiente y transversal.

PÁNICO MONÁRQUICO, NERVIOS FRANQUISTAS

Franco ordena un seguimiento meticuloso de las actividades monárquicas. Los espías se esfuerzan e incrementan la periodicidad de sus boletines especiales, que llegan a El Pardo cada dos o tres días. En el del 4 de mayo se da cuenta de las primeras conversaciones interceptadas. Se extienden los rumores de detenciones.

El siguiente informe del espionaje está fechado tres días después, el 7 de mayo. Por una parte, desvela el desconcierto existente entre los monárquicos; por otra, revela que, desterrado Kindelán, el espionaje tiene pinchado al otro gran general monárquico: a Aranda le extraña que una conferencia a puerta cerrada haya trascendido a oídos de Franco, por lo que tiene claro que alguno de los presentes ha sido el delator. Alguien se ha ido de la lengua, y él tiene un sospechoso: ha sido Beigbeder, «rabioso por la frialdad con la que fue recibido». Piensa retirarle el saludo porque después de la conferencia le dio un abrazo a Kindelán para felicitarlo y luego le delató.

La operación no sólo ha descolocado a los monárquicos. Al parecer, también ha generado reacciones políticas en el bando contrario, que exige a Franco contundencia:

—Se ha armado un bollo bastante gordo y los falangistas están que botan, ya que piden la cabeza de Kindelán o poco menos —afirma Aranda.

La represión se extiende a terceras personas, y con ella el pánico. Hay rumores de que «quieren expulsar de la aviación al Infante de Orleans», representante de Don Juan confinado en Sanlúcar. Uno de los casos más llamativos será la duquesa de Valencia, una activista indomable que ha organizado grupos de jóvenes capaces de acciones de una audacia desconocida hasta entonces en la militancia monárquica. María Luisa de Narváez —descendiente directa del siete veces presidente del Gobierno a mediados del siglo XIX, Ramón María Narváez— es la duquesa indómita, que acabará con sus huesos en la cárcel. Grave también es la detención del general Arsenio Martínez Campos, segundo jefe del Alto Estado Mayor. Quienes informan de este arresto creen que no acabará en prisión, pero sí que perderá el cargo. El dictador está haciendo limpia.

Las noticias sobre la represión corren como regueros de pólvora y amedrentan a los más templados militantes monárquicos. En el informe del 13 de mayo se indica que están llegando quejas a Aranda, porque, como muchos otros, teme que las represalias le alcancen. Considera el atrevimiento de Kindelán un patinazo porque, según redacta el espía con su peculiar estilo, «todos los que se sentían con ánimos de hacer algo les ha entrado miedo y nadie se atreve a moverse».

Lo que Aranda relata y los espías interceptan, además de que él mismo tiene miedo de que tomen represalias también contra él, es que le han dicho que Franco está nervioso. Así puede leerlo el propio dictador en el informe, delante de sus ojos: los espías desvelan que los monárquicos también tienen informantes entre sus subalternos. Toda España es una conspiración. Todo el mundo comenta.

A Aranda le cuentan que Franco ha abroncado seriamente al director de Seguridad y le ha aleccionado para que esté sobre aviso de todos los movimientos de los monárquicos. La bronca fue terrible, mucho más allá de la reprimenda: Franco gritó desaforadamente al jefe del Estado Mayor y al director de Seguridad:

—¡Tantos millones para ustedes y no saben nada de nada!

Sin embargo, después de tanto grito, el Generalísimo salió «medio llorando y dando estacazos por aquí y por allá». Pero eso, cuando días después lee en el informe de espionaje, ni siquiera lo llega a subrayar. El lápiz rojo de Franco también sabe olvidar.

Llega un momento, como siempre ocurre bajo la represión, que todos desconfían de todos. ¿Dónde está el traidor? Otro de los asistentes a la velada teme que haya sido el propio Aledo el delator. Quien lo dice es Santiago Fuentes Pila, que también propone una nueva estrategia:

—Hay que actuar de forma distinta y nunca deben reunirse más de tres, ya que está visto que Franco dispone en las filas de ellos de elementos para eliminarles cuando lo crea oportuno.

Otras conversaciones interceptadas señalan que la represión ha causado en muchos militares monárquicos que apoyaban el régimen un profundo desengaño. Franco subraya en un rojo intensísimo estas líneas, mostrando que le preocupa el testimonio.

Finalmente, y a pesar de la prohibición ordenada por el *Caudillo*, en casa del duque de Alba se celebra una reunión de la Junta del Bloque Antifranquista. Franco lo descubre leyendo el correspondiente informe. Su maquinaria represora no lo ha podido impedir, a pesar de saberlo de antemano. En ese encuentro, los asistentes deciden escribir al ministro Blas Pérez una dura misiva para «exponerle la indignación que existe entre los monárquicos por las detenciones de personas, que en momentos difíciles para España estuvieron al lado del general Franco dispuestos a dar la vida en servicios de la Patria». La carta concluye:

> Es indignante que estos españoles heroicos y guerreros sean detenidos en mazmorras con la chusma.

Se sabe que el Consejo de Ministros del 14 de mayo va a decidir las sanciones, se dice que van a ser ejemplares. Los dirigentes monárquicos ya preparan una marcha al Fuerte de Guadalupe para visitar a Kindelán y hacerle entrega de la medalla que le ha otorgado el Bloque Aliado Antifranquista, condecoración creada para reconocer a «aquellos que sufran persecución por defender la causa aliada». Aquellos primeros días de mayo de 1948 hacen pensar que todo se está descontrolando.

«MI QUERIDO GENERAL»: KINDELÁN ESCRIBE A LOS POSIBLES DELATORES

El general Dávila telefonea a Kindelán personalmente para comunicarle su arresto y le indica quiénes son sus delatores. Entre caballeros las malas noticias se dan sin subterfugios. Lo que no esperaba Dávila es que entre soplón y denunciado se generase una correspondencia. Ponte escribe primero a Kindelán, tal vez acuciado por la culpa, y el acusado le responde, irónico:

> Excmo. Sr. Don Miguel Ponte: Mi querido General: Muchas gracias por su carta en la que me expresa lamenta el percance minúsculo y bien soportable que sufro y me explica su interven-

ción en relación con el mismo. Dávila me explicó, en términos parecidos a los de Ud., su conversación. Los únicos matices diferentes fueron que Ud. le manifestó la sorpresa y desagrado con que oyó mis conceptos y «que le venían ganas de ponerme una mano en la boca para que me callara», así como que estuvo por levantarse y protestar, pero no lo hizo por respeto a la casa en que estaba invitado. Añadió Dávila que no quería que yo le explicara las palabras que pronuncié, puesto que las conocía por los relatos detallados y absolutamente coincidentes de Ud. y Beigbeder.

Kindelán recurre a la ironía —«el asunto carece de importancia»— y muestra una cínica sorpresa sobre la actitud de su delator:

> ¿Se habrá vuelto otra vez franquista, como en los tiempos en que comenzaba sus cartas: «Mi *Caudillo*, mi General, mi Amigo, mi Todo...»? Salude a Pilar y sabe es su viejo amigo y compañero. Alfredo Kindelán.

A pesar de la claridad y contundencia, Ponte decide responder y rechazar la acusación:

> No hubo ni siquiera algo que se le pareciera [...] Mañana salgo en peregrinación a Santiago; ello elevará mi espíritu a regiones más puras y me apartará por unos días de las miserias terrenas.

Con quien Kindelán sí se desahoga seriamente es con su viejo amigo el general Beigbeder. No hay duda de que ésa es la traición que le ha dolido: «Como nuestra amistad es larga y sin incidentes, creo mejor aclarar un asunto contigo». Le dice que no quiere creer las noticias de que le ha delatado, «pues tu carácter podrá ser tachado de ligero, pero no de desleal. A mayor abundamiento: me hubieras hecho ver tu discrepancia en casa de Aledo, en vez de las amables frases con que aprobaste mi conferencia al salir; o por carta más tarde». Le recuerda cómo le incitó en el pasado a «tomar la lucha contra Franco» y sus deseos de marchar a Estados Unidos como representante de Don Juan. «Lo único que me interesa es que este asunto quede bien aclarado entre nosotros y saber yo si la molestia que sufro la debo a flaqueza de una antigua amistad».

Beigbeder se ve en el trance de responder a Kindelán. Y es sinuoso. Primero se disculpa por su tardanza en escribir la misiva, que atribuye «a un tratamiento del oído en la clínica de Jiménez Encina», y opina que ha habido una errónea interpretación de los hechos. La versión del general es que llegó a casa de Aledo «como un despistado, sin tener idea de lo que se trataba». Incluso se ampara en la tarjeta del vino de jerez: «Me invitó para tomar una copa, sin advertirme del objeto de la reunión». Asegura que se dio cuenta allí mismo de que habría consecuencias «pues era imposible guardar el secreto». Al día siguiente, el 17, ya le comentaron que se hablaba en Madrid del asunto. El 21, un militar le espetó que sabía «de muy buena tinta que yo había contestado al discurso tuyo en términos incendiarios contra el régimen, y que me preparara para el retiro, sanciones...».

Excusas de mal pagador. La realidad es que el general Beigbeder entra en pánico por haber asistido al encuentro y trata de borrar sus huellas. Escribe a Ponte —dejando testimonio sobre lo sucedido— y trata de llegar al almirante Carrero Blanco para aclarar las cosas. Mueve Roma con Santiago. Y por fin, cuando ya tiene toda la información en la mano, Carrero le recibe:

—¿Qué pasó en la reunión de Aledo? —abre directamente Carrero el interrogatorio, mirándole a los ojos tácticamente.

—Yo no soy un soplón —responde Beigbeder, en repliegue.

—Comprendo la actitud de usted. —El subsecretario de la Presidencia del Gobierno baja un momento la mirada.

—Yo vengo para aclarar una situación personal —trata inútilmente de parapetarse el general, que está tratando de lograr un puesto en Oriente Medio.

Carrero se levanta con parsimonia y acerca un carpetón con el expediente de la reunión de Aledo. Extrae un papel al azar. Lee la referencia de la BBC, y le observa, como esperando un comentario.

—La referencia no es exacta. Kindelán ha pronunciado una frase diciendo que en los momentos de peligro todos estaríamos al lado de Franco.

Beigbeder bracea ya como un ahogado. Después de esa frase, ni Carrero ni él insisten más. Todo está dicho, sabido, escrito... y subrayado por el lápiz a esas alturas. Al salir del despacho del subsecretario, «comprendí que todas mis ilusiones y planes orientales eran un sueño irrealizable; no sólo mi carrera militar estaba liquidada, sino también que podía despedirme de ir a la Liga Árabe», se lamenta el general.

Pero ahí no acaba el implacable amedrentamiento. Al delator le espera una llamada muy especial. El 3 de mayo le convoca el ministro del Ejército, muy enfadado porque se siente puenteado. Le trata con una dureza inaudita y le arresta por no haberle dado parte de que había asistido a una reunión de conspiradores. Beigbeder sólo acierta a repetir lo mismo que le respondió a Carrero: «No soy un soplón». El ministro se enfada aún más, le tienen totalmente arrinconado, y ataca:

—Cuando ese día dio ese paso lo hacía porque no tenía tranquila la conciencia y sabía que la reunión de Aledo era subversiva.

Tres días después, Beigbeder pide otra entrevista, en la que sólo obtiene un trato más violento que en la anterior. Es una marioneta ya sin voluntad. Sólo le queda buscar el perdón de Kindelán: «Yo he sido víctima, como tú, de la absurda reunión a los cuatro vientos. Te doy explicaciones porque no hay ofensa».

La maquinaria es fría e implacable. Sabe perfectamente cómo moler el carácter de hombres curtidos en el frente de batalla.

«EL DEFECTO DE DECIR LO QUE PIENSO»

Kindelán, ya desde el encierro en el castillo, escribe al marqués de Aledo:

> Mi querido amigo y pariente. Aunque en este momento mi información es imperfecta, ha llegado hasta mí la noticia desagradable de que le ha sido impuesta una multa de veinticinco mil pesetas; y como temo tener en tal sanción gran responsabilidad, quiero expresarle cuánto lo lamento si así ha ocurrido. Tengo el defecto de decir siempre lo que pienso y en esta ocasión creí necesario hablar claro; bien es verdad que no pensé que en el auditorio estuviese un confidente de la policía. Con los más afectuosos recuerdos para la Marquesa, hijas e hijos, así como para Ferrari, le envío un abrazo.

Tal vez otra cosa que define bien a Kindelán es que no pierde mucho tiempo lamiéndose las heridas. Desde su reclusión escribe también a Don Juan impulsando nuevos pasos para salir del impacto terrible de la represión desatada en las últimas semanas, que ha paralizado los ánimos de todos los monárquicos. Le dice:

> Debe activarse la labor fuera, aprovechando a Quiñones, Oliván, Ansaldo, Gil Robles, Sainz Rodríguez y Vegas Latapié. Hay que acercarse a las Naciones Occidentales por medio de Churchill u otro y no descuidar a los norteamericanos ni tampoco a los franceses [...] así como insistir cerca del Vaticano [...] Tengo motivos para sospechar que el haberme puesto en la frontera y con gran libertad de movimientos obedece al deseo de que la cruce y deje de darles guerra. No pienso darles ese gusto, pues creo que aún puedo molestarles dentro mucho más.

Como tiene el defecto de decir lo que piensa, el teniente general Kindelán realizará, nada más abandonar su reclusión en el Fuerte de Guadalupe, unas declaraciones a la agencia International

News Service. Allí afirma que «no sólo la mayoría de los españoles esperan y desean el restablecimiento de la Monarquía, sino que varios de los ministros del actual régimen trabajan activamente por dicha restauración». Los enumera: el general Dávila (Ejército), Fernández Ladreda (Obras Públicas), el almirante Regalado (Marina), Benjumea (Hacienda) y Martín Artajo (Asuntos Exteriores). Y dice que el más activo es el último, y que no hay por qué ocultarlo «pues el mismo Franco ha dicho reiteradamente que tenía el propósito de restaurar la Monarquía».

En esta entrevista, que será comentada por los espías y leída por Franco con el lápiz rojo en mano, Kindelán habla de las izquierdas que apoyan a Don Juan: «socialistas, republicanos, sindicalistas y hasta de la Esquerra catalana», y también expresa los planes de una transición que permita la vuelta de Don Juan y la mejor solución para desembocar en un régimen democrático sin por ello provocar otra guerra, así como del papel de algunos de los generales volcados con la causa, como Aranda.

Las persecuciones sufridas por Kindelán son un rosario singular que refleja a las claras los modos intolerantes del franquismo incluso con una personalidad de la relevancia del general. En algún lugar de su libro de memorias aparecen reseñadas con frialdad, pero tan bien sumadas que dan idea de que el dictador que se definía como monárquico no toleraba ningún otro movimiento, por muy monárquico que fuese.

La primera vez, un policía avisó a Kindelán de que en la comisaría se había recibido la orden de no atender cualquier llamada que procediera de su domicilio, lo cual puso en alerta a la familia. El general y sus hijos hicieron incluso guardias algunas noches. Luego cuatro tipos le robaron el coche oficial a su chófer —no muchos se atrevían a un golpe así en plena posguerra— y le fue retirado ese servicio al que tenía derecho como teniente general «para evitar otro robo». Hay excusas que suenan a política. El general escribe con sorna:

La sanción más importante fue el confinamiento en Canarias y para decir verdad lo pasé allí estupendamente, como si me hubieran obligado a veranear, cosa que llevaba años sin hacer.

En 1943 fue destituido sin explicaciones de la Capitanía General de Cataluña, y de la Escuela Superior del Ejército en 1945 estando de vacaciones, un 28 de diciembre, como ya contamos. En Canarias permaneció siete meses deportado en 1946. Y finalmente, en este 1948, en el Fuerte de Guadalupe. En casi todos los casos se prohibió a cualquier persona que fuera a despedirle al tren. También se prohibió la circulación de los libros del militar que acabaría siendo académico de la Historia, pero gracias a la determinación del duque de Alba, porque hasta en eso se metió el régimen de Franco. El Gobierno prohibió que la Real Academia celebrara una sesión de ingreso en su caso, de modo que se sentía «académico clandestino» cuando Fitz-James Stuart le impuso la medalla académica de un modo más discreto. Su nombre fue vetado de las noticias de los periódicos, incluso la de su pase a la reserva.

Todos bajo el miedo

El miedo se extiende hasta los más recónditos grupúsculos monárquicos. La represión amenaza a quienes poco tienen que ver con la reunión en casa de Aledo o la conferencia de Kindelán. Es el caso de tres monárquicos, Lafarga, Carranceja y Moscoso, miembros del llamado Nuevo Orden Monárquico (NOM), que son detenidos en el curso de una redada durante esos primeros días de mayo.

En las conversaciones de militantes que intervienen los espías de Franco se especula con los verdaderos motivos de estas detenciones, hasta que se revela la causa real: ¿casualidad?, ¿otra delación?, ¿pesquisas extraordinarias? Sea como fuere, la policía los sorprende con una imprentilla en el domicilio de uno de ellos. No está el horno para bollos calentitos de propaganda monárquica. Ellos introducen la propaganda en la Universidad, sobre todo.

Aranda —a quien siguen de cerca— se alegra en parte de la detención de los miembros del NOM Lafarga, Carranceja y Moscoso.

—Así se convencerán de quiénes son los leales y quiénes los traidores —señala, seguro de que su pecado ha sido la falta de prudencia. Aun así, va a tratar de ayudarlos.

Carranceja, el dueño de la casa donde estaba la imprenta, no espera la visita de la policía. Y lo que es peor, los agentes van directos a por la máquina, así que esa información sólo puede responder a un soplo de algún amigo íntimo. Al parecer Moscoso no está cuando empieza el registro de los policías. Cuando llega, de pronto, no duda en denunciar la redada como un atropello. El resultado es que se lo llevan a él también.

En los días previos y posteriores a la redada, los espías de Franco andan detrás del hermano de Carranceja. Oyen cómo cuenta que en los interrogatorios los agentes dicen que no les importa la propaganda, ni las octavillas, sino que les exigen que confiesen lo que saben de la organización de los grupos monárquicos. La policía no se conforma con neutralizar a estos activistas; quiere apuntar más alto: quiere a Aranda.

Los dos cabecillas tratan de explicar que se conocen de hacer negocios y creen que a Moscoso, secretario de Lafarga, le van a soltar pronto, pero que a ellos los van a ingresar en Carabanchel. Pasan los días y la maquinaria represiva sigue su curso implacable. Trasladados a Carabanchel, son procesados. Temen un largo encierro. Como largos son los interrogatorios, interminables, de hasta veintiuna horas. Ya les preguntan directamente por Aranda, si le conocen, si le tratan. Lo cierto es que están relacionados con él, porque el general le ha dicho al hermano de Carranceja que buscará abogado defensor. Pero de momento aguantan el tipo y no lo delatan.

Los espías no consiguen involucrar al general monárquico,

pero, sea como fuere, se ponen las botas. La represión aumenta los susurros entre militantes monárquicos tanto como el miedo, y solamente tienen que aplicar oídos en determinados lugares. La actividad policial empieza a tener efectos.

El marqués de Hazas, por ejemplo, corre la voz a todos los seguidores de Renovación Española de que el Consejo de Ministros ha tomado la decisión —y ha dado las órdenes pertinentes al director general de Seguridad— de prohibir las reuniones de monárquicos. Este grupo, acostumbrado a reunirse periódicamente en el restaurante La criolla, decide ahora reducir el grupo de comensales y, sobre todo, evitar a los que sospechan que están vigilados. Hablan mucho de las detenciones en curso, desde Kindelán hasta Martínez Campos, del que dice que «le importa poco que le quiten el cargo porque es inmensamente rico». Hazas cree que Carranceja y Lafarga han sido detenidos porque tienen contactos con las izquierdas.

—Y les está muy bien ya que de ningún modo las personas de derechas deben ir del brazo de esa gentuza, pues para esto sería mejor que continuase Franco y la Falange.

Mientras tratan de rehacerse entre rejas y les auscultan todo cuanto dicen durante las visitas, Lafarga recibe a un grupo de monárquicos y les confiesa que el delator ha sido «un tal Bautista» que estaba dentro de su organización. También dice que le acusan de dirigir una organización monárquica de izquierdas y que se ha hecho íntimo de los presos comunistas, de la CNT y demás izquierdistas con los que ya no perderá el contacto.

—La vida del Gobierno va a ser muy corta, el cambio es seguro —añade Lafarga.

Se da la paradoja de que la maquinaria represiva impuesta por Franco genera miedo entre los colectivos, pero no consigue amedrentar a los principales represaliados. Ni Kindelán, ni Aranda, ni siquiera Lafarga y Carrancejas, se amedrentan ante los informes y uniformes policiales. Tampoco el duque de Alba.

Actividades monárquicas bajo la lupa franquista

Sólo once días después de la copa de jerez en casa del marqués de Aledo, el 27 de abril, hay una reunión importante en casa del duque de Alba para firmar los convenios de fundación del Bloque Aliado Antifranquista. A pesar de que la represión va poco a poco cobrándose sus objetivos, el Bloque Aliado Antifranquista sigue dando pasos organizativos importantes.

En este nuevo encuentro clandestino participan el duque, González de Regueral, Germiniano Carrascal y Ramón Padilla en representación de Don Juan. Se constituye la Junta Militar aliada y Alba asume y ordena que todos obedezcan a Aranda, como presidente. Tras él: Tella, vicepresidente; vocales consejeros, los generales Kindelán, Bartomeu y Espinosa de los Monteros, el exmilitar expulsado Luis Galán, teniente coronel Ruiz del Portal, y como enlace de la presidencia, el entonces capitán Milans del Bosch. Los integrantes jurarán sus cargos, entrado el mes de mayo, en otro acto en casa del duque de Sotomayor.

Alba recibe también en su casa una fugaz visita de Vegas Latapié, procedente de Estoril y enviado por Don Juan. Su labor es trasladar el mensaje del Bloque a Barcelona, primero, y a Francia, después.

El espionaje recopila en bruto muchísima información, más o menos desordenada, de fuentes diversas y de fiabilidad desigual. Franco en ocasiones pide los informes y los subraya. Todos los nombres pasan delante de sus incansables ojos, mientras se aferra al lápiz. En esos documentos encuadernados especialmente para el jefe del Estado es donde todo se ordena y se resume, donde se encuentra el sentido a los susurros. A veces se indica la fuente; otras, se la protege. Franco sigue la pista del Bloque Aliado.

El Bloque sabe que los espías les pisan los talones y deciden buscar un lugar más anónimo. La alternativa a las casas de la nobleza —todas ellas vigiladas veinticuatro horas al día— es un piso de la calle Pintor Rosales de Madrid. Pertenece a un hombre que estuvo en la cárcel por su participación en la Revolución de Asturias de 1934. «El rojo se llama José María Roca», advierte un espía a Franco, al tanto de cada movimiento, a pesar de los ingenuos intentos de los conspiradores por agazaparse.

Algunos miembros de la Junta viajarán a Barcelona ese 20 de mayo con el fin de celebrar una conferencia con militares. Se dice que Aranda está buscando que se establezcan contactos con oficiales con mando en tropa, toda vez que los miembros de la Junta han sido paulatinamente retirados del mando directo de unidades durante los últimos años. Tal vez por eso Franco no ha actuado hasta ahora.

El duque de Alba sigue asumiendo riesgos. Es sin duda quien más se expone en estos días de persecución contra los monárquicos. En su casa también se celebran las primeras juntas de gobierno de Su Majestad con las delegaciones de los partidos inscritos en el Bloque Antifranquista. Allí se estudia la situación de los detenidos. Se establece una estrategia para solicitar clemencia, así como para mostrar la indignación de la sensibilidad monárquica frente a los ataques del régimen. Incluso se propone que una comisión formada «por Díaz de Amezúa, Yanguas, Sotomayor y Zumalacarregui» visite al presidente del Consejo del Reino y de las Cortes, Esteban Bilbao. Ésta es una de las iniciativas subrayadas con más viveza por Franco. De hecho, bajo el apellido de Zumalacarregui, el lápiz rojo añade otras dos líneas ondulantes.

La duquesa revolucionaria

La persona que sufre más cruelmente la represión del aparato franquista es una mujer. Más que los desterrados, como Kindelán. En peores condiciones que los encarcelados, como Carranceja y Lafarga. Es un espíritu indómito que enerva al mecanismo policial. Es un símbolo de resistencia y rebeldía que no transige con las circunstancias, ni con las conveniencias de otros grupos de la causa. Los informes de los espías franquistas están salpicados de referencias a la duquesa revolucionaria en las conversaciones de los dirigentes monárquicos. De algún modo, Luisa de Narváez es un peligro, porque en sus castigos no acaba de verse el escarmiento. Además, nada tiene que ver con figuras denostadas por el régimen por motivos ideológicos: es una mujer noble, rica, sarcástica y decidida a no dejar que un dictador le tuerza el brazo. Pero se lo tuercen, o lo intentan, varias veces y de manera dolorosa.

¿Qué se puede hacer contra quien vive desde la cuna el activismo monárquico como una pasión? María Luisa de Narváez, la duquesa de Valencia, es descendiente directa del general Narváez, una estirpe de arraigadas convicciones monárquicas, y es un caso inédito en la historia de la oposición a Franco. Perseguida por el régimen de manera implacable, cosida a multas de una dimensión que nada tiene que ver con sus correligionarios —«asada a multas», en expresión de la época—, fue puesta en celdas de aislamiento de un modo pertinaz y cruel que se quería ejemplarizante, pero que no logró doblegarla. Su audacia hace temblar también a los otros grupos monárquicos, que en ocasiones la ven como un peligro contra sus discretos movimientos. La veían, unos y otros, falangistas y monárquicos, como un elemento incontrolado y temible. Muchos acaban evitándola, pero ella continúa incansablemente en la brecha. Y cada vez más molesta para quienes tratan de hacer equilibrios entre su apoyo a Franco, la recuperación de sus bienes y sus sinceras ansias de una Restauración que el dictador dilata y dilata, porque no entra en sus planes. La duquesa es la prueba de que Franco llega a ver a la oposición monárquica como un grupo enemigo.

Luisa de Narváez había sido ayudante de campo del general Kindelán durante la guerra. Una joven decidida que terminó fundando su propio movimiento: Avanzadillas Monárquicas, un grupo de jóvenes estudiantes y activistas capaces de grandes «golpes de efecto» como arrojar miles de octavillas en Madrid, en las narices de la policía, jugándose el tipo, en las que publicaba las persecuciones sufridas y se explicaba la idoneidad de Don Juan para gobernar España, al tiempo que contrarrestaba la censura impuesta en la prensa a las noticias monárquicas.

Entre 1945 y 1947 nacieron en los centros docentes grupos y círculos de debate monárquico, como el de Joaquín Satrústegui en el Colegio del Pilar, que cobraría indudable importancia. Pero las Avanzadillas son los que mejor infraestructura de propaganda logran. Son pura *agit-prop*, efectiva y atrevida como la de sus adversarios comunistas. La duquesa incluso trató de publicar un libro en México, para escarnio de los censores.

En 1945 Franco había confinado a Alfonso de Orleans, representante oficial de Don Juan en España. En sus cartas, recomienda a Kindelán que utilicen la imprentilla de Luisa de Narváez para multicopiar escritos y repartirlos:

> La duquesa de Valencia es muy activa. Hay que darle misiones concretas. Todas las que le he encomendado las ha cumplido muy bien y rápidamente.

Ni siquiera el Infante de Orleans se libraba de las invectivas, a pesar de valorarla. Unos meses después, Luisa Valencia acudió a verle a Sanlúcar de Barrameda, pero no para tranquilizarle o agradecerle su buena opinión de ella. Se lo contará a Kindelán: «Anoche llegó Luisa Valencia y me dice que se critica en Madrid mi pasividad al quedarme en Sanlúcar. Monárquicos como Orgaz, Varela, Tornos, Luca de Tena y otros opinan que ello hace daño a la causa, porque merma el prestigio del representante del Rey el que se someta a las órdenes de Franco». Pero era una mujer leal.

Le relata en una carta a Kindelán cómo nacen las Avanzadillas: «El Directorio, o Consejo o Junta de Acción Monárquica, es una birria, no hace más que poner pegas; Fontanar no está nunca en Madrid y delega en su representante, Dodero. Después de mucho discutir y sin que nadie sepa que los muchachos son míos, hemos tirado unas octavillas hechas en imprenta, a pesar de que decían que no se podía hacer. Mi gente es estupenda». Y añade:

> Yo no obedezco más que al Rey, al Infante y a usted [Kindelán]. Ni siquiera me importa que el Rey sepa o no lo que hago; yo creo que el Rey es necesario para España y eso basta.

También alardea de su situación expuesta por la primera multa de 50.000 pesetas. Y la carta se cierra con la traca final: «Para decirle de la ineptitud del Directorio, la Hoja Informativa 29 que debía haber salido para el Santo del Rey, salió quince días después y pocas. Y yo en una sola noche he tirado cuarenta mil octavillas. ¿No les dará vergüenza?».

¿Y cómo eran sus octavillas? De tono informativo e hiriente. En 1946, cuando Kindelán es confinado en Canarias, imprime una de las hojas que hicieron mucho ruido, distribuida por correo y arrojada como volandera por las calles:

> Más persecuciones contra los monárquicos. Por el solo hecho de ser leal a sus convicciones monárquicas, ha sido confinado en una isla del archipiélago Canarias el general de más antigüedad en el Ejército Español, Don Alfredo Kindelán. Durante la República, a los generales que no eran afectos al régimen o lo eran poco, como Franco y Goded, también se les enviaba a Canarias o Baleares, pero se les respetaba su jerarquía y se les mandaba a mandar militarmente aquellas islas. Hoy, el nuevo estilo no respeta ni servicios, ni actitudes ni jerarquías. El general Kindelán, con todo su prestigio militar, marcha a una pequeña isla, como si fuera un maleante indeseable, al cual hay que privar de todo contacto con la sociedad. El Gobierno se arrepentirá de ello.

El primer problema realmente grave de la duquesa de Valencia sucede cuando Don Juan comienza a residir en Portugal. La cercanía del conde de Barcelona, hasta entonces en los lejanos exilios de Lausana y Roma, pone a los militantes monárquicos en un estado efervescente. Las Avanzadillas se activan y realizan numerosos actos de propaganda, lanzan hojas por las calles de Madrid y saludan la cercanía de quien consideran el legítimo Rey. El precio de aquellos actos de adhesión también fue dispar. Mientras que a la duquesa de Medina Sidonia le cayó una multa de medio millón de pesetas por un telegrama de bienvenida a Don Juan, a la duquesa de Valencia, que lanzó en Madrid octavillas con el Manifiesto de Estoril, se le iba a caer el pelo. Fue encarcelada y multada. El BOE del 27 de abril de 1947 registra la subasta de una finca de la duquesa: Heredamiento de Santiago de Vencáliz, en Cáceres, tasada en 2,9 millones de pesetas de entonces. Una fortuna.

Ya en abril de 1948, en los días posteriores a la polémica conferencia de Kindelán en la casa del marqués de Aledo —cómo no, Luisa de Narváez estaba entre los invitados—, fue multada, como reincidente, con una cantidad ejemplar, 250.000 pesetas, aprobada en el Consejo de Ministros. Suma mayor que la impuesta a varios correligionarios.

En agosto de ese año, de nuevo el BOE publicará la subasta de otra finca suya en Cáceres como respaldo de la multa: la finca Herruza. Y también daría entonces con sus huesos en prisión, en uno de los episodios más crueles de estos años. Pocos detenidos reciben peor trato.

«UNA JOYA PRECIOSA POR SU VALOR Y FERVOR»

Don Juan recibe una breve carta en Estoril que le cuenta las últimas detenciones. En ella se le informa de que hay cinco «de los nuestros» detenidos, a los que se acusa de «estar complicados en un servicio de información del Gobierno de Euzcadi [sic] y pagados por Aguirre». El mensaje se lo envía Kindelán, quien añade:

> Desearía que V. M. premiara el fervor monárquico excepcional de la duquesa de Valencia, a la que han impuesto otra multa de medio millón de pesetas y la han tenido en un calabozo subterráneo tres días, habiendo salido gritando Viva el Rey. Yo tengo suspendidas mis relaciones amistosas con ella a consecuencia de una falta de respeto; es una muchacha que tiene muchas aristas y esquinas, pero es una joya preciosa por su valor y fervor.

Tres días aislada en una verdadera mazmorra es algo que no aguantarían con tan buen humor muchas mujeres de la época, por muchos ideales que tuvieran. En otra misiva al Infante de Orleans, el general explica que la detuvieron un sábado, después de pagar la multa de 250.000 pesetas. Pero la duquesa no se arredra:

> La Policía, que teme a Luisa, pasó el atestado al juez militar (coronel Aymar), quien quedó agotado después de dos horas en las que Luisa le sacó de quicio, le hizo gritar Viva el Rey, le pidió que la tuteara y le dijo que Franco era un usurpador y además muy feo.

La rebeldía de la duquesa adquiere tintes heroicos. Su historia goza de los suficientes atractivos para que la revista *La hora* le dedique un amplio reportaje consiguiendo sortear la censura. El periodista Ramón Suárez Picallo lo describe así:

> Tiene en su caserón de Madrid la mejor colección de pucheros de barro de toda España. Los tiene colocados por tamaños en grandes estantes y rigurosamente bautizados con nombres de políticos, militares, gobernantes y aun académicos, según cada cual figure en la estimativa ducal. Y así, el General Franco figura en la colección como un puchero pequeño, de barro mal traba-

jado, con capacidad apenas para contener una mísera ración de cocido o de callos no mayor de dos reales; en cambio el duque de Alba y Don Juan de Borbón son dos tremendos pucherazos capaces de contener gazpacho para cuarenta campesinos extremeños o andaluces. Pues bien, en uno de los últimos registros hechos en su casa, los policías cayeron en la cuenta de lo que significaba la famosa colección de pucheros, numerados y catalogados con nombres y apellidos, por la Duquesa revolucionaria.

Cabe imaginar la expresión de aquellos pobres agentes que, rebuscando entre pucheros, no encontraron al Dios que anunciaba santa Teresa de Jesús, sino el espíritu revolucionario e indomable de la duquesa. El relato de *La hora* sigue narrando sus andanzas, verdaderamente increíbles, en prisión, dignas de una película:

> Sin más, la metieron otra vez en la cárcel. Y la alojaron en una celda llena de cucarachas por ver si la asustaban. Más cátate aquí que ella, descendiente de un militar espadín, no es mujer que se deje arredrar por cucarachas más o por cucarachas menos. Ni corta ni perezosa, cogió con sus blancas manos a varios de los desagradables bichejos y les clavó en los lomos un pedacito de papel, con un mensaje escrito de su puño y letra. Las cucarachas, acicateadas por el inusitado aditamento, salieron corriendo por celdas y pasillos y recorrieron hasta que alguien se fijó en los papelitos que llevaban en el lomo. ¡Rediós con los papelitos! El generalísimo, sus ministros militares, gobernadores, carceleros, policías y aun académicos —junto con los ascendientes, descendientes y colaterales hasta el tercer grado, de cada cual— estaban allí puestos a pan pedir y como digan dueñas. El escándalo —con su buena parte de regocijo— fue épico. A tal punto, que se asegura que un grupo de notables juristas están estudiando una nueva ley penal que «prevea, fije, tipifique y castigue» a las cucarachas de las cárceles españolas, por el nefasto delito de ser mensajeras de textos subversivos, contrarios a la Seguridad del Estado.

El juez la envió presa e incomunicada a su casa, pero «a las setenta y dos horas Luisa se liberó a sí misma, fundándose en el Fuero de los Españoles». Sus amigos dicen que está indignada con la nobleza, a la que llama «mi gremio», pues nadie con título la fue a visitar a la cárcel ni a su casa y entre los cincuenta ramos de flores recibidos en prisión tampoco había ninguno con la tarjeta de algún noble.

LOS PANTALONES DE LA DUQUESA

Franco sigue las andanzas de la duquesa a través de los informes de espionaje, y éstos a través de las voces robadas de sus correligionarios. El primero que habla de ella es Satrústegui, y así lo consigna el espía de Falange el 20 de mayo de 1948. Se comenta que quiere ayudar a los presos en Carabanchel, Lafarga y Carranceja, pero el miedo se hace presente:

> Con la duquesa de Valencia no tengo ni quiero tener ningún contacto. Por mi edad y mi situación, a mí no me van a coger por hacer unas hojas. El día que haya algo decisivo sí haré lo que sea.

En aquellos días, otros monárquicos están algo más preocupados por la duquesa revolucionaria. No llegan muchas noticias de las cárceles, pero las que llegan son preocupantes. Uno de sus activistas, de nombre Torrejoncillo, es interceptado comentando que Luisa de Narváez le ha dicho que «tiene localizado al delator de los monárquicos que está al servicio del general Franco y que no es otro que el marqués de Eliseda», un monárquico que también fue miembro fundador de Falange, amigo de la infancia de José Antonio Primo de Rivera. La duquesa dice que «ha averiguado con toda exactitud» la responsabilidad de Eliseda en la delación, aunque está «a punto de localizar el nombre de otro que está cerca de Kindelán».

Torrejoncillo comenta los «tratos canallescos» que sufre la duquesa en la cárcel. «No la permiten fumar y la han tenido entre toda la jentuza [sic] sin haber guardado con ella la menor consideración». Pero admiran la labor de resistencia que ejerce en prisión: «Por mediación de otras personas consigue contactos con el exterior que serán importantes para días no lejanos», añade misteriosamente el activista. Al parecer, el grupo de Aranda ha tratado de verla, pero no ha sido permitida la visita. Pero si hay algo que retrata su carácter es que «fueron varios abogados, que hablaron con ella con dificultad, luego obligaron a nombrar un solo abogado, el señor Robles». El lápiz rojo de Franco no destaca nada de lo que le sucede a la duquesa, no subraya estos días detalle alguno de sus desventuras en prisión. Aunque alguna hay que tiene más bien tono de aventura:

> Dicen que sigue con sus pantalones por la cárcel y no pueden hacer que se los quite, incluso avergonzó al capellán, pues al decirle éste que se los quitara, dijo: «Si quiere me los quito, pero no llevo nada debajo».

El aislamiento al que la someten queda patente en el informe de 24 de mayo, pocos días después. Ahí sí que el lápiz rojo del dictador señala cierta preocupación por lo que se cuenta, tal vez porque implica al director general de prisiones, señor Aylagas. Al parecer, ha afirmado que la orden de que no se permita ni una visita a la duquesa de Valencia procede del ministro de la Gobernación (Franco señala un «ojo» escrito con su lápiz en el margen y subraya todo el párrafo). El testimonio interceptado añade:

> No obstante, por tratarse de amigos él lo iba a solicitar al ministro de la Gobernación. Al día siguiente Aylagas llamó por teléfono y dijo que el ministro había negado la autorización.

Para otros de los vigilados «esto es un hecho monstruoso» y por ello acuden al Colegio de Abogados.

En los pocos rescoldos de la sociedad civil, casi todos controlados, se cuelan ascuas de resistencia, porque desde el Colegio se eleva un escrito al dictador que no se limita a una prudente solicitud firmada por la duquesa. Allí, días después, «hablaron con varios amigos, quienes les aconsejaron que se callasen, pues, por el escrito que habían elevado al *Caudillo* protestando de la sanción de quinientas mil pesetas que le fue impuesta a la duquesa de Valencia (y en el que se vierten frases injuriosas contra el *Caudillo*), el Colegio de Abogados quería hacer una protesta» contra el abogado.

—Un abogado no puede hacer un escrito en tal sentido.

¿Qué ha ocurrido? La mano de Luisa de Narváez no se tuerce y asoma en ese papel. El activista interceptado dice que «salió muy preocupado ya que dicho escrito, aunque hecho por él, fue sometido a la aprobación de Kindelán, a quien le pareció muy fuerte y aconsejó que se quitasen algunos párrafos, pero la duquesa se opuso diciendo que ella lo firmaba tal y como estaba y que no toleraba que se quitase nada». Ni un paso atrás. Genio y figura.

El encarcelamiento de la duquesa se convierte días después en pesadilla:

> Dicen que la duquesa ha mostrado interés por que sea Kindelán quien la defienda en el Consejo de Guerra, si es posible que éste se celebre después de que Kindelán cumpla el arresto de dos meses, pero si se celebra antes no podrá defenderla y por eso han acudido al general Gil de Arévalo, para que éste sea el defensor.

Aquí el lápiz del dictador vuelve a subrayarlo todo, no sólo por los militares que se implican en su defensa, incluido Aranda, que pretende dar al proceso total relevancia, sino porque alrededor se monta además un aparato de asesoramiento de varios abo-

gados activistas y también de propaganda que «informarán directamente a las embajadas inglesa y americana de la importancia
que este asunto tiene para la vida de España donde la justicia se
administra caprichosamente por boluntad [sic] exclusiva de
Franco, que personalmente está interesado en perseguir a la duquesa».

¿Quién lo negaría, viendo cómo acaban todas sus fincas y su
patrimonio subastados?

La petición de condena será pareja al empeño de los monárquicos. El 31 de mayo se advierte que Aranda no quiere ni oír hablar
de la duquesa, porque dice que con sus imprudencias hace daño a
los demás.

—Han destituido al director de la Cárcel de Ventas por culpa
de la duquesa —dice el general.

Sin embargo, se enfrenta a una condena de treinta años, porque la acusación contra ella en el Consejo de Guerra será de rebelión militar. Recordemos las 250.000 pesetas de multa que ella ha
pagado con la finca que se subastará en agosto de 1948, según el
BOE. A primeros de junio, los espías constatan que al resto de los
asistentes a la conferencia en casa del marqués de Aledo les han
impuesto una décima parte de esa cantidad: 25.000 pesetas. Algo
personal sí parece que hubo en la persecución de esta mujer bella
y libre, y bastante temeraria.

LOS MONÁRQUICOS, «DE PARTICULAR A PARTICULAR»

En este mayo de dolores, los monárquicos aprenden a moverse
entre bambalinas. Nadie está dispuesto a ser cazado en reuniones
multitudinarias que comportan, en el mejor de los casos, multas
inalcanzables para la mayoría. Hay que seguir trabajando, pero es
la hora de la prudencia:

La acción nuestra debe ser ahora de particular a particular. Y más adelante, cuando se calmen más los ánimos de los policías, podremos hacerlo más al descubierto, como proyectamos. No hay que dejar la propaganda oral ni la organización, pero hay que hacerla con prudencia.

Ramón Ruiz Alonso es un derechista tristemente famoso porque denunció a Federico García Lorca en Granada. En plena guerra, cuando trascendió su responsabilidad en el asesinato del poeta, Dionisio Ridruejo le expulsó de la oficina de prensa y propaganda de Franco en Salamanca. Y aunque no volvió a tener cargos de relevancia en años, en la primera posguerra se mueve intensamente para ayudar al viejo partido católico de Gil Robles, Acción Popular, a reagruparse y buscar nuevos adeptos y posibilidades. También mantiene contactos con otro, Renovación Española.

Los espías le siguen la pista desde meses atrás, cuando propuso en círculos monárquicos realizar «unos ficheros de la gente contraria [a Franco] y de elementos indiferentes que podían ser atraídos». Como conspirador que es, al tiempo que se muestra decidido a ayudar quiere saber con cuánto dinero se cuenta para las actividades. Ese pragmatismo le hace doblemente útil para Don Juan, y doblemente peligroso para Franco. «Es necesaria mayor propaganda y unión entre los monárquicos, juzgando imprescindible un órgano o periódico que defendiera la doctrina monárquica y diera las consignas», asegura en una conversación que los espías trasladan a El Pardo.

Entre sus múltiples actividades, hay una que preocupa especialmente a Franco: su infiltración en el Consejo Diocesano de Padres de Familia. Allí, en una reunión celebrada a finales de abril «habló claramente de sus ideales y se encontró que todos los del Consejo eran monárquicos y que estaban en contra del régimen actual». Franco lo lee en un nuevo informe, lo subraya con fuerza y añade tres grandes admiraciones al margen y marca intensamente los puntos. Ruiz Alonso está sembrando la semilla de la subversión en uno de los núcleos de poder del *Caudillo*: la familia.

Ruiz Alonso lleva una agenda frenética. El primero de mayo participa en una reunión con miembros de Renovación Española. El tema de debate es los contactos que los monárquicos mantienen desde hace tiempo con las izquierdas. El sentir general es de disgusto:

—No hay que tener ni pactos ni alianzas con las izquierdas —señala el marqués de Hazas.

Pero Ruiz Alonso interviene y considera que la fuerza de las izquierdas es mucha todavía y deben aprovecharla en la medida que se pueda. Señala que se debe atraer a socialistas, republicanos, demócratas e incluso miembros de la CNT, a diferencia de los anarquistas y comunistas, con los que no conviene tener pactos. Lo primero para él es realizar «propaganda entre los obreros», algo que «nunca se ha hecho» hasta ahora.

—No para nosotros hacer lo que ellos quieran —dice—, sino para utilizar su gran fuerza.

En estos días de mayo, Ruiz Alonso viaja por las provincias del sur, realiza una gira de corte político disfrazada de actividad de empresario que llama poderosamente la atención de los espías de Franco. El pretexto es «los negocios relacionados con la empresa de Gráficas Voluntas». El dictador, atento, subraya y marca con un «ojo» el margen. «El verdadero motivo —aseguran los espías— es el de entrevistarse con los antiguos elementos de la CEDA para hacer recuento de fuerzas que en las distintas provincias se tiene, pues había gente antigua con la que es necesario establecer contacto». La situación política aconseja hacerlo personalmente.

La gira empieza en Andalucía y continúa en Valencia, donde permanece diez días coincidiendo con la Feria de Muestras. Allí organiza como puede a los fieles a Acción Popular en Crevillente, Sagunto, Alcoy, Benicarló... y detecta un nuevo motivo relevante de «resistencia» frente al Gobierno:

La tensión económica, que es lo que sin duda hará caer a Franco.

El dictador subraya cuidadosamente, aunque no con fuerza.

El descontento con el Gobierno va calando y ya se manifiesta en los detalles. El gobernador civil y otros funcionarios fueron recibidos con pitidos en un acto por dejar pudrirse media cosecha de naranjas. En las fábricas se movilizan contra sindicatos por estas arbitrariedades, que no serán las únicas que Ruiz Alonso descubre en su gira mediterránea.

La siguiente parada es en Cataluña, donde contacta con comerciantes de tejidos: «Están peor que en ningún sitio». Le cuentan que para adjudicarse un concurso les piden un depósito de tres millones de pesetas, que no tienen, «ya que todo esto lo proporcionaban los bancos y ahora no lo hacen por orden del Gobierno». Puede parecer un tema políticamente menor, pero Franco sabe que aquí detrás asoman sombras de corrupción y clientelismos que desgastan su imagen. Y escribe con fuerza «ojo» al margen.

La situación económica es mala, y el pueblo sufre. Pero la guerra sigue demasiado cerca y el miedo paraliza muchos ánimos rebeldes. Sin embargo, cuando alguien ve a los suyos padecer, los favoritismos, clientelismos y demás corruptelas pueden ser la chispa de una revuelta. Y Franco lo sabe.

LOS TRADICIONALISTAS

El jefe del Estado no gana para disgustos. Los informes de espionaje le permiten conocer de cerca quiénes son los conspiradores y cómo se fragua un antifranquismo cada vez más plural y desvergonzado. El lápiz rojo, el mejor símbolo de sus problemas, echa humo. ¿Hay alguien en la España oficial que no participe de ese murmulleo sordo?

En medio de tanta ebullición política, Franco se entera de que

uno de los grupos más numerosos y organizados, los tradicionalistas, preparan también una gran movilización. Una muy especial,
envuelta en su proverbial religiosidad, porque deciden concentrar-
se el 2 de mayo en el Monasterio de Montserrat. Pero es un asunto
eminentemente político que no escapa a los espías de Franco. En
principio, la lectura es que esta reunión será un acto de adhesión a
Fal Conde, cuyo momento triunfal ansían sus partidarios y ven
próximo. Sólo desde Madrid se espera la salida de cuatrocientos
requetés.

Los rumores detectados en una conversación de uno de los
miembros de la Junta Suprema tradicionalista hablan de que se
está preparando un documento para entregar a Franco, en el que
«se le dice que es necesario cambiar las rutas de la política española y que nadie como ellos y con más autoridad para hacerse cargo
del poder». Pero hay más: leyendo los informes, Franco descubre
que en Montserrat se espera la presencia de amplias delegaciones
de diversos países de Europa, entre ellos destacados grupos france-
ses e italianos. Se trata de una concentración monárquica de alcance europeo que vendría a sumarse al avispero político de ese mes
de mayo. El encargado de promoverlo ha sido el príncipe Francisco Javier de Parma, que ha liderado «conversaciones sostenidas en
Lourdes con representantes de los partidos monárquicos de diferentes naciones». Franco no está dispuesto a tolerarlo, la concentración no va a tener lugar. La orden es tajante. La policía recibe
«órdenes severísimas» para evitar por todos los medios que el acto
termine convirtiéndose en una manifestación. Fuerzas de la Policía
Armada ocupan los accesos a Montserrat y puntos estratégicos de
la montaña.

Entre los tradicionalistas se reparten las culpas. Los madrileños
opinan que esta suspensión es responsabilidad directa «de la autoridad gubernativa». Otros dejan caer la idea de que los culpables
han sido los organizadores, los tradicionalistas catalanes, asusta-
dos con la que se les venía encima. La presencia de ciento quince

mil carlistas de toda España habría sido una demostración de poder temible, y muy fácilmente manipulable como para que derivara en algún incidente grave.

Pero sea lo que sea, la respuesta de los tradicionalistas no se hace esperar. Se reparten pasquines contra lo que consideran un abuso de poder y un «gravísimo atropello de la libertad y derechos cristianos». En sus críticas aluden al Fuero de los Españoles «y por último dicen que perseverarán como siempre y que no obstante seguirán luchando por su éxito final».

Los tradicionalistas, con sus distintas facciones y sensibilidades, son ya un nuevo dolor de cabeza para el jefe del Estado. Durante los siguientes informes, los seguidores de Carlos VIII, llamados los «octavistas», y Fal Conde tienen capítulos fijos entre los folios que Franco recibe directamente en su despacho y luego subraya. Así puede conocer todos los pasos dados por quienes están dentro del régimen, pero a los que ya no trata como camaradas, sino como adversarios. Uno más.

Franco está cada vez más solo. Su poder no está aún en cuestión, y Don Juan sigue en Estoril, demasiado lejos de Madrid. Pero aun así, y a pesar de la censura, las delaciones, las multas y los destierros, los espías cada vez le informan de más movimientos subversivos. El antifranquismo va poco a poco sofisticando sus técnicas para gambetear con el poder, y la base sobre la que el jefe del Estado apuntala su poder es cada vez más estrecha. Franco es consciente de que si quiere seguir al mando debe cambiar de estrategia.

FRANCO TOMA LA INICIATIVA

—Las derechas han dejado solo a Franco, que sólo tiene a la Falange y a los sindicatos.

La sentencia es de un ministro del Gobierno, vencido ante la evidencia de la pérdida de apoyo social. El antifranquismo en el interior de España va poco a poco tejiendo una red que va alcanzando más y más nichos de la sociedad civil, desde el Ejército hasta los padres de familia, desde Cádiz hasta Barcelona, desde los monárquicos más tradicionales hasta las izquierdas revolucionarias. Incluso en los núcleos más ortodoxos de la Falange surge el oscuro rastro de la cizaña.

¿Y qué hace el aparato franquista, además de espiar y castigar *a posteriori*? Franco dispone de información suficiente sobre cómo los que le apoyaron en la guerra van poco a poco desencantándose. En este año 48 hay muchos caminos para llegar al antifranquismo: por su apego al poder, por la crisis económica, por las corruptelas... Pero Franco también es consciente de las debilidades de sus adversarios, sobre todo de las bases de los activistas monárquicos de derechas en el interior, cuya relación con el régimen es complicada, pues les cuesta pasar del malestar a una oposición activa. Para impedirlo, Franco decide tomar la iniciativa política: dividir al enemigo para debilitarle, y tentar al descontento para acercarle y, así, neutralizarle. Una partitura política en cinco movimientos.

El primero es soltar a la opinión pública la idea de que Franco quiere fundar un nuevo partido democristiano. Es un mensaje a los más conspicuos falangistas, esos que creen que pueden marcar el paso al Generalísimo. El rumor corre veloz y genera abatimiento en la oposición de derechas. Sobre todo, hace efecto en la Falange, ungidos hasta el momento como el partido único del franquismo, pero también socava las iniciativas y las giras de los antiguos miembros de la CEDA que trataban de rearmar los partidos católicos para unir fuerzas en el interior.

El malestar en la Falange es un tema que alcanza el Consejo de Ministros. Sin duda es un movimiento arriesgado.

—Es la única fuerza de derechas que está a su lado cuando España está en peligro, como con los ataques de la ONU, al organizar aquellas manifestaciones de protesta. Falange fue la única que protestó y se puso al lado del *Caudillo* —dicen los partidarios.

Otros opinan que la fundación de un nuevo partido «podía ser la salida airosa para disolver a la Falange». Pero es un movimiento no carente de riesgos:

—Franco por propia voluntad lo hubiese hecho ya, aunque no puede hacerlo, porque entonces perdería la poca opinión pública que tiene y porque los falangistas se convertirían en los enemigos más encarnizados.

Con el rumor del partido democristiano a todo trapo, llega el momento de trasladar a los dirigentes católicos una mano tendida. Es el ministro Martín Artajo quien trata de atraer voluntades de las derechas no falangistas. Primero se acerca a Ruiz Alonso con el «deseo de congraciarse con Acción Popular». Pero no lo hace directamente, busca un subterfugio en su capellán particular.

—Es convenientísimo que cooperáramos los monárquicos con Franco y su Gobierno, especialmente Acción Popular, y que era deseo este expreso del *Caudillo*—, transmite el religioso a Ruiz Alonso.

En esta estrategia de Martín Artajo de atraer voluntades en las derechas no falangistas, cena con el tradicionalista Rodezno, ahora en segundo plano ante el protagonismo de Fal Conde, y con Oriol, que hace ya dos años protagonizó los contactos entre Franco y Don Juan que desembocaron en el traslado de éste a Estoril. En esa cena Artajo insiste en que se dé a Franco carta blanca para la implantación de la Ley de Sucesión, aprobada un año atrás.

—¿Y qué más carta blanca quiere que la que ahora tiene, para hacer lo que se le antoja sin consultar con nadie? —pregunta acertadamente Rodezno.

La conversación deriva en las garantías que debería dar el régimen a los monárquicos para llegar a cualquier acuerdo. Sin ellas no se puede ni deliberar. Como es lógico, Martín Artajo se interesa y Rodezno responde sin ambages:

—Pues por lo menos que no se persiga a los monárquicos, ni se les encarcele; que se permita una prensa claramente monárquica y no se hagan campañas contra la Monarquía, que han dejado ahora chiquitas a las de la República; que se permitan centros monárquicos...

La franqueza blandida por Rodezno es proverbial. Hace de «poli malo» mientras que Oriol asume el papel de «poli bueno» y media entre el ministro y el líder tradicionalista. En palabras de Rodezno, «todo lo que no sea esto serán palabras vanas y engañosas». Como si no fueran conscientes de todo lo que había pasado en las últimas semanas...

El tercer movimiento de Franco tiene que ver directamente con la Iglesia. Franco sabe que la mejor forma de neutralizar a los disidentes católicos es contar con el apoyo de la jerarquía eclesial, por eso se emplea sin pudor. El marqués de Hazas se queja de que «de este modo se aseguraba más en la Jefatura del Estado, ya que la principal fuerza en España es la religión», y continúa:

—Por eso Franco se atrae, concediendo toda clase de prerrogativas al clero, que actualmente le apoya incondicionalmente.

El mensaje del dictador es devastador para quienes se sienten maniatados frente a los símbolos religiosos. Hazas lo expresa por todos con palabras de profunda impotencia:

—Ésta es la razón por la que no se puede hacer nada contra el *Caudillo*, porque casi todo el clero le apoya y muchos católicos le siguen porque favorece a la religión (aunque él en su interior no sea católico) —señala Hazas, según un informe que Franco lee y subraya. Quién sabe qué pensó al leerlo.

El mejor síntoma del enfado de los católicos tiene que ver con la utilización de los símbolos religiosos con finalidades políticas. A veces de un modo burdo, como con el traslado a Madrid desde Portugal de la imagen de la Virgen de Fátima.

—La ha traído a Madrid Girón en su coche oficial y que esto era dar a este acto religioso un matiz asqueroso, pues todo estaba planeado por el *Caudillo* —comenta Hazas indignado.

El cuarto movimiento de Franco atañe al carlismo y los líderes tradicionalistas. Carlos VIII viaja a Madrid y el Gobierno decide tolerar sus actividades. Fal Conde es el objetivo, lo que propicia que su rival Rodezno trate de situarse como alternativa. Esta división debilita notablemente las posibilidades, como ya se demostró con la cancelada concentración en Montserrat. En el hotel Palace de Madrid, Don Carlos recibe a los mandos afectos y les informa de que los juanistas están perdiendo terreno y que hay que activar la propaganda, sobre todo entre la juventud.

Al enterarse de sus actividades, Fal Conde anuncia una campaña contra la organización de Carlos VIII. Intenta demostrar la ayuda que el *Caudillo* está otorgando a esa facción para provocar disidencias, una «campaña de excisión [sic] y división en el tradicionalismo».

—Franco y la Falange han realizado acciones contra Comunión Tradicionalista, el gobernador de Navarra, señor Junquera, ha facilitado fondos del Gobierno Civil para la propaganda de Carlos VIII —aseguran los hombres de Fal Conde.

Por último, Franco envía emisarios a Estoril con la intención de hacer informes de contrapropaganda. Aseguran que Don Juan es un «pelele» y recorren varios bares para decir que «Don Juan estuvo bebiendo». Todo es poco para desgastar la imagen del conde de Barcelona, una figura de la que el ciudadano medio español apenas oye hablar y, cuando lo hace, suele ser para escuchar valoraciones que le desprestigian.

8

La sorpresa del *Azor*

Son las 11.20 de la mañana del 11 de julio de 1947. José María Gil Robles se encuentra en el aeródromo de Portela dispuesto a emprender su primer viaje al exterior tras once años ininterrumpidos en Portugal. Durante los últimos dieciocho meses de residencia de Don Juan en Estoril, el político conservador ha sabido ganarse la confianza previamente depositada en él por el jefe de la Casa Real, de modo que Don Juan le hace un encargo de capital importancia para la causa monárquica: iniciar una gira internacional para explicar las bondades de su proyecto político y para recabar apoyos explícitos. Todo indica que la situación en España se va a ir poniendo cada vez más difícil para los monárquicos que luchan desde el interior.

En la víspera, durante una última cena a solas, Don Juan se despidió de su consejero verdaderamente conmovido. Desde que se conocieron personalmente en febrero, han trabajado muy intensamente. El plan de viaje ha sido cuidadosamente trazado: Inglaterra, Francia, Suiza, el Vaticano y, llegado el caso, Estados Unidos, ya que el Gobierno norteamericano ha mostrado su interés porque la causa monárquica se haga escuchar en la ONU, donde la única voz española es la de las izquierdas.

Unas horas más tarde, Gil Robles aterriza en Londres. Allí celebra reuniones con representantes gubernamentales y con particulares. De las primeras extrae una conclusión que resume la actuación del Gobierno británico hacia la cuestión española:

—Inglaterra no ve hoy modo de hacer nada práctico contra el actual régimen español, aunque tiene deseos de vivir su liquidación.

Gil Robles es crítico con Londres porque considera que quiere «hacer que hace», quiere escenificar una preocupación por España desde el cinismo consciente de que al final no tomarán medida alguna. Nada nuevo: ésa ha sido su posición en la cumbre de Potsdam, en 1945, y en la nota tripartita que firmaron junto a Estados Unidos y Franco en marzo del 46, y en el Consejo de Seguridad de la ONU, en diciembre de ese mismo año. La convicción británica es desde hace tiempo que Don Juan debe sustituir a Franco, como Churchill y Roosevelt acordaron en Quebec en 1943. Pero a la hora de la verdad, Reino Unido nunca da el paso.

Los motivos de esa calculada indecisión son, sin duda, variados. Pero un viejo amigo al que aprovecha en estos días para visitar en Oxford le ofrece su interpretación desde la experiencia de vivir en Inglaterra. Es Salvador de Madariaga, con quien Gil Robles ha cruzado correspondencia en los últimos años. A su juicio, tres son las razones por las que Reino Unido nunca apoyará el ardiente deseo de Francia de derrocar a Franco: la influencia del elemento católico en el Foreign Office; la presión de los elementos financieros, que le sacan a Franco cuanto quieren, y la inquietud ante una nueva convulsión en España.

Para Gil Robles, la prueba de que el Gobierno británico no tiene especial interés en pasar de las apariencias a los hechos es que la Foreign Office no le invita formalmente a reunirse con el ministro de Exteriores, Ernest Bevin, ni con su número dos, Hector McNeil. Se produce un malentendido porque sí quieren recibirle, pero con la condición de que sea Gil Robles quien solicite formalmente la entrevista. Ante la negativa frontal del colaborador de Don Juan a asumir la iniciativa de la reunión —no quiere dar argumentos a la propaganda franquista—, la entrevista no tiene lugar. «Al parecer, ninguno de los dos teníamos interés en la entrevista», afirma molesto McNeil en una carta enviada unos días después.

Gil Robles abandona Reino Unido camino de Francia sin celebrar reunión al más alto nivel con el Foreign Office. Se va con la impresión de que los ingleses no van a dar ni un paso más de lo estrictamente necesario, lo cual supone dar la razón a Sainz Rodríguez cuando, en aquella primera reunión que ambos mantuvieron en Estoril con Don Juan y Vegas Latapié, advirtió de que los países aliados iban a incumplir su compromiso de apoyar activamente al titular de los derechos dinásticos. Fue el día en que Sainz Rodríguez dijo, irreverente: «Hemos fracasado en derribar a Franquito. Está todo perdido. A Franquito no se le despega de la butaca ni con agua caliente». Pero en aquella ocasión Don Juan dio la razón a Gil Robles y a Vegas Latapié en su estrategia de confiar en los Aliados y mantener una posición pública crítica con Franco.

Quince días después de su partida, y tras múltiples reuniones en París y Ginebra testando el ánimo y la estrategia monárquica fuera de España, Gil Robles llega a Castel Gandolfo, la residencia de verano del Papa. No ha sido fácil conseguir una audiencia con Pío XII, por los mismos motivos que movían al Foreign Office: el Vaticano, como todo actor político internacional, mide sus movimientos con absoluta prudencia ante la cuestión española. Un paso en falso puede propiciar desequilibrios en la aún incipiente comunidad internacional. Sin embargo, Pío XII finalmente sí acepta recibir al emisario de Don Juan de Borbón.

Cuando José María Gil Robles entra en el despacho del Papa muestra una natural emoción, propia de un político de profundas convicciones católicas. Tras tomar asiento por indicación del Santo Padre, Gil Robles le entrega una carta de Don Juan que el anfitrión deposita sobre la mesa sin hacer ademán de abrirla.

El Papa muestra interés por la conducta de Don Juan, que a sus ojos no siempre ha sido modélica, y hace referencia explícita a los «extravíos» —así lo recoge Gil Robles en sus notas— de sus años en Suiza. El político español le asegura que ahora su comportamiento es intachable, ante lo que el Papa se congratula en términos vehementes. También se preocupa por el hijo varón de Don Juan, Don Juan Carlos, a quien bautizó el 26 de enero de 1938, y que ya tiene nueve años. Es su segundo hijo, primero varón, lo que le convierte en el siguiente a su padre en la línea de sucesión a la Corona.

El Papa despide a Gil Robles tras escuchar su análisis sobre la situación política española y con el compromiso de leer la carta que le remite Don Juan de Borbón para recabar su apoyo y explicar su posición política crítica con el favor que la Iglesia española presta a Franco. Afirma el conde de Barcelona en la misiva:

> Somos muchos los católicos españoles que vemos con pavor cómo las masas necesitadas y menesterosas de España se separan cada día más de la Iglesia y de sus ministros, en los que creen ver uno de los principales apoyos del régimen totalitario que domina en España.

Don Juan le muestra la «absoluta insolidaridad» entre la Monarquía y el régimen actual español y su compromiso en la defensa «de mi Religión y de mi Patria». Franco está buscando que la Iglesia española sea uno de los pilares sobre los que sustentar su poder. Precisamente contrarrestar esta estrategia es uno de los fines de la carta de Don Juan, que en definitiva trata de sumar al Vaticano a la lista de apoyos internacionales:

> Para que Dios me dé, Santísimo Padre, luz para ver siempre con claridad mi deber, firmeza para cumplirlo y ánimo para no desmayar ante estas incomprensiones de los esfuerzos que hago pensando en el futuro, ruego humildemente a Vuestra Santidad que me recuerde ahora más que nunca.

Hay otro asunto importante en la carta de Don Juan al Papa: aclarar sus aseveraciones en la entrevista que unos meses atrás ha realizado a *The Observer*, la entrevista con la que el aspirante a la Jefatura del Estado decidió plantar cara públicamente a Franco. Dos afirmaciones —o la interpretación que Pío XII pudiera haber hecho de ellas— preocupan a Don Juan:

> Tan sólo querría reafirmar a Vuestra Santidad que al declarar que la Monarquía «fue, es y será católica», afirmaba con ello la confesionalidad del Estado, con todas sus consecuencias en la enseñanza y demás actividades sociales.

La segunda cuestión es más peliaguda, pues Don Juan se mostró partidario de la «separación administrativa de la Iglesia y del Estado». Se trata de una posición política que ha ido manteniendo en sus distintos manifiestos públicos, y está basada en una convicción firme que, además, le posiciona en sintonía con la izquierda moderada. El jefe de la Casa Real aclara:

> Sólo insinuaba, de acuerdo con la doctrina tradicional en nuestra Patria, la necesidad de deshacer la obra e injusticia de la desamortización española.

La posición de Don Juan es harto complicada. Él no aspira a presidir un Gobierno, lo que requeriría de un programa político; él aspira a ser el jefe del Estado y símbolo de la unidad de la Patria. Alcanzar esa posición de neutralidad institucional contentando a todos, o sin enfadar a nadie, requiere de los máximos equilibrios.

El encuentro con el Papa tiene continuidad dos días después en una entrevista con el encargado de Asuntos Extraordinarios de la Secretaría de Estado, monseñor Tardini, con quien Gil Robles aborda en detalle la cuestión española. El prelado se preocupa por asuntos concretos: ¿contará Don Juan con ayuda financiera exterior, dada la gravedad de la situación económica española? Gil Robles le responde que confía en que sí. ¿Qué plan hay para Franco una vez depuesto? Gil Robles le promete la máxima generosidad, a lo que Tardini le responde que, al parecer, Franco estaba dispuesto —siempre y cuando se le permitiese— a seguir al mando de las Fuerzas Armadas. Tanto para Tardini como para Gil Robles esta hipótesis es inadmisible. Finalmente, el político insiste en que sólo el Vaticano puede intervenir con éxito en la renuncia de Franco, ya que el dictador no se puede permitir el lujo de prescindir de su apoyo.

La respuesta del Papa llega a Estoril transcurridas unas semanas, cuando Gil Robles ya se encuentra de vuelta tras su periplo exclusivamente europeo. La carta busca sortear los intentos del espionaje franquista y es enviada a través de los conductos de la Nunciatura. Tras leerla detalladamente, Don Juan confiesa a su consejero que la misiva es «cariñosísima» y «una confirmación» de la postura del hijo de Alfonso XIII. Al parecer, el Papa se compromete con Don Juan, un avance que el pretendiente a la Jefatura del Estado español tendrá muy en cuenta en el futuro inmediato.

LAS DOS ESPAÑAS, CARA A CARA

—Dudo haber hecho jamás un viaje con menor ilusión.

Es Gil Robles quien reflexiona sobre el objeto de un nuevo viaje a Londres, éste a regañadientes. Es octubre de 1947 y han pasado tres meses desde su frustrante visita a la capital de Inglaterra. En ese tiempo, la diplomacia británica ha trabajado para propiciar una reunión entre los monárquicos y las izquierdas. Su idea es que el representante de los primeros sea Gil Robles y que por los segundos negocie Indalecio Prieto, importante y moderado dirigente del PSOE que, precisamente en esas fechas, cruza el charco camino de Europa tras varios años de exilio mexicano. En 1936, antes de la Guerra Civil, Prieto lideraba el centro izquierda y Gil Robles el centro derecha.

Prieto, periodista nacido en Oviedo pero criado en Bilbao, representa el ala más liberal del Partido Socialista Obrero Español. Nombrado dos veces ministro durante la Segunda República —Hacienda y Obras Públicas— y otras dos tras el estallido de la Guerra Civil, antes de la victoria franquista se instala en Sudamérica para finalmente recalar en México. Allí mantiene viva la llama socialista en el exilio al dirigir la rama más importante del PSOE. Una vez en Europa, Prieto busca hacerse con el control del partido para, desde la izquierda, abrir unas conversaciones con la derecha antifranquista.

En las últimas semanas Indalecio Prieto ha enviado a Gil Robles numerosos telegramas urgiéndole a celebrar un encuentro entre ambos, incluso le ha remitido un documento avalado por los socialistas proponiendo el frente común antifranquista. Gil Robles es profundamente escéptico, pero acaba cediendo y acude a la entrevista.

—Voy dispuesto a mantenerme con la mayor firmeza, sin hacer la menor concesión que ponga en peligro el futuro de España —lamenta Gil Robles.

El consejero de Don Juan teme que la reunión sirva únicamente para reforzar a Franco al permitirle organizar una nueva campaña de escándalo que sólo debilitará a la causa monárquica. Nada más lejos de su interés, y más cerca de sus temores, que leer en la sometida prensa española titulares de esta índole: «Don Juan conspira en el extranjero contra los intereses de España».

Pero a pesar de este pesimismo y de que en todo momento cuenta con el apoyo de Don Juan, Gil Robles acaba cediendo a las presiones. En la embajada británica le dan todas las facilidades, pues el ministro Bevin tiene un repentino y especial interés en auspiciar ese acuerdo. Parece que, al fin, Reino Unido está dispuesto a implicarse en la búsqueda de una solución para España, de una alternativa viable a Franco.

El miércoles 15 de octubre de 1947 se reencuentran cara a cara dos políticos que durante la Segunda República representaron las alas moderadas de la izquierda y la derecha, opciones que fueron fagocitadas por los extremos de los dos bandos. Sin embargo, probablemente ambos son las dos personas mejor preparadas y más experimentadas de la política española en ese tiempo. Uno a la izquierda, otro a la derecha. Las dos Españas, de nuevo frente a frente, pero esta vez para dialogar. Las dos Españas frente a frente unidas por un adversario común, el vencedor de la guerra, que ha decidido construir un Estado a su imagen y semejanza manteniendo la división entre vencedores y vencidos y excluyendo a quienes no se pliegan a sus postulados: Francisco Franco.

Entre el 15 y el 18 de octubre de 1947, Gil Robles y Prieto celebran cuatro encuentros. Dos antes de que el político conservador se reúna con el ministro Bevin, y dos después. La conversación es fluida y revela que las izquierdas y las derechas democráticas y moderadas gozan de múltiples puntos de conexión: la necesidad de eliminar la violencia, venganza o represalia de la vida pública; el mantenimiento del orden público como prioridad primordial; el respeto a la Iglesia católica sin perjuicio de las demás creencias; la participación de las fuerzas sociales organizadas en la elaboración de la legislación social, y la devolución al pueblo español de sus libertades políticas.

El problema entre Prieto y Gil Robles no está tanto en la natural confrontación de izquierda y derecha, sino en el modelo de Estado que sustituirá al franquista —Monarquía o República— y, sobre todo, en el modo de llegar hasta él. El punto de honda discrepancia está en la nota tripartita que firmaron el 4 de marzo de 1946 Reino Unido, Estados Unidos y Francia y en la última declaración de la ONU, en diciembre de ese mismo año, como respuesta a la macromanifestación que atestó la plaza de Oriente de Madrid al ritmo de las consignas a favor de Franco.

La fórmula tripartita apuesta por el nombramiento de un Gobierno provisional tras el derrocamiento de Franco y la convocatoria de un plebiscito para que los españoles elijan libremente entre Monarquía y República. A Gil Robles no le convence la idea, exactamente lo contrario que a Indalecio Prieto, quien así lo explica en el resumen de la reunión que va a remitir a sus correligionarios del PSOE:

> Coincido absolutamente con la solución propuesta en la nota tripartita [...] ¿Qué otro procedimiento, fuera de éste, pleno de garantías para éste, puede aplicarse?

Sin embargo, para Gil Robles esa fórmula tiene dos errores insubsanables: hiere la dignidad del pueblo español y alarma a las fuerzas que apoyan a Franco y aun «al hombre de la calle» por entrañar muchos y muy graves peligros. Así lo expresa en su resumen del encuentro enviado al Foreign Office:

> La fórmula de marzo de 1946 permitirá a Franco aterrar a las gentes con la perspectiva de todos los males, y apiñar en torno de él a las fuerzas que hoy le apoyan, y a la casi totalidad de la masa neutra del país. Para vencer esa resistencia, las naciones tendrán que llegar a los peores extremos de violencia, con sanciones económicas efectivas, con bloqueo de las costas españolas, con cierre de la frontera portuguesa. ¿Están dispuestas las potencias signatarias de la nota de 4 de marzo a llegar hasta ese extremo?

El político conservador considera que el plebiscito previo es «peligrosísimo» porque permitiría al general Franco «triunfar en su resistencia»:

> Un plebiscito previo, sin tiempo para una prudente pacificación, con libertad de actuación y propaganda, llevaría al país al caos y a la guerra civil en muy contados días.

La cuestión del plebiscito es el escollo permanente para Don Juan. Ya estuvo presente en la negociación con los tradicionalistas, y fue un punto caliente en la conversación que el propio Gil Robles mantuvo en Estoril con Vicente Santamaría, el dirigente sindicalista de la ANFD que en 1946 acabó admitiendo las pretensiones de Don Juan... y que al llegar a España fue rechazado por los suyos. Pero Prieto es un negociador mucho más avezado y no está dispuesto a ceder en este asunto:

> Si la elección de régimen y con ella la designación de quien haya de encabezarlo quedaran al arbitrio de Franco, se reconocerá implícitamente la legalidad de su régimen y se estimaría válida la llamada Ley de Sucesión, [...] que destruye los fundamentos de la institución monárquica.

Gil Robles y Prieto están de acuerdo en que hay que celebrar un plebiscito y que hasta entonces la forma de Estado no será definitiva. La cuestión es el cuándo. Prieto concluye:

> También lo reclama el Partido Socialista, pero *a priori*, no *a posteriori*, porque este último, aparte de otros inconvenientes, ofrece el de montar una institución para luego, posiblemente, desmontarla, produciéndose los consiguientes trastornos.

Las posiciones son divergentes en este punto. Gil Robles parte de la base de que hay tres hipótesis que pueden provocar que Franco deje voluntariamente el poder: la propia comprensión de que no puede seguir, que los militares le fuercen a una solución o que la situación económica le obligue. Y se pregunta:

> En cualquiera de estos casos lo lógico es que Franco deje el poder en manos del Rey. ¿Sería racional que en tal hipótesis Don Juan se negara a aceptar el poder de hecho, alegando la necesidad de un plebiscito previo?

Así pues, al debate sobre el plebiscito se suma uno previo: qué actor internacional debe liderar la presión a Franco. Nueva discrepancia. Prieto apuesta por los firmantes de la nota tripartita —Estados Unidos, Francia y Reino Unido— y Gil Robles confía en el Vaticano:

> La intervención de éste tranquilizaría a la opinión susceptible de alarma, y no lastimaría a la dignidad nacional, ya que se trataría de una potencia espiritual.

Prieto no rechaza el apoyo de la Iglesia, pero considera que no debe corresponderle el liderazgo:

> Bien sería que la Santa Sede hiciera saber que Franco no debe parapetarse en la Iglesia para justificar desmanes y opresiones que nadie con conciencia cristiana puede aprobar ni siquiera disculpar.

Finalizados los cuatro encuentros entre Prieto y Gil Robles, las posiciones están claras. Hay puntos de acuerdo y hay discrepancias, pero lo más importante es el hecho de que ambos han mostrado su voluntad de confluir. Como escribe Prieto en su memorándum, sólo hace falta «proseguir las negociaciones». 1947 afronta su recta final.

EL PACTO DE SAN JUAN DE LUZ

—¡Otra vez la campaña de calumnias arrastrando mi nombre por el suelo!

José María Gil Robles se convierte en el blanco de la ira de la prensa española, y de la lisboeta. Sus encuentros con Prieto han trascendido y la propaganda franquista no pierde ocasión de difamarle: llegan a decir que ha firmado un pacto revolucionario con Prieto y que Don Juan le ha desautorizado. Nada es cierto, pero el daño a su figura es terrible. Es la consecuencia directa de la importancia que ha adquirido Gil Robles como consejero de Don Juan.

Durante el último trimestre de 1947, los contactos entre monárquicos y socialistas se enfrían por distintos motivos. El primero, porque Prieto se ve obligado a viajar a México ante la grave enfermedad de su hijo. El segundo, porque el líder conservador, que acaba de perder a su madre y también ha visto enfermar a su hijo, ve difícil que el Gobierno portugués no se vea influenciado por la campaña de desprestigio y le permita viajar fuera de sus fronteras.

Sin embargo, el transcurrir del tiempo acrecienta el ánimo de ambas partes por proseguir las negociaciones. Es Gil Robles quien primero muestra en una carta ante todo prudente su interés porque «haya una nueva conversación entre los interlocutores que se vieron en Londres». Por su parte, Prieto confiesa a su entorno que «no llegar a un acuerdo sería lamentable; no intentarlo, criminal».

La nueva propuesta monárquica se concreta en cuatro puntos que introducen novedades sobre lo hablado por Prieto y Gil Robles en sus primeros encuentros:

> 1. La constitución de un Gobierno-Regencia que asumiría los poderes a la caída del general Franco.
> 2. El Gobierno integraría «elementos de centro» con exclusión de toda clase de totalitarismos, e incorporaría «elementos de izquierda».
> 3. Puesta en marcha de una política de conciliación nacional con garantía de todos los derechos políticos.
> 4. En el plazo más corto posible, el Gobierno llevaría a cabo una consulta electoral que, según las circunstancias, sería un referéndum sobre un texto orgánico o unas elecciones para unas Cortes constituyentes.

A Prieto no le gusta la propuesta, a pesar de que no entrega el poder a Don Juan de primeras, sino que éste lo podría asumir tras una consulta electoral, si así lo decidiesen los españoles. Pero Prieto hace otra lectura: en primer lugar, no le gusta la denominación de «Regencia» de ese Gobierno interino, porque tiene connotaciones que podrían favorecer la opción monárquica el día que hubiera que votar. Además, duda de la pluralidad de ese Ejecutivo, pues se limitan los «elementos de izquierda» pero no se mencionan los de derecha; sospecha Prieto que ésta sea una estrategia para dar más peso a éstos que a aquéllos. Y tercero: el texto que se somete a votación no es elaborado por los representantes del pueblo, sino que se le impone.

Monárquicos y socialistas vuelven a chocar, pero los contactos se han reanudado. Indalecio Prieto cruza ya el Atlántico camino de Francia para volver a liderar las negociaciones con los monárquicos y para tratar de alzarse con el liderazgo del PSOE en su tercer congreso en el exilio.

En el primer semestre de 1948 las negociaciones se aceleran. Las propuestas entre ambos van y vienen para buscar un acuerdo de oposición a Franco. El lugar elegido es San Juan de Luz, una localidad al sur de Francia situada a escasos quince kilómetros de la frontera española. Gil Robles supervisa desde su confinamiento en Estoril; Prieto participa en persona, aunque con mala salud.

A medida que avanza el verano las conversaciones se concretan en un documento de ocho puntos que reflejan los acuerdos en todos los órdenes: reconciliación, derechos políticos y sociales, religión, Gobierno interino, plebiscito para la forma de Estado y papel de la nueva España en el mundo:

1. Dictar una amplia amnistía de delitos políticos.
2. Instaurar desde el primer momento un estatuto jurídico que regule el uso de los derechos de la persona humana y que establezca un sistema de recursos judiciales contra las extralimitaciones del poder público.

3. Mantener inflexiblemente el orden público e impedir todo género de venganzas o represalias por motivos religiosos, sociales o políticos.

4. Reajustar, con el concurso de todos los elementos interesados en la producción, la quebrantada economía nacional.

5. Eliminar de la dirección política del país todo núcleo o influencia totalitarios, sean cuales sean sus matices.

6. Incorporar España inmediatamente al grupo de naciones occidentales del continente europeo asociadas para el plan de recuperación de Europa iniciado merced al auxilio económico de Estados Unidos, e incorporarla asimismo al pacto de los Cinco —Inglaterra, Francia, Bélgica, Holanda y Luxemburgo—, núcleo inicial de la Federación del Occidente de Europa primero y de la de toda Europa después, siempre dentro de la Carta de las Naciones Unidas promulgada en San Francisco.

7. Asegurar el libre ejercicio de culto y la consideración que merece la religión católica sin mengua del respeto que a las demás creencias religiosas se debe, conforme a la libertad de pensamiento.

8. Previa devolución de las libertades ciudadanas, que se efectuará con el ritmo más rápido que las circunstancias permitan consultar a la Nación a fin de establecer, bien en forma directa o a través de representantes, pero en cualquier caso mediante voto secreto, al que tendrán derecho todos los españoles, de ambos sexos, capacitados para emitirlo, un régimen político definitivo. El Gobierno que presida esta consulta deberá ser, por su composición y por la significación de sus miembros, eficaz garantía de imparcialidad.

El 24 de agosto el documento está cerrado. Es la primera vez desde el final de la Guerra Civil en que la derecha monárquica y las izquierdas posibilistas se van a poner de acuerdo en cómo se debe gestionar un eventual posfranquismo. La trascendencia es máxima pues envía un mensaje nítido a la comunidad internacional: la

España democrática se ha puesto de acuerdo. En San Juan de Luz todo está preparado para que el documento se ratifique seis días después, el 30 de agosto.

Sin embargo, al día siguiente, 25 de agosto, se produce un acontecimiento que descoloca a unos y a otros: Franco y Don Juan se reúnen en el barco *Azor* cinco millas al norte de San Sebastián. De todas las personas implicadas en los contactos de San Juan de Luz, nadie lo sabía. Nadie lo esperaba. José María Gil Robles es el último en enterarse y lo hace porque le informa por teléfono el secretario de la embajada inglesa en Lisboa. «Es absurdo», le responde con la mayor buena fe Gil Robles, a quien poco a poco se le van abriendo los ojos. Pocas horas después recibe otra llamada para confirmar la noticia, en este caso del director de la agencia France Press.

La noticia también llega a oídos de Indalecio Prieto, completamente ignorante de los planes de Don Juan:

—Ante mi partido quedo como un perfecto cabrón. Tengo tales cuernos que no sé cómo voy a poder salir por esa puerta —exclama.

Sea por lo que sea, Don Juan ha decidido actuar al margen de Gil Robles. «El Rey ha dado un paso de esta gravedad sin contar con sus habituales consejeros», reflexiona el político en su diario. Pero se equivoca: otro de los «habituales consejeros», Pedro Sainz Rodríguez, sí está al tanto del encuentro en el *Azor*, del que ha sido entusiasta valedor.

Las discrepancias entre Gil Robles y Sainz Rodríguez ya se explicitaron en aquella reunión de Villa Papoila en febrero de 1946, cuando discutieron sobre cómo había que plantar cara a Franco. Y Don Juan había decidido poner en marcha dos planes paralelos: con Gil Robles, la vía de la negociación con las izquierdas; con Sainz Rodríguez, la del encuentro cara a cara con Franco. Que la mano derecha no sepa lo que hace la izquierda.

DON JUAN DA UN GOLPE DE TIMÓN

1948 es un año complejo. A medida que pasa el tiempo, la distancia entre los antiguos Aliados de la Segunda Guerra Mundial es cada vez mayor y la amenaza que supone la Unión Soviética es cada día más beneficiosa para Francisco Franco. El temor de las democracias occidentales a que España pueda convertirse en un satélite comunista, o en un país bajo la influencia de la URSS, crece por minutos.

En diciembre de 1947, Don Juan de Borbón recibió una llamada que le hizo pensar. Era su tío, Louis Mountbatten. El mismo que unos años antes le había informado de que Roosevelt y Churchill habían concluido que debía sustituir a Franco le llamaba ahora para abrirle los ojos:

—Hay que aceptar la realidad, Juan, es terrible, pero hay que aceptarla. Nuestro Gobierno y el norteamericano están de acuerdo en que siga Franco y que las relaciones con España vuelvan a la normalidad. La situación europea es cada vez más inquietante. Miguel de Rumanía está en el exilio. De la Monarquía búlgara no queda nada, Stalin es el dueño absoluto del centro de Europa [...]. Por mucho que condenen la dictadura, nuestros gobiernos prefieren a Franco porque, cierto, es jugar una fea carta, pero sin riesgo.

En ese momento, las conversaciones entre Prieto y Gil Robles están recuperando el ritmo después del parón por sus situaciones familiares tras los primeros encuentros de Londres. Don Juan, obviamente, está al tanto de todo, pero a pesar del giro de los acontecimientos decide mantener abierto el diálogo con la izquierda mientras explora una nueva estrategia política. En ningún sitio está escrito que no se puedan jugar dos partidas en paralelo.

Con Gil Robles afanado en las conversaciones con Prieto, a Don Juan le quedan dos consejeros importantes en Estoril. Uno es Eugenio Vegas Latapié, político de profundas convicciones conservadoras que no puede soportar un pacto con la izquierda y da un paso atrás. Don Juan le nombra preceptor de su heredero, el Príncipe Don Juanito, a quien Vegas Latapié acompaña a Suiza durante el curso escolar en el internado marianista Villa Sant Jean. El otro consejero es Sainz Rodríguez, desde hace tiempo abiertamente enfrentado con las políticas de Gil Robles.

—Bueno, ¿y ahora qué hago? —pregunta Don Juan a Sainz Rodríguez.

—Señor, Franquito está tan consolidado como el Monasterio de El Escorial. No hay quien lo mueva. A la vez está jodido y bien jodido porque se le han ido los embajadores, la ONU no le acepta y las restricciones económicas internacionales, salvo esta pantomima de Perón, le están escoñando todo. Por eso se ha inventado el Fuero de los Españoles y sobre todo la Ley de Sucesión, para que le dejen de tratar como a un maricón con purgaciones.

Sainz Rodríguez insiste en el triunfo de «Franquito», pero ofrece a Don Juan una alternativa:

—Vuestra Majestad tiene una baza en las manos, vital para Franco: Don Juanito. Juéguela a fondo. A Vuestra Majestad y a la institución les conviene que el Príncipe estudie en España. Un Príncipe que se educa fuera de su país lo tiene muy difícil para reinar en él. Para Franquito, que el Príncipe estudie en España supone decir a los Aliados: ¿no queréis Monarquía?, pues ahí la tenéis. España es ya un Reino y el hijo del pretendiente está aquí a mi lado estudiando y preparándose para ser Rey. Como la ley exige tener treinta años, al Generalísimo le quedan veinte por delante. Franquito necesita tanto al Príncipe que con él, en cuestión tal vez de meses, se romperá el bloqueo y se normalizará la situación española. Ya verá como no me equivoco: le lamerá el culo a Vuestra Majestad cuantas veces haga falta para tener a Don Juanito en España.

—Entonces, ¿debo dar por perdida la Restauración que teníamos pensada?

—No, Señor, claro que no. Franco puede morirse de una enfermedad. Hay, además, accidentes, atentados... Lo que debe hacer

Vuestra Majestad es cautivar a los militares. Le recomiendo que tenga la escalilla de los Ejércitos siempre al alcance de la mano y extreme la amabilidad con los capitanes generales, sobre todo los de Madrid y Barcelona. Si Franco muere y el ministro del Ejército y los capitanes generales de Madrid y Barcelona son favorables a la Monarquía, Vuestra Majestad volverá al Palacio Real. Eso se lo ha explicado muy bien Juan Ignacio Luca de Tena. Si no hay acciden-te, ni atentado ni enfermedad súbita, entonces el que estará jodido y bien jodido será Vuestra Majestad. Pero como hay mucho tiempo por delante no crucemos el puente antes de llegar a él.

Lo que Sainz Rodríguez está proponiendo a Don Juan es un auténtico golpe de timón en la estrategia seguida hasta el momen-to. Para el conde de Barcelona no es nueva la idea de que el Prín-cipe Don Juanito vaya a estudiar a España, pues hay una persona que se lo ha propuesto en reiteradas ocasiones a través de cartas enviadas desde España. Es Julio Danvila, monárquico que llegó a ser amigo personal de Alfonso XIII y que ahora se siente muy cer-cano a Franco: la persona idónea para propiciar el acercamiento entre ambos.

Las cartas que Danvila ha enviado a Don Juan proponiendo un entendimiento con el general Franco obtienen al fin respuesta en enero de 1948.

—Tus argumentos tienen, desde luego, originalidad y fuerza, pero no se te ocultará que llevar a la práctica tus planes no sería cosa fácil.

Durante varios meses el tenaz Danvila ejerce de intermediario. Escribe a Don Juan y escribe a Franco. Explica a ambos las bonda-des de una entrevista. Sus gestiones van poco a poco haciendo mella, aunque nadie quiere asumir la iniciativa de la reunión. Has-ta que en julio consigue ser recibido por Franco, que en principio insiste en su negativa a reunirse con Don Juan:

—Convénzase usted, Danvila, que no hay nada que hacer, pues lo de Estoril está perdido.

Sin embargo, el argumento de convencer a Don Juan para que envíe a su hijo a estudiar a España seduce al dictador. Le parece que esa medida puede ser un «primer paso», pero rechaza que se adopte previa designación de Don Juan como futuro Rey. Franco acepta ser él quien propone el encuentro y sugiere a Danvila que se celebre en su yate, el *Azor*, entre el 23 y el 25 de agosto.

EN AGUAS DEL CANTÁBRICO

La mañana del 25 de agosto de 1948, cinco kilómetros al norte del monte Igeldo de San Sebastián, el mar no está tranquilo. Ése es el lugar elegido para la entrevista personal entre Franco y Don Juan, prevista a las doce de la mañana a bordo del *Azor*, el yate de recreo del jefe del Estado. La última vez que ambos se vieron, Alfonso XIII aún reinaba en España. Fue en un cambio de guardia en el Palacio Real en la Navidad de 1930. Desde ese exilio voluntario del Rey han pasado diecisiete años: cinco de la Segunda República, tres de la Guerra Civil y nueve del régimen personalista de Franco.

Esa mañana, el jefe de la Casa Real zarpa desde la localidad francesa de Arcachón a bordo del *Saltillo*, el velero de 26 metros de eslora con el que da rienda suelta a su devoción marinera. Minutos antes de la hora convenida, y a pesar de la marejada, Don Juan divisa las costas guipuzcoanas. Con la ayuda de unos prismáticos observa, al fondo, el Palacio de Miramar y la Torre del Buen Pastor. Hacía muchos años que no estaba tan cerca de España.

Entretanto, el cazaminas *Tambre*, que siempre acompaña a Franco en sus excursiones de pesca, acude hacia el lugar convenido para recoger al invitado. El *Saltillo* iza la bandera de saludo y Don Juan cumplimenta a su anfitrión agitando su gorra al viento. Desde la cubierta, Franco contesta con los brazos en alto.

Don Juan llega al *Azor* a bordo de un pequeño bote. Su atuendo es propio de un marino: chaqueta azul, pantalones, zapatos y calcetines blancos. Tiene treinta y cinco años. Al poner el pie en cubierta, el contramaestre da las pitadas de almirante y Franco se acerca a saludarle. El general ha apostado por un traje de chaqueta gris con chaleco y zapatos blancos y azules. Tiene cincuenta y cinco años.

Al estrechar sus manos ambos sienten la emoción. El saludo es efusivo y Franco incluso derrama algunas lágrimas. Antes de pasar a la cámara, el jefe del Estado y el jefe de la Casa Real comparten algunas frases triviales sobre el tiempo y la travesía. Una vez dentro, conversan durante cerca de tres horas. No hay testigos. Entretanto, el *Azor* navega en paralelo a la costa hasta llegar a Zarauz y vuelve lentamente de nuevo frente a San Sebastián.

Cuando se sientan frente a frente, Franco y Don Juan apenas se conocen. Han intercambiado numerosas cartas y llevan años disputando un tira y afloja a través de la opinión pública. Desde que Don Juan optó por publicar el Manifiesto de Lausana, en 1946, la relación está rota y la opinión que el uno tiene del otro, y el otro del uno, no es más que un reflejo de los que les transmiten sus colaboradores.

Don Juan quiere hablar del pasado y del presente, a Franco sólo le interesa el futuro. El aspirante se apresura a decir que mantiene íntegramente su actitud y su posición doctrinal y atribuye sus manifiestos exclusivamente al bien de la Patria. Franco no le replica, aunque en algún momento asegura que él también practica la conciliación, incluso le pone ejemplos concretos. Pero su interés no está en revisar las heridas, sino en garantizar su continuidad. Franco espeta abiertamente a Don Juan que quiere permanecer en el poder otros veinte años y asegura no entender su impaciencia por la Restauración. Don Juan responde que no se trata de un interés personal, sino que parte de la situación de necesidad económica que se vive en España. Franco reconoce las dificultades, pero asegura que, con las medidas que está adoptando su Gobierno, España será pronto uno de los países más ricos. Don Juan se ha documentado y le rebate con cifras. A Franco no le sienta bien; no está acostumbrado a que le lleven la contraria.

—Yo no admito que los ministros me discutan —afirma el *Caudillo*—. Los mando y obedecen.

Franco se declara fervoroso monárquico y, de nuevo, derrama alguna lágrima recordando emocionado la figura de Alfonso XIII. Añade que en ese momento histórico en España no hay ambiente ni monárquico ni republicano, y asegura que a él le costaría muy poco convertir a Don Juan en una persona popular —en menos de quince días— y propiciar un clima de apoyo a la Monarquía.

—Si tan fácil le es a usted crearla —responde el conde de Barcelona—, ¿por qué alega su falta como pretexto para diferir la única solución estable?

Franco se defiende como puede e insiste en recomendar a Don Juan que no tenga prisa. Encuentra en el futuro la respuesta a los datos que expone su rival y asegura que la delicada situación internacional propiciará una nueva guerra. Pero en esta ocasión Franco elegirá muy bien de qué lado está:

—España entonces será un sumando en la contienda. Yo puedo dar infantería y pilotos, que ahora no pueden volar porque no hay gasolina, pero que en la guerra utilizarán los aparatos americanos.

Franco habla abiertamente de apoyar a los americanos. Obviamente su rival es el comunismo soviético de Stalin, pero no hace tantos años que sus socios eran Hitler y Mussolini. El viraje de Franco es pragmático en aras de garantizar su supervivencia, incluso aunque haya que meter al Ejército español en una nueva conflagración. Don Juan, sorprendido ante un cambio de bando que Franco presenta con absoluta naturalidad, le recuerda que en 1942 prometió defender Berlín con un millón de soldados españoles. Al dictador le sienta fatal el comentario y le observa con frío aborrecimiento.

Don Juan deriva la conversación, pero insiste en el pasado:

Franco debió consultarle, aunque sólo fuera por corrección, la aprobación de la Ley de Sucesión. La respuesta de Franco es, ahora sí, soberbia:

—No lo hice para tener a Vuestra Alteza como un gallo tapado.

La conversación es profusa y transita por aguas revueltas —como las del Cantábrico esa mañana—. Sin perder la compostura, pero sin dejar de defender sus posiciones, los interlocutores se tratan con respeto. «Su Excelencia» y «Su Alteza Real» contrastan sus opiniones hasta llegar al punto clave del encuentro: la educación del Príncipe.

Franco pondera la importancia de la cuestión, se extiende en consideraciones acerca de los peligros de los príncipes extranjerizados y defiende abiertamente la necesidad de que Don Juanito se eduque en España, donde se compromete a dispensarle todos los honores. No hay duda de que a su reino sin rey le conviene tener un heredero en territorio nacional. Pero Don Juan no está dispuesto a entregar a su hijo a Franco sin establecer una serie de condiciones. Para empezar, explicita que de la educación del niño se encargarían las personas que designara exclusivamente su padre. Don Juan no se opone a que su hijo pase temporadas en España, incluso a que estudie allí, pero no entregarlo a Franco:

—¿Cómo voy a mandar a mi hijo a España mientras sea un delito gritar «Viva el Rey», se multe a quienes se reúnen para hablar de la Monarquía, se prohíba toda clase de propaganda y se persiga a quienes me son fieles?

—Todo eso puede arreglarse —responde Franco.

La conversación no llega a concreción alguna sobre el futuro académico de Don Juanito, pero sienta las bases para que sean los colaboradores quienes aterricen la idea. Transcurridas tres horas, en las que también se habla de caza y de pesca, Franco da por zanjada la entrevista.

—Seguiremos en contacto, pues quedan muchas cosas pendientes. Vuestra Alteza puede utilizar cerca de mí al duque de Sotomayor. Yo no tengo de quién fiarme, ya que todos mis colaboradores son muy indiscretos.

Son las cuatro de la tarde. Todo está preparado para el almuerzo. Durante la larga entrevista han llegado al *Azor* los acompañantes de Don Juan en el *Saltillo*, con su hermano Don Jaime a la cabeza. El jefe de la Casa Real quiere escenificar con la presencia y acatamiento de su hermano mayor la renuncia a sus derechos dinásticos, que ya firmó en 1933: han pasado quince años desde que Don Alfonso decidiera casarse con Edelmira Sampedro y Robato; desde que Don Jaime hiciera «formal y explícita renuncia, por mí y por cuantos descendientes que pudiera llegar a tener, a cuantos derechos me asistieran a la sucesión en el Trono de nuestra Patria», y desde que Alfonso XIII propusiera a Don Juan como su heredero. Quince años.

El menú elegido incluye tres platos: entremeses y huevos a la americana; ternera benicarló y patatas a la duquesa, y de postre, bizcocho helado y palitos de hojaldre. Presiden Franco y Don Juan, acompañados por ocho comensales más. La conversación vive momentos tensos a cuenta de la pesca del salmón y otras cuestiones intrascendentes. Tras el café y los licores, y una breve tertulia, Don Juan se despide de Franco.

Ya en el *Saltillo*, el conde de Barcelona saluda, se pone al timón y da las instrucciones a su tripulación. Franco, sentado en la cubierta del *Azor*, observa a su rival mientras aguanta las sacudidas del mar. Tres minutos y medio después el velero iza todas las velas y emprende la marcha. En el palo del *Azor* aparece la señal internacional de «buen viaje». El *Saltillo* contesta con la de «muchas gracias». Don Juan se gira a su tripulación:

—Buena maniobra la vuestra. ¡Bravo, muchachos!

El *Saltillo* se aleja del *Azor* y Don Juan de Franco. El encuentro ha puesto de manifiesto su mutua incomprensión. No están de acuerdo en casi nada, pero como consecuencia de ese histórico encuentro a cinco millas de San Sebastián, una persona adquiere una relevancia extraordinaria para el futuro de España. Es Don Juan Carlos de Borbón y Borbón, Don Juanito. A sus diez años está llamado a jugar un papel esencial en el futuro político de España. Él no tiene ni la más remota sospecha de la que se le viene encima. Don Juan sí atisba el riesgo del movimiento político que acaba de realizar. Su llegada a Madrid decantará definitivamente la balanza hacia uno de los dos contendientes. Su llegada reescribirá la Historia de España.

9

La anulación del padre

Lisboa, 8 de noviembre de 1948. Tras despedirse de sus padres en la estación del Rossío, Don Juanito se sube al tren mientras las lágrimas empañan sus ojos. El ferrocarril echa a andar y a sus diez años el Príncipe se aleja lentamente de sus padres. No es la primera vez que viaja solo, pero nunca antes había sido así. A partir de ese día, ya nada será igual. Él lo intuye, por eso sufre; sus padres lo saben:

—María, recuerda lo que te digo —le dice Don Juan a su esposa—, hoy comienzan nuestras verdaderas dificultades.

En ese seco y frío invierno, Don Juan Carlos es un niño de diez años que no ha pisado nunca España. No conoce su territorio ni sus gentes. Tampoco su historia. No conoce el país que, algún día, puede proclamarle jefe del Estado. Su padre, Don Juan, es sabedor de los riesgos que asume imponiendo a su hijo una vida compleja, pero la realidad le impone a él la obligación de abrir nuevos escenarios para el futuro de la Monarquía. El futuro de la institución ya no sólo pasa por él y su hijo, un niño con responsabilidades de adulto ante un futuro incierto, también debe estar preparado. Don Juan lo ha debatido concienzudamente con sus consejeros.

—¿Se imagina Su Majestad a nuestro futuro Rey hablando con acento portugués? —le dicen a Don Juan los partidarios de que envíe a Don Juan Carlos a España.

—Piense que enviar al Príncipe a España es ponerle prácticamente en manos de sus enemigos —advierten los detractores.

Aunque contradictorios, ambos consejos son certeros. Los españoles nunca aceptarían a un Rey que pudiera ser considerado extranjero, pero enviar al jovencísimo Príncipe a España supone entregárselo a Franco. Don Juan está entre la espada y la pared y es consciente del riesgo, pero sabe que no le queda alternativa.

—Yo no puedo privar a mi hijo de algo tan absolutamente preciso al Príncipe como educarse en España —confesaría Don Juan años después—. Aunque eso me hubiera costado a mí la Corona, no podía hacerlo.

La decisión no es fácil, pero Don Juan no sólo ha de responder de sí mismo, representa a una dinastía. Por eso diseña un plan para «españolizar a su hijo». El primer paso es que viaje a Madrid, que pise tierra española. Y lo hace en tren desde Lisboa, en el Lusitania Express. Ya habrá tiempo para profundizar en asuntos de mayor trascendencia. La pregunta que en ese momento martillea la cabeza de Don Juan es si su hijo será capaz de sortear por sí mismo el exhaustivo control de Franco.

Dado que en este momento Don Juan y Franco siguen seriamente distanciados, Don Juan Carlos debe viajar solo, aun a riesgo de que Franco le intente manipular y acercar a sus ideas. Por primera vez, el Príncipe asume un rol vinculado a su posible futuro como Rey. Es la primera lección de su formación para llegar a ser el primero de todos los españoles, pero habrá muchas más. Esta vez debe aprender solo.

Cuando el Lusitania Express atraviesa la frontera, Don Juan Carlos se levanta del asiento y pega su frente al frío cristal, deseando descubrir esa España de la que tanto le habían hablado. Su decepción es mayúscula: el paraje seco y los tonos amarillos se convierten en una metáfora de la España de posguerra. Atónito ante el paisaje huero, Don Juanito sólo acierta a preguntar:

—¿Toda España es así?

Los peores temores de Don Juan son ciertos. Franco ha preparado la visita del Príncipe con todo lujo de detalles. El tren no llega al centro de Madrid, por si algún monárquico se acerca a recibirle, sino a la estación de Villaverde, situada fuera de la ciudad y parada sólo para trenes de mercancías. Toda precaución es poca para el dictador, que quiere controlar al niño desde el principio. Nada de loas ni recibimientos entusiastas. Franco no está dispuesto a que la llegada del hijo de Don Juan se convierta en un elemento de propaganda monárquica.

Son las ocho de la mañana del 9 de noviembre de 1948. Don Juan Carlos está a punto de apearse del tren y poner pie en tierra española.

INFORMES DE ESPIONAJE

Los servicios del espionaje de Franco siguen funcionando como un reloj. En los primeros días de noviembre se multiplican los informes confidenciales que llegan a El Pardo, pues urge saber cómo encajan los actores políticos la inminente llegada del hijo del conde de Barcelona. ¿Qué piensan los monárquicos españoles? ¿Y el pueblo, qué opina? ¿Debe Franco preocuparse por el riesgo asumido?

Los informes que maneja el jefe del Estado ofrecen una importante novedad. Los protagonistas ya no son sólo los conspiradores antifranquistas: por primera vez las conspiraciones, las reuniones clandestinas, los corrillos se producen en el seno de personas que han sido leales a Franco. Son los «duros» de la Falange, aquellos que consideran que se está apartando de su esencia y que ha olvidado «la revolución nacional-sindicalista».

Como es su costumbre, el jefe del Estado lee personalmente los documentos, bien afiladas las dos puntas de su lápiz. Rojo lo malo, azul lo bueno. A través de ellos descubre que la persecución de los últimos meses ha hecho poca mella en el entusiasmo conspirador de los monárquicos: Kindelán, Aranda y el duque de Alba no cejan en su empeño. El primer descubrimiento es que el conglomerado monárquico sigue funcionando, a pesar del encuentro con Don Juan en aguas de San Sebastián un par de meses atrás. Y a pesar de la represión.

Leyendo a los espías, Franco descubre que a pesar de su confinamiento en Fuenterrabía tras su conferencia en casa del marqués de Aledo, Kindelán no ha escarmentado y seguirá siendo una incómoda piedra en el zapato:

> El general Kindelán, secundado por varios más, se propone hacer un llamamiento al Ejército para que se sume a la causa de Don Juan, en una fuerte campaña que la Junta monárquica prepara [...].

Los espías también desvelan la intención del general de reunir pronto en Barcelona a un grupo de militares para poner en marcha los actos políticos. En esa reunión, aseguran, «se abordarán los tratados políticos proyectados para la unión con las fuerzas políticas de izquierdas, que son defendidas además por el duque de Alba». Es la consecuencia de lo que los agentes del *Caudillo* describen como el «famoso pacto con las izquierdas» firmado en San Juan de Luz por monárquicos y socialistas mientras Franco se reunía con Don Juan en el *Azor*. El documento auspiciado por José María Gil Robles e Indalecio Prieto ya se está distribuyendo por toda España. Así lo revela un informante presente en una comida organizada por el general Aranda, siempre el más firme partidario de los contactos con las izquierdas.

Los espías hilan muy fino, y estrechan el cerco sobre Don Juan.

Cuentan con información de primera mano y saben que mantiene contactos con los tradicionalistas para que se produzca la «fusión» con otras fuerzas monárquicas y la «admisión» de otros grupos políticos «de tendencias derechistas». Pero también revelan un importante enfado del conde de Barcelona:

> El pretendiente D. Juan ha sostenido una larga entrevista con López Oliván, Sainz Rodríguez y Gil Robles desautorizándoles para que firmen en su nombre y sin su propio consentimiento asuntos de tanta envergadura como son los tratados políticos con las izquierdas.

A Franco le queda claro, y éste es el segundo descubrimiento que le ofrecen sus espías, que Don Juan no está en el detalle de todos los movimientos, porque las distancias y las comunicaciones se lo impiden, pero averigua que sí es celoso de reservarse la última palabra, aunque para ello deba reprender a quienes han sido sus más cercanos consejeros en Estoril.

Don Juan sigue trabajando su conspiración. La reunión del *Azor* no ha propiciado ningún apaciguamiento, los monárquicos no dan un paso atrás. Y lo que es peor para Franco: la llegada de Don Juan Carlos ha rebelado a quienes confiaban ciegamente en él.

LA ANULACIÓN DEL PADRE

El anuncio de la llegada de Don Juan Carlos a Madrid sacude los mentideros nacionales. Franco decide gestionarlo con fría inteligencia y férrea censura. La desinformación es el mejor modo de propiciar el desconcierto entre quienes ven —o veían— en Don Juan una alternativa de futuro.

En el otro lado del tablero, y alertado de la oleada de críticas que está empezando a recibir, el conde de Barcelona trata de persuadir a Franco para que la prensa española pueda publicar los motivos de su decisión. Pero no es fácil acceder al jefe del Estado. Franco no recibe a nadie, son el subsecretario Carrero Blanco y el ministro de Educación quienes gestionan en persona lo relativo a la llegada del Príncipe. Ante el muro de aislamiento que Franco levanta en El Pardo, a Don Juan no le queda más remedio que recurrir a Julio Danvila, el intermediario de la reunión en el *Azor*, para que escriba al dictador.

Danvila asume la gestión consciente de que a Franco no le gusta que le den órdenes. Pocos saben como él las dificultades de actuar como intermediario entre éste y Don Juan. Aun así, prepara una propuesta y la plasma en un plan para que la prensa recoja las demandas del conde de Barcelona. La carta llega pronto a manos de Franco, que escudriña atentamente las demandas de su adversario:

> En el día tan crítico para Don Juan de su máximo sacrificio por España enviando a su hijo mientras Él tiene que permanecer en el destierro, no debo ocultar a Vuestra Excelencia que esperaba encontrar ocasión para que los españoles le recordaran con cariño y supieran que siempre estuvo en el sitio que juzgó mejor para el interés de la Patria.

La carta de Danvila rebosa precaución. En ella subyace el pavor a que Franco pueda interpretarla como una orden. Cinco cuartillas datadas en la calle Lista, 5, de Madrid, escritas cuidadosamente a mano para no interferir el ánimo del destinatario:

> Su Alteza Real el Conde de Barcelona y yo comprendemos muy bien las dificultades y responsabilidad que supone para Vuestra Excelencia el momento político actual dentro y fuera de España y por ello que tal vez no pueda conceder lo que le dicten sus sentimientos, de los que no dudamos ni un solo instante.

El objetivo de Don Juan, a través de la letra clara y limpia de Danvila, es:

> Contestar a las voces murmuradoras que levanta el camino ahora emprendido. [...] Que ante la oleada de críticas de los descontentos podamos argumentar con la demostración impresa que la venida del hijo jamás supone la anulación del padre.

Don Juan pretende que, al menos, el diario monárquico *ABC* publique un editorial explicando sus razones, y que la prensa recoja una fotografía junto a su hijo. Sin embargo, el Gobierno sólo quiere distribuir una «sin trascendencia». La convicción de Franco es que los periódicos no deben acoger en ningún caso los argumentos de Don Juan. Tampoco una foto suya con su hijo.

El jefe del Estado no está dispuesto a conceder ni un centímetro en la batalla de la opinión pública. En ese terreno, él es el salvador de la Patria, y su rival, cuando menos, un antipatriota. En las guerras, la primera víctima es la verdad. Franco recibe presiones desde todos los sectores ideológicos, así que la llegada de Don Juan Carlos de Borbón a España se va a zanjar con una escueta y fría nota de prensa. A ojos del ciudadano medio, el hecho político que supone la llegada del Príncipe va a pasar inadvertido. Del mismo modo que en España va a vivir el hijo, y no el padre, en la prensa se hablará del hijo —aunque poco— y no del padre. Es la prueba de los planes que el jefe del Estado tiene para un niño que algún día podrá ser, quién sabe, su sucesor a título de Rey.

La revolución pendiente

Tras el final de la Segunda Guerra Mundial, el pensamiento falangista va poco a poco desnaturalizándose, incapaz de renovarse, y en choque directo con las necesidades económicas de España. Poco a poco en el seno de la Falange va creciendo un hondo descontento con su Generalísimo. La reunión con Don Juan en el *Azor* y la llegada del Príncipe a España son motivo de algarada para los más auténticos falangistas, que se niegan a aceptar el acercamiento al jefe de la Casa Real en el exilio. Lo ven como una claudicación.

En 1948 el descontento es *vox populi*, por lo que Franco estudia incluso la posibilidad de sustituir la Falange por otra organización. Así consta en los informes que el servicio de espionaje de la Falange entrega al propio Franco:

> El *Caudillo* está preparando una nueva maniobra: crear un partido político que se titulará demócrata-cristiano y que le servirá de camuflaje para el tinglado político de la Falange, que quedará agrupada en dicha organización.

Según los espías, el promotor de esta idea es el mismísimo ministro de Asuntos Exteriores, Alberto Martín Artajo, convencido de que «esto podía ser la salida airosa para disolver la Falange», que a su vez añade:

> Franco por propia voluntad lo hubiese hecho ya, pero no puede hacerlo, porque entonces perdería la poca opinión pública que tiene, y porque los falangistas se convertirían en los enemigos más encarnizados.

En este contexto de desconfianza mutua, de distancia insalvable, dos semanas después de la reunión del *Azor* se produce un hecho de especial relevancia. El servicio de correspondencia del Palacio de El Pardo entrega al jefe del Estado una carta importante. La irrupción de Don Juan Carlos en el escenario político, aunque sea a tan corta edad, no sólo inquieta a los monárquicos, también a quienes confían en que Franco tiene una misión: el destino histórico de España en lo universal.

La carta está escrita a mano, con las letras redondas de rasgos suaves. La tinta azul oscura contrasta con el rojo del escudo que preside las tres cuartillas: el yugo y las flechas, en un esmerado relieve. Escribe Pilar Primo de Rivera, que a sus cuarenta años es una de las mujeres con más popularidad y mayor poder en esos años en España. Hija del dictador Miguel Primo de Rivera y hermana del fundador de la Falange, José Antonio, la también fundadora de la Sección Femenina actúa como reserva moral del falangismo en un momento en el que el partido único del franquismo sufre una notable pérdida de influencia en las esferas de poder.

> Mi General: No vea Vuestra Excelencia en esta carta una intromisión en asuntos que no me corresponden, sino un deber de conciencia que cuando apremia para algo, no hay más remedio que obedecerle.

A la hermana de José Antonio le apremia un «deber de conciencia»: pedir a Franco que la ideología de la Falange esté presente en la educación del Príncipe en España.

> Lo conveniente que sería poner cerca del hijo de D. Juan una persona que vaya inculcando en su ánimo, de una manera suave y continuada, las razones que tuvo la Falange para aparecer en la vida de España, cuáles son las fórmulas políticas que persigue, cómo por servir a esa fe política cayeron José Antonio y muchos miles de camaradas antes de la guerra y, durante ella, cómo la Falange en el futuro no busca más que servir el destino histórico de España en lo universal, única justificación de su existencia, y completar la revolución pendiente para servir a ese mismo destino y hacer más justa la vida de los españoles.

Pilar Primo de Rivera confiesa a Franco que esta idea surgió durante una conversación con su hermano Miguel, a quien se atreve a proponer como la «persona» adecuada para influir en el joven Príncipe.

> Quizás Miguel mi hermano, no por ser mi hermano, sino por las circunstancias que en él concurren, pudiera servir para estar cerca del Príncipe.

Sus palabras denotan la trascendencia que se da en España a esta visita, pues el enfrentamiento explícito entre Don Juan y Franco sitúa al legítimo titular de los derechos dinásticos en una difícil situación. Y en ese contexto, el joven Príncipe adquiere protagonismo:

> Porque si este niño se educa en la ignorancia de todas estas cosas, a la larga serían inútiles los esfuerzos realizados de una manera tan prodigiosa por V. E.

En su interés por no importunar al jefe del Estado —«Ya sé que V. E. tiene esta misma angustia que yo»—, la fundadora de la Sección Femenina dedica las últimas frases de su carta a halagar una vez más a Franco y a ensalzar el papel de la Falange:

> La Falange significa tanto para mí y para España que me horroriza el pensar que pueda perderse, en el momento, que deseamos todos eternamente lejano, en que V. E. no la lleve de la mano.

Pilar Primo de Rivera formula su petición de un modo directo, respetuoso y honesto. No así otros destacados falangistas, algunos muy cercanos a Franco, que ponen en marcha una campaña levantisca contra un dictador que a sus ojos está perdiendo la oportunidad de realizar la revolución pendiente. Franco destituye fulminantemente a Luis González Vicén, dirigente de su Guardia, y a

José Antonio Elola-Olaso. Y a unos cuantos más: a todos aquellos que promueven una especie de escisión en Falange, aquellos que desaprueban los contactos de Franco con Don Juan y que, a su vez, quieren que el *Caudillo* gobierne «netamente en falangista».

La persecución de los falangistas se convierte en objeto de comentario entre los monárquicos. En un informe de espionaje que Franco maneja en la víspera de la llegada de Don Juan Carlos a España, los espías desvelan las opiniones del general Aranda:

> Hay un lío gordo en Falange. Por lo visto han despotricado contra Franco porque les parece que se aparta de la política falangista y no les gusta la dirección monárquica que está siguiendo desde la entrevista con D. Juan.

Los monárquicos más optimistas interpretan que la revuelta en Falange será el «principio del fin de la descomposición final», porque «Franco no tolera que nadie le dé lecciones»:

> Franco acabará enemistado con todos.

Pero ésa no es la cuestión: enemistado o no, lo que está en juego no son los afectos, sino el poder. Franco, de momento, lo tiene y está dispuesto a ejercerlo y a mantenerlo.

MALESTAR ENTRE LOS MONÁRQUICOS

El antifranquismo en España es diverso, y cada uno interpreta la llegada de Don Juanito en función de su posición. Los generales Aranda y Kindelán, el duque de Alba, los tradicionalistas, Renovación Española, las Avanzadillas... todos buscan su sitio ante el nuevo escenario, y la información escasea. El pueblo vive ajeno a las batallas de la alta política.

Corre el mes de noviembre de 1948, un año en el que la persecución de Franco ha sido especialmente severa. La respuesta a la «conspiración» en la casa del marqués de Aledo es el mejor ejemplo, pero no el único. Casi nadie cuenta con los elementos de juicio necesarios para comprender en toda su magnitud y el trasfondo de la decisión del jefe de la Casa Real en el exilio, pero todos saben que la presencia del Príncipe en España supone un cambio esencial en el tablero.

Es el general Aranda quien advierte por carta a Don Juan del malestar existente por la llegada del Príncipe y el mal efecto que causaría que no se dieran explicaciones. Don Juan le responde que él ha tomado la dirección de la política monárquica y le pide un crédito de confianza absoluta a su persona. Sainz Rodríguez señala en la carta de respuesta:

> No ha claudicado, ni claudicará en un solo punto, sino que quiere seguir al habla con Franco para conseguir sus objetivos.

Aranda hace suyos los argumentos que llegan de Estoril e interpreta la jugada de Don Juan como «un plan doble: apretar con la unión de la oposición y presionar con las naciones y cancillerías». En la búsqueda de ese «equilibrio» puede estar el éxito futuro del conde de Barcelona, pues Aranda tiene la convicción de que Franco sólo hace concesiones cuando las circunstancias le obligan: «Franco tiende de vez en cuando una mano, más o menos hipócrita, pero siempre forzado por la presión». Aranda, en su misiva a Sainz Rodríguez, continúa:

> Porque Franco es como un limón, que si no se le aprieta no da jugo ni concede nada de buena voluntad.

Los argumentos de Don Juan son frágiles en España. En los últimos años se ha esforzado por construir una alternativa política a Franco y en atraer a su posición a todo aquel que entendiera que el tiempo de Franco había pasado. Un equilibrio tan improbable como endeble, más aún cuando el jefe del Estado comprende la trascendencia de la propaganda.

El encuentro con Franco en el *Azor* y la decisión de enviar a su hijo Don Juanito requiere de una explicación que no se ha producido, realidad que genera una muy mala impresión en las izquierdas y en los monárquicos auténticos. También entre los conservadores: los integrantes del extinto partido católico Acción Popular mantienen encuentros clandestinos:

> Nosotros estamos con Don Juan en cuanto éste sirva a España y no se oponga a las directrices fundamentales del partido, pero si algún día esto fuera incompatible, nosotros nos apartaríamos de Don Juan y buscaríamos otro rey que siguiera las directrices convenientes a Acción Popular. Es más, si la personalidad del rey fuera obstáculo para ello, Acción Popular prescindiría del rey sea quien fuere y continuaría trabajando con el jefe del Gobierno que los españoles juzgaran más a propósito.

La política española, en otro tiempo tomada por los extremistas, se va poblando ahora de pragmatismo. La guerra está demasiado reciente en el imaginario colectivo, más a pie de calle que en las altas esferas. Tampoco las embajadas extranjeras entienden muy bien las últimas decisiones del conde de Barcelona.

—Don Juan está sometido a la voluntad de Franco —indica un embajador, opinión que no tarda en llegar a los oídos de Franco a través de su servicio de espionaje.

A pesar de todo, Aranda participa de la confianza que le pide Don Juan, «en la esperanza de que tenga secretos que no quiera revelar por el momento». Sus deseos contrastan con un colectivo, el monárquico, que en los últimos meses ha sufrido la persecución del régimen y que aún percibe el aliento de la represión. El miedo muta ya en un murmullo que en nada beneficia a Don Juan. La mayoría de los monárquicos no entienden por qué el Príncipe está a punto de pisar España por primera vez, ni cuánta renuncia esconde esa decisión de Don Juan. ¿Cree el jefe de la Casa Real en el exilio que por sí solo no podrá derrocar a Franco? ¿Ha ganado Franco la batalla? O, como le dijo Danvila al *Caudillo*, «la venida del hijo jamás supone la anulación del padre».

Don Juan Carlos de Borbón y Borbón es ya un elemento clave de la política española. Tiene diez años y antes de poner pie en suelo español por primera vez en su vida ya ha revolucionado la vida política, probablemente sin ser consciente de ello.

10

1948, el último intento

UN PIE EN ESPAÑA

El frío es polar en la estación de Villaverde cuando, a primera hora de la mañana del 9 de noviembre de 1948, el Lusitania Express entra en el andén; pero no es lo único gélido que se encuentra Don Juan Carlos al apearse del vagón. Los rostros de la media docena de personajes que le esperan son serios, duros, casi antipáticos. Las miradas son distantes, los saludos fríos y las frases vacías. Aparte de la comitiva oficial de bienvenida, nadie le espera: no hay proclamas de «Viva el Rey», nadie grita de alegría. Que no hubiera una multitud en la estación es un hecho calculado por Franco, pero que no haya absolutamente nadie va más allá de las capacidades del jefe del Estado. ¿Qué ha pasado?

Nada más poner pie por primera vez en tierra española, Don Juanito se levanta las solapas del abrigo. El viento de la sierra madrileña, al que algún día se acostumbrará, y la distante cordialidad del protocolo provoca que un escalofrío recorra su espalda. Si la estación es inhóspita y la recepción dura para la mirada de un niño, peores son los actos que Franco tiene preparados para él. El primer paso es visitar el Cerro de los Ángeles, centro geográfico de la Península. Se trasladan allí en un coche negro. Mientras observan la estatua del Salvador, alguien le explica que unos milicianos borrachos la fusilaron en la Guerra Civil. También le insisten en que ese lugar es el símbolo de la victoria franquista sobre la «barbarie roja», pero al Príncipe sólo le llama la atención el enorme parecido entre esa estatua y la del Cristo de Corcovado, en Río de Janeiro, que ha visto en postales recibidas por su padre.

Desde la distancia, desde su cuartel general en el Palacio de El Pardo, Franco concede una gran importancia a esta visita. Quiere saber de primera mano cómo ha transcurrido, así que esa misma tarde convoca al jefe de la comitiva.

—¿Había gente esperándole en Villaverde?

—Nadie, Excelencia.

—¿Comprendió que el Cerro de los Ángeles es hoy el símbolo de mi victoria sobre las hordas rojas?

—Sí, Excelencia, estoy seguro de ello.

—¿Se ocupó alguien de recordarle al Príncipe que siguen existiendo dos Españas: la de los vencedores y la de los vencidos?

—Sí, Excelencia. Eso se lo explicó muy claro el conde de Rodezno.

—Es importante que el Príncipe comprenda que su padre se equivoca cuando pretende convertirse un día en Rey de todos los españoles.

—Un grave error del conde de Barcelona, Excelencia.

—Un error en el que no debe caer su hijo.

Si algo tiene claro Franco es que el futuro de España lo seguirán escribiendo los vencedores de la guerra. Si la Monarquía quiere participar, deberá asumirlo. Si no, se quedará fuera. Y en este punto no hay distinción entre Don Juan y Don Juan Carlos; en este punto Franco no ha cedido ni un ápice, a pesar de las discusiones públicas y privadas mantenidas con el pretendiente, a pesar de la presión de la comunidad internacional, a pesar del fracaso de las potencias del Eje, a pesar de la mala prensa de una dictadura militar a su imagen y semejanza. A pesar de todo, Franco ha desarrollado una enorme capacidad para aguantar contra viento y marea.

Cuando, la tarde anterior, Don Juan se despide de su hijo en la estación, una preocupación le ronda la cabeza. Teme que Franco reciba esa misma tarde a su hijo cansado y desprevenido. Aunque Don Juan Carlos es un niño, comprende perfectamente que Franco es ese hombre que causa tantas preocupaciones a su padre, el que le impide volver a España y el que promueve que se le insulte en los periódicos. Ha oído a su padre hablar de él en innumerables ocasiones y no precisamente para alabarle. Por eso, Don Juan está inquieto.

El futuro de la Monarquía, una vez más, se juega en un tablero descompensado. De un lado, el jefe del Estado, un general curtido en mil batallas; del otro, un niño de diez años, bien formado y bien aleccionado, pero niño al fin y al cabo.

—Cuando te encuentres con Franco —explica Don Juan a su hijo antes de que emprenda viaje—, escucha bien lo que te diga, pero habla lo menos posible. Sé cortés, pero contesta con brevedad sus preguntas. En boca cerrada no entran moscas.

Don Juan tiene miedo de que Franco encuentre en la charla con el niño nuevas excusas para atacarle o, peor aún, para abrir una brecha entre padre e hijo. Sin embargo, Franco decide que no recibirá al niño hasta pasados quince días. Aunque no hay mayor desprecio que no hacer aprecio, el verdadero motivo de esta decisión es el mismo por el que en la estación de Villaverde no se presentó ningún monárquico.

EL ÚLTIMO MONÁRQUICO

En España, ser monárquico en los años treinta era una posición de riesgo, tanto durante la Segunda República como en la guerra. También durante el franquismo: la misma noche en la que Don Juan Carlos atraviesa la Península con destino a la estación de Villaverde, en otro punto de la capital se produce un hecho luctuoso.

Es la consecuencia más grave de la represión de Franco contra los partidarios de Don Juan.

Unos meses antes, en febrero, el estudiante Carlos Méndez González fue detenido por lanzar octavillas de propaganda monárquica. Militante de las Avanzadillas bajo la dirección de la duquesa de Valencia, fue encarcelado en la prisión de Carabanchel. Allí fue incomunicado y privado de la medicación que necesitaba para el corazón. El fiscal pedía para él seis años de prisión.

Los meses fueron pasando y su salud empeoró, hasta el punto de que tuvo que ser trasladado a otro centro penitenciario madrileño, la cárcel de Yeserías. Una vez allí, el juez militar envió dos médicos a esta prisión para valorar su estado y ambos negaron la enfermedad. El 7 de noviembre, víspera del día en que el Príncipe se subía al tren para viajar a España, en una cárcel franquista fallecía un militante monárquico.

El entierro se prepara para el día 9, a las cuatro de la tarde, sólo unas horas después de la llegada del tren. Ése es el motivo por el que ningún monárquico, ni uno solo, va esa mañana a recibir espontáneamente a Don Juan Carlos. Son los líderes monárquicos Aranda y Kindelán quienes dan orden de que nadie acuda a recibir al Lusitania Express, pues su deber está en la despedida de Carlos Méndez González.

Avanzada ya la mañana de ese simbólico 9 de noviembre, en la cárcel de Yeserías se forma la comitiva fúnebre, presidida por el conde de Fontanar, en representación de Don Juan, y por el general Kindelán. La bandera de España cubre el féretro, y las coronas recogen las proclamas monárquicas.

El despliegue de fuerzas de vigilancia, tanto durante el trayecto como ya en el cementerio, genera malestar entre los asistentes. El ministro de la Gobernación había advertido al conde de Fontanar de que si se aprovechaba el entierro para realizar una manifestación monárquica las fuerzas del orden actuarían con la máxima contundencia. Los grises y la Benemérita apuntan con sus metralletas. La tensión se hace cada vez más insoportable. La duquesa de Valencia, tan valiente como temeraria, da un paso adelante y grita airada:

—Qué vergüenza que en tiempos de la República nos dejaban libremente enterrar a nuestros muertos y ahora tenemos que estar espiados por la Guardia Civil.

El entierro finaliza sin incidentes, aunque los agentes de vigilancia toman nota de la actitud de la duquesa de Valencia. En los bolsillos de los asistentes una pequeña tarjeta hace las funciones de recordatorio:

El señor Carlos Méndez González. Estudiante. Muerto por sus ideales en la prisión de Yeserías. 7 de noviembre de 1948.

Las represalias contra la duquesa de Valencia llegan pronto. Al día siguiente, 10 de noviembre, varios policías hacen acto de presencia en su casa. Para su fortuna, Luisa de Narváez ha enfermado y se encuentra en la cama con pleuritis y fiebre alta. Los agentes no se lo creen, pero deciden no detenerla. Llaman a un médico de la Casa de Socorro. En lo que llega, no escatiman en precauciones: dos agentes en su habitación y otros en el salón de su casa. El médico certifica la enfermedad y aconseja que no la saquen de su domicilio y que permanezca en la cama.

La detención se produce tres días más tarde, a las siete de la mañana del día 13. Varios agentes se presentan en la casa y la trasladan a la cárcel de Ventas. Entre los militantes de Avanzadillas Monárquicas cunde la indignación:

—¡Esto es un crimen, quieren repetir la segunda muerte de un monárquico en la cárcel!

Los compañeros de Méndez y de la duquesa no pueden evitar relacionar la muerte de su compañero y la detención de su referente con la llegada de Don Juan Carlos:

—¡El Príncipe aquí y los monárquicos en la cárcel!

No entienden la llegada del hijo de Don Juan, y consideran que será «un juguete en manos de Franco».

Sin embargo, la actitud radical de la duquesa no gusta entre la mayoría de los monárquicos. Esa misma mañana del día 13, el general Kindelán ha asistido a otro funeral por Méndez, y destacados dirigentes monárquicos preparan otros funerales para que concurra la juventud monárquica.

—Ya me he enterado de la detención de Luisa —comenta el general Aranda—. Yo tengo información rapidísima. No me extraña: Luisa hace muchas tonterías por la popularidad y sin ningún beneficio para la causa monárquica. Es imposible ocuparse de ella. Todo lo complica.

La preocupación por la actitud de la duquesa de Valencia llega a Estoril. Don Juan está molesto con su comportamiento porque entorpece y complica los acuerdos. Su deseo es que se le dé la libertad y «sea trasladada a Mallorca o a otro sitio, donde no estorbe».

Entretanto, Franco toma la decisión de posponer la recepción a Don Juan Carlos hasta pasados quince días, cuando las aguas hayan vuelto a su cauce y los monárquicos estén más sosegados. De todos estos acontecimientos, la prensa guarda un silencio cómplice con el poder establecido. A pesar de los esfuerzos de Danvila y a pesar de su indudable trascendencia informativa.

DON JUAN CARLOS EN EL PARDO

Tras un par de semanas de disciplina escolar en Las Jarillas, Don Juan Carlos es por fin trasladado a El Pardo. Mientras le conducen al interior de palacio, el niño observa la grandiosidad del edificio, la solemnidad de la Guardia Mora, la penumbra de los salones, el permanente cuchicheo del servicio.

Cuando se topa cara a cara con Franco, Don Juan Carlos se encuentra a un señor más bajito de lo que imaginaba, con barriga y con una sonrisa forzada dibujada en la cara. Una vez más, la naturalidad brilla por su ausencia. Franco le pregunta por su estancia en España y por Don Juan, al que se refiere como «Su alteza». El niño responde escuetamente:

—El Rey está bien, gracias.

La conversación no fluye, hablan lenguajes distintos. Mientras escucha, el Príncipe se distrae mirando debajo de su silla. Afortunadamente para él, un ratón juguetea y le permite olvidarse por un momento de una conversación tan aburrida. Los aires distraídos del niño enfadan a Franco, pero lo que más le irrita se lo confiesa esa misma noche a su esposa, Carmen Polo:

—Así que te llamó «mi general»... —le pregunta ella.

—Sí, ya te he dicho que este chico tiene mucho que aprender —responde él—. Será que allí en Estoril le habrán dicho que nada de Excelencia, ni de *Caudillo* ni de Generalísimo.

Hasta esa conversación, Carmen Polo no había prestado demasiada atención a las cuestiones políticas. Sin embargo, las reflexiones que esa noche traslada a su marido reflejan que, aunque antes no han salido a la superficie, sí tiene inquietudes políticas. Y un gran afán por mantener el poder:

—Paco, ¿te das cuenta de que ese niño es oro en paño?

—¿Qué quieres decir?

—Que a partir de ahora puedes jugar al hijo contra el padre...

—¿Para qué? De todas maneras el padre nunca reinará, eso lo tengo muy claro. Daría al traste con todo lo que estamos construyendo y que tantos muertos nos ha costado.

—Ya, pero hasta ahora la lucha era entre Don Juan y tú. A ese niño, Paco, hay que prepararlo para que un día sea tu sucesor. Los monárquicos temen a Don Juan aún más que tú. Eso de que quiere ser el Rey de todos los españoles les ha sentado como una patada en la boca del estómago.

—Nunca pensé, Carmen, que te preocuparan ese tipo de problemas.

Efectivamente, es la primera vez que Carmen Polo intenta intervenir en política. Pero no será la última. Ese día sale a la luz su obsesión por el poder, una obsesión que irá creciendo día a día. Y que traerá más de un dolor de cabeza a Don Juan Carlos cuando ya no sea un niño.

De momento, en noviembre de 1948, el Príncipe se ha convertido a sus diez años en la principal baza para que la Casa de Borbón vuelva algún día a reinar en España. Su padre ha hecho una apuesta que tiene mucho de asunción de una realidad personal y mucho de cumplimiento de un deber asumido quince años antes. En 1933, un telegrama enviado por su padre dio la vuelta al mundo para pedirle un compromiso:

> Por renuncia de tus dos hermanos mayores quedas tú como mi heredero. Cuento contigo para que cumplas con tu deber.

Aquel Don Juan de veinte años tomó una decisión que marcaría su vida para siempre. Tres lustros después, en 1948, a sus treinta y cinco años, la realidad vuelve a ofrecerle un destino distinto al imaginado. Enviar a su hijo a Madrid supone asumir que derrocar a Franco se escapa a sus posibilidades presentes. Su deber pasa ahora por situar a la Casa Real en el exilio en la mejor disposición de, quién sabe cuándo y quién sabe cómo, asumir algún día la Jefatura del Estado. De alguna manera, y como buen marino de vocación, Don Juan debe manejar el timón para seguir navegando hacia una España monárquica. De alguna manera, la presencia de Don Juan Carlos en Madrid, con sus peligros, supone para el jefe de la Casa Real en el exilio la vigencia del telegrama que envió a su padre en aquel ya lejano año de 1933:

> Me comprometo a cumplir.

Epílogo

En noviembre de 1948 han transcurrido nueve años desde el final de la Guerra Civil y siete desde que Don Juan de Borbón y Battenberg dirige a la Casa Real española en el exilio. En este tiempo lo ha intentado todo para derrocar a Franco, especialmente desde que en febrero de 1947 traslada su residencia a Estoril.

Ha presentado a los españoles un programa político a la altura de los tiempos y equiparable a las democracias occidentales, ha establecido vínculos con los gobiernos de esos países, ha propiciado una unión frágil pero real de los monárquicos, de las derechas e incluso de las izquierdas. Ha creado un Consejo para dirigir la política monárquica, a pesar de las dificultades y las intromisiones del espionaje franquista. Ha tenido la virtud de complementar sensibilidades distintas bajo el paraguas de la legitimidad monárquica y ha entendido que la oposición a Franco iba mucho más allá de la apuesta por la Monarquía.

Sin duda, hay una realidad palpable que reflejan los empeños de estos años: la idea de una posguerra monolítica de poder dictatorial aceptado sin resistencia por amplias capas de la población y por sus dirigentes es una idea que sólo puede satisfacer a quien no haya querido conocer la realidad que se relata en estas páginas. Empezando por la impugnación temprana de la permanencia de Franco en el poder, las bases políticas del régimen atravesaron nu-

merosas dificultades que pueden resumirse en los intentos conti-
nuos de encontrar la salida de una dictadura que casi nadie —ni en
su propio bando— quería hacer perdurar.

La segunda realidad que arroja el estudio de estos años como
un falso paradigma es la simpleza, ni la de los bandos y sus ambiciones ni la de la habilidad de un dictador que aprendía en cada
paso a manejar en su favor los impulsos de unos y de otros contra
él. Franco comete en los años de estas conjuras errores graves y
numerosos, pero, tal vez por una buena porción de suerte y sin
duda por esa habilidad que despliega cruelmente en ocasiones,
ninguno de aquellos errores hicieron peligrar seriamente su continuidad en el puesto.

Urge que todos cuantos nos asomamos a esta etapa gris de
nuestra historia, incluso como simples lectores, sepamos apreciar
esa complejidad incómoda, que aporta lucidez y mucho más valor
a los esfuerzos de aquella oposición trasterrada y convertida en un
archipiélago disperso de voluntades e ideas que, sin embargo, a la
vuelta de la esquina de una confrontación como la Guerra Civil,
supo sobreponerse a todos los resentimientos y establecer una base
de diálogo que supone, a todas luces, el antecedente remoto más
apreciable de lo que más tarde se hizo posible en la Transición. Una
reconciliación en toda regla con la vista puesta en el futuro, gracias
al empeño democrático del hijo de Don Juan, el Rey Juan Carlos.
Sin duda, enviar a su heredero a formarse en España era una
apuesta lejana y arriesgada en 1948.

Porque, visto a pie del tren en el que Don Juanito viajó a nuestro
país, Don Juan ha fracasado. La llegada de su hijo a España, y el
modo en que Franco lo ha gestionado, suponen una victoria para
el jefe del Estado. Su permanencia en el poder se debe principal-
mente a tres motivos:

   – La comunidad internacional ha priorizado la estabilidad
   de Europa a la democracia en España: a la hora de la verdad,
   nunca apoyó a Don Juan.

– Franco consiguió unos equilibrios imposibles y ha sabido mantenerse en el poder utilizando todos los medios a su alcance: nunca cumplió su compromiso de devolver el poder a la Corona.

– El propio Don Juan se autoimpuso una limitación basada en una convicción: nunca daría un paso que pudiera llevar a los españoles a una nueva guerra civil.

El resumen de la posición en la que queda Don Juan una vez que Don Juan Carlos está en España lo realiza el general Aranda pocos días después de su llegada:

—Sigo pensando en el efecto que ha producido la venida del Príncipe. Sin género de duda, a las izquierdas les ha caído mal, porque ellas no pueden comprender que haya el menor contacto con Franco. Por eso creo que actualmente el pacto ha quedado inutilizado como si no hubiera existido. Así lo ha recalcado el embajador o ministro de Franco en Madrid. El Rey podrá pedirnos a nosotros confianza o hacernos esperar, pero a las izquierdas no puede decirles lo mismo y pactar secretamente con Franco. De todos modos, yo no repruebo del todo el proceder de Don Juan. Si los monárquicos no han sabido hacer nada para traerle, ¿qué va a hacer más que aceptar el camino que le queda, que es el contacto con Franco? Ahora está tomando todas las resoluciones por su cuenta, pues Gil Robles y Sainz Rodríguez están en contra de su política.

Don Juan ha sabido rodearse de leales monárquicos: José María Gil Robles, Pedro Sainz Rodríguez, el duque de Alba, Alfredo Kindelán y Antonio Aranda tal vez fueron los cinco consejeros más importantes en la estrategia por derrocar a Franco y llevar a España a una democracia liberal, a un país para todos los españoles. Pero no fueron los únicos. Hubo muchos monárquicos que en mayor o menor medida se jugaron el pellejo, la carrera o el patrimonio en apoyar a Don Juan. Y muchos lo siguieron haciendo en las siguientes décadas.

1948 es el año clave. Si el antifranquismo tuvo opciones de triunfar en alguna ocasión fue bajo el paraguas de Don Juan, gracias a la generosidad de un grupo de personas con orígenes y convicciones diversos, incluso contradictorios, pero con un objetivo político común: después de la Guerra Civil y después de la Segunda Guerra Mundial, España debía incorporarse a ese selecto club de países que supieron entender que el progreso político, económico y social pasaba por la democracia parlamentaria. Sin embargo, España arrastraba un pasado distinto, terrible, y una honda fractura nacida muchos decenios atrás.

Años después de la llegada del Príncipe Juan Carlos a España, Don Juan hará una confesión que resume el porqué de tan controvertida decisión:

—Desde el año 48 ya me di cuenta de que Franco moriría con las botas puestas; de eso no había ninguna duda.

Por eso, en ese año en el que fracasa su conspiración contra Franco, en ese año en el que fracasa la mejor conspiración que Don Juan fue capaz de ahormar, decidió enviar a su hijo a España a pesar del dolor que esa decisión suponía para él como cabeza de la institución y para él como persona y como padre. Porque sabía que sus opciones se habían agotado, que había perdido la batalla, pero no la guerra, y que llegados a ese punto debía priorizar los intereses de la institución que representa.

El éxito o fracaso de Don Juan de Borbón sólo se puede medir respondiendo a una pregunta: ¿ha vuelto España a ser una Monarquía?, ¿ha vuelto a ser España una democracia? No sólo la respuesta es afirmativa en ambos casos, sino que cada una de las respuestas afirmativas habría sido imposible sin la otra. El éxito cierto de Don Juan no sólo estriba en mantener viva la llama de la Monarquía, sino en conseguir que muchos años después, visto en un lejano futuro desde 1948, España volviera a gritar unida y en libertad: «Viva el Rey».

La complejidad de la historia y la complejidad del presente, que se imponen a la tenue simpleza de quienes quieren dictaminar una sola verdad sobre las cosas, no deben permitirnos olvidar toda esta lucha en busca de la libertad, ni el esfuerzo individual y colectivo que supuso, en duros episodios aquí narrados por quienes exploraban rumbos improbables que aún dibujan la complejidad de esta España por la que se encaminan nuestros pasos.

Bibliografía

Anson, Luis María, *Don Juan*, Plaza & Janés, 1994.

Balansó, Juan, *La Familia Real y la familia irreal*, Planeta, 1992.

Bardavío, Joaquín, *El Reino de Franco*, Ediciones B, 2015.

Bardavío, Joaquín, y Sinova, Joaquín, *Todo Franco*, Plaza & Janés, 2000.

Carvajal, Pedro, *La travesía de Don Juan*, Planeta, 2011.

Collado Seidel, Carlos, *El telegrama que salvó a Franco*, Crítica, 2016.

Cortés Cavanillas, Julián, *Alfonso XIII, vida, confesiones y muerte*, Editorial Prensa Española, 1956.

De la Cierva, Ricardo, *Historia general de España y América. La época de Franco*, Rialp, 1991.

—, *Franco-Don Juan, los reyes sin corona*, Época, 1992.

De Meer, Fernando, *Historia de una carta interceptada por Franco a don Juan*, Nueva Revista, 98, marzo de 2005.

Don Juan de Borbón en la guerra civil, <https://generaldavila.com/don-juan-de-borbon-en-la-guerra-civil/>.

Fontán, Antonio (director), *Los monárquicos y el régimen de Franco*, Editorial Complutense, 1996.

Fuentes, Juan Francisco, *Con el Rey y contra el Rey: los socialistas y la Monarquía*, Esfera de los libros, 2016.

Fusi, Juan Pablo, *Franco. Autoritarismo y poder personal*, Suma de Letras, 2001.

Gil Robles, José María, *La monarquía por la que yo luché*, Taurus, 1976.

Güell, Casilda, *Las potencias internacionales ante la dictadura española (1944-1950)*, Aresta, 2009.

Hayes, Carlton J. H., *Misión de guerra en España*, Puz (Prensas Universitarias Zaragoza), 2018.

Heine, Hartmut, *La oposición política al franquismo*, Crítica, 1993.

Hoare, Samuel, *Misión en España*, Losada, 1946.

—, *Embajador ante Franco en misión especial*, Sedmay Ediciones, 1977, Prólogo de Serrano Suñer.

Kindelán, Alfredo, *La verdad de mis relaciones con Franco*, Espejo de España, Planeta, 1981.

La Duquesa, los pucheros y las cucarachas, La Hora, noviembre de 1948. Citado por Carlos Vidriales en *elmonarquico.com*.

López Rodó, Laureano, *La larga marcha hacia la Monarquía*, Noguer, 1977.

Meer, Fernando de, *Historia de una carta interceptada por Franco a don Juan*, Nueva Revista, 98, marzo de 2005.

Preston, Paul, *Franco, caudillo de España*, Grijalbo, 2002.

—, *Juan Carlos*, Plaza & Janés, 2003.

Sáenz-Francés San Baldomero, Emilio, *Entre la Antorcha y la Esvástica. Franco en la encrucijada de la Segunda Guerra Mundial*, Actas, Madrid, 2009.

—, «De águilas y leones. Diplomacia británica en España 1939-1953. Tiempo de guerra y era de cambios», en *Estados Unidos, Alemania, Gran Bretaña, Japón y sus relaciones con España entre la Guerra y la Postguerra (1939-1953)*, Universidad Pontificia de Comillas, 2016.

Sainz Rodríguez, Pedro, *Un reinado en la sombra*, Planeta, 1982.

Thomàs, Joan Maria, *La batalla del wolframio*, Cátedra, 2010.

Toquero, Jose María, *Don Juan de Borbón. El Rey Padre*, Plaza & Janés, 1992.

Tusell, Javier, *La oposición democrática al franquismo*, Espejo de España, Planeta, 1977.

—, *La dictadura de Franco*, Alianza Editorial, 1982.

—, *Carrero. La eminencia gris del régimen de Franco*, Temas de hoy, 1983.

—, *La España de Franco*, Historia 16, 1986.

V.V.A.A., *El Franquismo, año a año*, capítulos 6 (1946), 7 (1947) y 8 (1948), Biblioteca El Mundo, Unidad editorial, 2006.

Vilallonga, José Luis de, *El Rey*, Plaza & Janés, 1993.

Viñas, Ángel, *Sobornos: de cómo Churchill y March compraron a los generales de Franco*, Crítica, 2016.

Metodología

Este libro cuenta la historia de los movimientos del antifranquismo en los primeros diez años de posguerra. El relato que es *Don Juan contra Franco* es la suma del contexto histórico y los detalles rescatados en los libros reseñados en la bibliografía más la información, inédita en su mayor parte, incluida en los informes que la Falange redactaba para Francisco Franco en el año 1948. El estudio de esta documentación es nuestra aportación a la historiografía ya existente sobre esta época.

El análisis de los informes de la Falange nos han permitido detallar con precisión quién era quién en la España antifranquista de los años cuarenta del pasado siglo, qué movimientos protagonizaron, cómo trataron de derrocar a Franco y cómo intentó el dictador evitar —con éxito— que la conspiración triunfara. Estos son los documentos a los que tuvimos acceso en 2016 y en los que basamos la investigación periodística:

— «Actividades monárquicas. Resumen informativo sobre actividades del titulado "Bloque antifranquista" en relación con los partidarios de Don Juan III». Falange Española Tradicionalista y de las J.O.N.S., Delegación Nacional de Información e Investigación. Abril de 1948.

– «Boletín de actividades monárquicas». F.E.T. y de las J.O.N.S.:

1. Número 282. 4 de mayo de 1948.
2. Número 283. 7 de mayo de 1948.
3. Número 285. 13 de mayo de 1948.
4. Número 286. 20 de mayo de 1948.
5. Número 287. 24 de mayo de 1948.
6. Número 288. 31 de mayo de 1948.
7. Número 290. 7 de junio de 1948.
8. Número 291. 10 de junio de 1948.
9. Número 292. 14 de junio de 1948.
10. Sin número. 11 de noviembre de 1948.
11. Sin número. 16 de noviembre de 1948.
12. Sin número. 17 de noviembre de 1948.

– «Boletín de actividades varias». Número 44. 19 de noviembre de 1948.
– «Boletín especial para información de S. E. el jefe del Estado». F.E.T. y de las J.O.N.S. Información e Investigación. Número 294. 21 de junio de 1948.

Agradecimientos

El origen de este libro está en el periodismo. En diciembre de 2016, los autores de *Don Juan contra Franco* publicamos en el diario *ABC* junto a nuestro compañero Esteban Villarejo una serie de reportajes exclusivos sobre el espionaje de la Falange a los monárquicos durante el año 1948. Unos meses antes tuvimos acceso a un conjunto de documentos que la Falange entregaba a Franco cada pocos días con detalles de todo tipo sobre las actividades «de los partidarios de Don Juan III», como —ironías de la historia— se referían los espías de Franco al conde de Barcelona en 1948.

El resultado de este trabajo periodístico fueron cuatro entregas entre el 8 y el 11 de diciembre de 2016. Es por tanto justo comenzar agradeciendo a nuestro periódico, a su presidenta-editora, Catalina Luca de Tena, y a su director, Bieito Rubido, la apuesta por la publicación de aquellas informaciones, que tuvieron una enorme repercusión en la opinión pública y gran acogida entre los historiadores. Luca de Tena es exponente de una estirpe de editores que, como se demuestra en el libro, estuvieron siempre del lado de Don Juan y participaron en los empeños de los monárquicos por terminar con la dictadura y avanzar hacia la reconciliación entre los españoles.

Dos días después de que finalizara la publicación de la serie, el 13 de diciembre, la Casa de *ABC* acogió como cada año la cena de los Cavia, el acto de entrega de los Premios Internacionales de Periodismo Mariano de Cavia, Luca de Tena y Mingote. En su discurso, el Rey consideró un «gran trabajo» la publicación de estos artículos y los puso como ejemplo del «papel investigador y divulgador de la historia» que también deben tener los medios de comunicación. «Felicidades y gracias por ello», afirmó generosamente Don Felipe, ante el aplauso de los invitados. Es fácil comprender que aquellas informaciones tenían un valor añadido para el Rey, un vínculo que se escapa al resto de los lectores: las páginas de *ABC* destapaban aspectos inéditos de la vida de su abuelo, Don Juan, y de su padre, Don Juan Carlos.

Los artículos publicados en *ABC* se agruparon bajo el epígrafe «Franco contra Don Juan, los papeles secretos del régimen». Sin embargo, el libro se titula *Don Juan contra Franco*. ¿Por qué? Aquellos artículos se basaron en el espionaje de la Falange, en los documentos que Franco recibía, leía y subrayaba para tener controlados a los partidarios de Don Juan. Aquello fueron fotos fijas de cómo el régimen perseguía a los antifranquistas.

Aunque este libro comparte el estilo y la praxis periodística, y su entusiasmo divulgador y desmitificador, tiene sin embargo una vocación mucho más amplia y una perspectiva distinta que las informaciones publicadas en el periódico. Si aquello eran fotos fijas, esto es una película. Es el relato que aspira a contar cómo en la posguerra se fue conformando un bloque antifranquista tan dispar y tan complejo que sus integrantes sólo tenían un anhelo en común: una España sin Franco. Si en los reportajes el objeto era el espionaje de 1948, en el libro lo es la conspiración que se fue labrando a lo largo de la primera década de la posguerra. En el libro, el protagonista principal pasa a ser Don Juan y el espionaje de Franco es solo una parte de un movimiento mucho mayor: la conspiración.

Al lado del conde de Barcelona irrumpen una serie de hombres y mujeres apasionantes, y valientes, personas distintas que con pasados e ideologías distintas decidieron actuar en defensa de una

España distinta. De todos esos protagonistas secundarios hay uno que por su posición e influencia fue especialmente relevante: Jacobo Fitz-James Stuart y Falcó, XVII Duque de Alba. Por eso estamos especialmente agradecidos a su nieto, Don Carlos Fitz-James Stuart y Martínez de Irujo, XIX Duque de Alba, que con su prólogo contribuye decididamente a ensalzar esta investigación periodística y literaria. Sobre la figura de su abuelo Enrique García Hernán publicará próximamente una importante biografía de investigación que hará justicia al protagonismo del duque en la vida española del siglo XX. A este historiador también agradecemos su ayuda en nuestra investigación.

Los reportajes en *ABC* también fueron aplaudidos por la academia. Destacados historiadores los leyeron con atención y no dudaron en sumarse al debate sobre las aportaciones de estos documentos a la historiografía. Gracias a Stanley G. Payne, Juan Pablo Fusi, Enrique Moradiellos, Enrique García Cárcel, Fernando García de Cortázar y Emilio Sáenz-Francés. Además, el trabajo periodístico que dio lugar a este libro no habría sido posible sin el trabajo impagable de Federico Ayala, jefe del Archivo de *ABC*, y todo su equipo; de Matías Nieto, editor gráfico del periódico, y de Maricarmen Moreno Robles, diseñadora gráfica de *ABC*. El trabajo de todos ellos permitió que el nuestro brillara más.

Y, por supuesto, nuestro agradecimiento a Plaza & Janés, y en particular a nuestra editora, Virginia Fernández, porque desde el primer minuto entendió nuestro proyecto, apostó por él decididamente y nos ha acompañado en este camino con una impagable virtud: hacer las cosas bien y, además, propiciar que todo sea fácil.

Finalmente, un agradecimiento para usted, amigo lector, con el deseo de que haya encontrado un rato agradable leyendo este relato, que humildemente busca contribuir a divulgar nuestra Historia, porque conocer nuestro pasado es la mejor herramienta para afrontar el presente.

«Para viajar lejos no hay mejor nave que un libro».

EMILY DICKINSON

Gracias por tu lectura de este libro.

En **penguinlibros.club** encontrarás las mejores
recomendaciones de lectura.

Únete a nuestra comunidad y viaja con nosotros.

penguinlibros.club